你能赚钱吗,给你一个公司,

# 给你一个公司，
# 你能赚钱吗

李博◎主编

中国华侨出版社
北京

图书在版编目（CIP）数据

给你一个公司，你能赚钱吗 / 李博主编. — 北京：中国华侨出版社，2013.8（2021.1重印）
ISBN 978-7-5113-3939-3

Ⅰ.①给… Ⅱ.①李… Ⅲ.①公司—企业管理 Ⅳ.①F276.6

中国版本图书馆CIP数据核字（2013）第196046号

## 给你一个公司，你能赚钱吗

| 主　　编： | 李　博 |
|---|---|
| 责任编辑： | 茂　素 |
| 封面设计： | 阳春白雪 |
| 文字编辑： | 张　志 |
| 美术编辑： | 宇　枫 |
| 经　　销： | 新华书店 |
| 开　　本： | 720毫米×1020毫米　　1/16　　印张：24　　字数：346千字 |
| 印　　刷： | 北京德富泰印务有限公司 |
| 版　　次： | 2013年11月第1版　2021年1月第4次印刷 |
| 书　　号： | ISBN 978-7-5113-3939-3 |
| 定　　价： | 45.00元 |

中国华侨出版社　北京市朝阳区西坝河东里77号楼底商5号　　邮编：100028
法律顾问：陈鹰律师事务所
发 行 部：（010）88866079　　　　传　　真：（010）88877396
网　　址：www.oveaschin.com　　　E - m a i l：oveaschin@sina.com

如发现印装质量问题，影响阅读，请与印刷厂联系调换。

# 前言

　　随着我国市场经济的快速发展，许多有志于投身商海的人，都将拥有自己的公司当作人生的一大追求。然而，把公司开起来并不难，但如何让公司在竞争激烈的市场中生存下去并能够赚钱，却不是一件容易事。这不仅需要胆识、资金和人才，还需要有完善的创业战略和经商技法。现实情况是，茫茫商海，大小公司林立，真正的赢家却寥寥无几。市场风云变幻莫测，商海浪涛此起彼伏，适者生存、优胜劣汰是商场中永恒的竞争法则。每一天，都有大批的新企业如雨后春笋般出现在大家面前；同样，每一天，也都有大批企业突然间消失在众人的视野中。有统计显示，在中国，集团公司的平均寿命为7~8岁，中小企业的平均寿命只有2.9岁。由于中国90%以上的企业都是中小企业，据此推算，中国企业的平均寿命约为3.5岁。或许这些消失的企业各有缘由，但无法赢利这个病症却是其中的首要因素。

　　创办公司、从事经营的根本目的就是为了赚钱，而公司赢利与否也是一家企业经营成败的标志。所以，对企业管理者来说，利润最大化是始终不渝的追求目标。不赚钱的企业将无法维持生存，自然会被市场淘汰。美国著名管理专家吉姆·柯林斯说："对于企业而言，利润就像人体需要的氧气、食物、水一样，它虽然不是生命的全部，但是，没有利润，就没有生命。"因此，如何让企业赚钱，这是企业管理者在变革时代寻求企业发展需要思考的根本问题。

　　如何开办一家赚钱的公司？创业初期的艰难时期如何度过？怎样让公司良性运作，步入正轨？资金周转不顺畅怎么办？管理和用人不到位怎办？公司不赢利怎么办？这些问题无时无刻不在困扰着每一位初涉商海的人，而这些问题，正是决定一家公司能否生存进而能否赚钱盈利的关键。纵观世界上许多成就卓越的著名成功商人，无不拥有一套完整系统的创业战略、具体可行的经营方案以及独特的赚钱门道。倘若经营者不能掌握经营、用人、管理等方面的技巧，一家公司是难以在市场竞争中求得生存与发展的。

在这个商业竞争激烈、市场变幻莫测的年代，要想让公司拥有持续的赢利能力，公司经营者必须不断提高商业素质，培养高超的创新能力，学习最新的经营管理知识。基于此，我们经过归纳、分析、整理，组织专业人员编写了这本《给你一个公司，你能赚钱吗》，它是揭示公司赚钱之道的指南，是茫茫商海中的寻宝秘籍。

我们将成功的大公司的经营门道和赚钱技法加以汇集、提炼和总结，精编出了如何开一家赚钱的公司的八十多条铁律，内容包括开办公司的必备素质、创业入门之道、如何选择商业模式、如何把握商机、如何组建优秀团队、如何盘活资本、如何决策、如何控制成本、如何创新、如何进行差异化营销、如何厉行节约、如何进行财务管理、如何吸引和维护客户、如何管理和激励员工、如何树立公司形象、如何应对危机等经营技法、管理学问及企业防败、赚钱技巧。

书中既有深刻透彻的理论，又有趣味横生的案例；既有成功人士的经验之谈，也有失败之人的教训体会……本书力求避免以往商务用书枯燥的理论教条，而是从实际出发，深入浅出地告诉你一些有指导性的意见、新鲜实用的点子以及放之四海而皆准的规律和法则。通过本书，你可以学到创业初始阶段的经营管理技巧，直至获得巨大财富的全套经营管理经验，它将使你拥有全面的经商技能，学到让企业赚钱的方法和技巧。如果一个创业者能将其中精华一一掌握、融会贯通并加以实践，定能在商海中纵横驰骋，实现赚钱赢利的目的，成为商战中的赢家。

# 目录

| 铁律1 | 不怕没有钱赚，就怕没有强烈的赚钱欲望 | 1 |
| --- | --- | --- |
| 铁律2 | 创业之前，必须具备相关的经验与知识 | 4 |
| 铁律3 | 科学的市场调研是创业成功的关键 | 9 |
| 铁律4 | 创业者需要对创业环境做出SWOT分析 | 14 |
| 铁律5 | 抓住市场空白，赚别人看不见的钱 | 19 |
| 铁律6 | 小资本创业，必须跨过同质化这道坎 | 24 |
| 铁律7 | 全心全意地去做自己熟悉的行业 | 29 |
| 铁律8 | 从新闻事件中嗅到商机 | 34 |
| 铁律9 | 创业初期，尽量"把鸡蛋放在一个篮子里" | 38 |
| 铁律10 | 找最适合自己的而不是最赚钱的项目 | 42 |
| 铁律11 | 女人和嘴巴是两大财源 | 46 |
| 铁律12 | 长期赢利能力才是衡量商业模式好坏的最佳标准 | 51 |
| 铁律13 | 商业模式必须建立在对自身资源整合的基础上 | 56 |
| 铁律14 | 把过渡期的产品当作长远项目经营，投入注定石沉大海 | 61 |
| 铁律15 | 对于中小创业者而言，贯通产业链是馅饼，也是陷阱 | 64 |
| 铁律16 | 从细节中挖掘财富，有需求就等于有生意 | 68 |

| | | |
|---|---|---|
| 铁律17 | 树立分享的经营理念：你的+我的=我们的 | 72 |
| 铁律18 | 组建最优秀的创业团队：一个好汉三个帮 | 76 |
| 铁律19 | 即使和"铁关系"合作，也要以利益为基本诉求点 | 81 |
| 铁律20 | 无论合伙人是谁，都应要求利益与风险共担 | 84 |
| 铁律21 | 与狼共舞，学会竞合之道 | 88 |
| 铁律22 | 寻找适合自己的投资者 | 94 |
| 铁律23 | 盘活资本，不让金钱在银行里过夜 | 98 |
| 铁律24 | 做一个周全的融资计划 | 103 |
| 铁律25 | 任何时候都不要让投资人替你决策 | 109 |
| 铁律26 | 与银行保持良好的沟通，不要失信于银行 | 113 |
| 铁律27 | 决策果断，市场反应速度决定企业命运 | 118 |
| 铁律28 | 培养情报意识，在市场变化前就采取行动 | 123 |
| 铁律29 | 在创业初期，先谈生存再谈发展 | 127 |
| 铁律30 | 战略一旦分解成阶段性任务，就要注重落实力 | 131 |
| 铁律31 | 项目一旦定位之后，就不要轻易调整 | 135 |
| 铁律32 | 在导入期，控制住成本就算一种赢利 | 139 |
| 铁律33 | 品牌要有一个长期规划 | 143 |
| 铁律34 | 建立品牌形象，再小的公司也要树立品牌 | 148 |
| 铁律35 | 找准定位，确定你的客户源 | 155 |
| 铁律36 | 必须要拥有引以为傲的技术和优势 | 159 |
| 铁律37 | 创新体系要能为市场发展服务 | 162 |
| 铁律38 | 质量不好企业难以生存，质量过剩同样致命 | 166 |
| 铁律39 | 自主研发才有产品创新的主导权 | 170 |
| 铁律40 | 任何时候都不能以牺牲质量为前提，对次品要毫不留情 | 175 |

| | | |
|---|---|---|
| 铁律41 | 薄利多销并不是定价的有效途径，薄利有可能换来薄情……… | 180 |
| 铁律42 | 了解消费者对价格的习惯，让价格反映真正价值…………… | 185 |
| 铁律43 | 向采购要利润：用谈判降低采购成本……………………… | 190 |
| 铁律44 | 优化资源配置来降本增效…………………………………… | 193 |
| 铁律45 | 砍掉固定成本的诀窍——虚拟化经营……………………… | 198 |
| 铁律46 | 科学管理库存，减少无形耗费……………………………… | 205 |
| 铁律47 | 改善企业人力成本，提高企业获利能力…………………… | 212 |
| 铁律48 | 在合理避税上找回一些利润………………………………… | 216 |
| 铁律49 | 确保资金链健康、有效——先进钱后花钱………………… | 221 |
| 铁律50 | 设立预算制度，利润是被要求出来的……………………… | 226 |
| 铁律51 | 在财务问题上，除了制度和程序，不相信任何人………… | 231 |
| 铁律52 | 懂财务是避免公司倒闭的保障……………………………… | 235 |
| 铁律53 | 公司要想赚钱，一定要先让客户赚钱……………………… | 239 |
| 铁律54 | 学会着眼于长远去培养市场、发展战略计划……………… | 243 |
| 铁律55 | 抓住重点客户，封杀劣质客户……………………………… | 248 |
| 铁律56 | 不能直接满足客户需求之时，仍应尽可能提供方便……… | 253 |
| 铁律57 | 对产品而言，有特点不如有卖点…………………………… | 256 |
| 铁律58 | 最好的广告，是能让人记住自己的公司和产品…………… | 261 |
| 铁律59 | 渠道建设要紧扣一个"快"字……………………………… | 265 |
| 铁律60 | 抢人心胜过抢市场，将品牌"钉"入消费者心中………… | 269 |
| 铁律61 | 靠良好的服务塑造良好的公司形象………………………… | 275 |
| 铁律62 | 经营管理一个公司，一定需要制度规范…………………… | 280 |
| 铁律63 | 切忌"眉毛胡子一把抓"：确定合理的管理幅度………… | 285 |
| 铁律64 | 培训公司员工，将培训当作是一项投资…………………… | 290 |

铁律65 让每一个员工产生价值，避免出现"不拉马的士兵"
现象·················································································· 294
铁律66 务必要保持公司核心员工的稳定······························· 298
铁律67 业绩考核是实现目标管理的有力工具······················· 302
铁律68 建立预警机制，有效控制人才流失··························· 305
铁律69 创造有助于提高员工幸福度的工作环境··················· 310
铁律70 以晋升机制来激励精英人才······································· 315
铁律71 一方面要授权，一方面要监控到位··························· 320
铁律72 文化使员工充满集体荣誉感······································· 325
铁律73 打造全面的危机管理体系··········································· 331
铁律74 预警机制才是防病的关键··········································· 336
铁律75 贪一时之利是企业的最大陷阱··································· 343
铁律76 与人打交道要符合经商的逻辑，而不是个人好恶····· 348
铁律77 千万不要在税收上留下污点······································· 354
铁律78 创业计划要随着实际运营情况而灵活变化··············· 358
铁律79 竞争是商业市场的常态，在竞争中超越对手··········· 363
铁律80 不诚实守信，是小规模企业最大的杀手··················· 367
铁律81 任何时候，安全警钟长鸣··········································· 371

# 铁律1

## 不怕没有钱赚，
## 就怕没有强烈的赚钱欲望

> 要爱金钱。这句话说得一针见血。如果不爱钱，就抓不住财富。只有对钱有欲望，财富才会逐日增加——钱怎么会待在不爱钱的人手中呢？因此，创业者与其对钱"欲说还休"，倒不如心存赚钱的欲望，让它心甘情愿地跑进你的口袋。

创业者的欲望都是不安分的，是高于现实的，需要踮起脚才能够得着，有的时候需要跳起来才能够得着。

上海有一个文峰国际集团，老板叫陈浩。1995年，陈浩带着20万元来到上海，从一个小小的美容店做起，现在已经在上海拥有30多家大型美容院、一家生物制药厂、一家化妆品厂和一所美容美发职业培训学校，并在全国建立了300多家连锁加盟店，个人资产超过亿元。

陈浩有一句话："一个人的梦想有多大，他的事业就会有多大。"所谓梦想，不过是欲望的别名。你可以想象欲望对一个人的推动作用有多大。

有这样一句话："取乎上，得乎中；取乎中，得乎下。"意思就是，如果你的目标定得高，得到的往往会低于目标，如果你的目标定得适中，结果获得的也会低于这个目标许多。可见，不管做什么事情，结果与目标往往是不太吻合的，要想成就大事，就一定要制定高远的目标。如果你没有做老板的欲望，你就不会用老板的思维去思考，不会用老板的眼光去看待事物，更不会以老板的姿态去做事，试想，这样的人不就只能替人打一辈子工吗？

马云承认自己对未来的发展有着极大的野心，他认为拥有野心、梦想与激情，并能永不放弃，就一定不会失败。

阿里巴巴近几年的快速发展让很多人对马云有着很高的评价，认为其取得了了不起的成就，对此马云却很从容。有一次马云去日本参观访问，回来后感慨地说道："我去年在日本被当众敲了一闷棍，忽然对钱一点儿兴趣也没有了。我去日本参观了一家企业，叫拓板公司，我和他们的老板交流：'去年赚了多少啊？''220亿。'我说：'噢，220亿日元。'老板说：'不，是美元。'这才叫作钱，我们只做了一两亿人民币就牛起来了，距离太远了。拓板公司是百年企业，我们公司的员工平均年龄是27岁，再给我们20年时间，我们也可以了。世界500强企业哪家营业收入不是70亿、80亿美元？我们闭嘴！慢慢来。中国今天的企业要有远大的理想，也会有这一天，如果没有理想那就很难了。今天我们说赚了1000万、2000万，我觉得丢脸。"

"进入世界互联网企业前三强，进入世界500强、每年赚100亿美元"，这是马云的野心，因此马云不满足于一时的成就，看淡金钱，只为更大的目标。

创业者没有赚钱的欲望，就没有进取心，欲望和想象力是构成促使一个人不断前进的精神基础。著名经济学家熊彼特在其作品《企业家的精神》中说道："一个人如果要成为企业家，就必须不断创新、创新、再创新。而创新来自于不停的进取，进取心则来自于野心。野心让人冒险，冒险带来创新。"

诚如马云所言："小虾米一定要有个鲨鱼梦。"欲望越大，动力也越大。既有强烈欲望，又要有切实的努力过程，这是一种人生智慧，也是一种人生态度。老板给人的最大感觉是欲望，有霸气，渴望拥有。这种欲望表现在生意上，就是永不枯竭的进取动力。成功的创业者之所以能够取得成功，在很大程度上取决于他们拥有强烈的赚钱欲望。我们要以成功企业家为榜样，树立自己的远大赚钱目标，继续自己的致富道路。

成功的创业者不仅仅是因为他们现在手里拥有大量的财富，而是他们有一个发财的野心。如果你想成为一个成功的创业者，其路程虽然还很遥远，但若能果断地说"我一定要当李嘉诚"，有这样坚定的态度，就算原先很容易消失的事也能变成具体可燃烧的一种欲望涌现出来，从而引发一种强大的力量，将梦想逐渐转化为现实。没有自己的始终不渝的奋斗目标，没有为赚钱的欲望付出自己的100%的努力，你永远也无法成为一名成功的商人。

在商业的宽阔大道上，最成功的人，不是最聪明的人，不是最幸运的人，而是具有强烈赚钱欲望的人！对商业独到的领悟，对财富不懈的追求，使犹太人成为最值得骄傲、最值得自豪的民族。他们偏执于自己的事业，不仅依赖精妙的谈判术、攻心的策略、雄辩的口才、敏捷的情报意识，更仰赖犹太民族天生高明的企业经营诀窍，这使他们随时可以嗅到利润之所在。

强烈的赚钱欲望是一种商业态度。关于欲望，也有不同语境的理解，正面而言，是对目标的执着；负面理解，就是赌性很足。乔布斯说："不要被信条所惑，盲从信条是活在别人的生活里。不要让任何人的意见淹没了你内在的心声。"欲望背后，是大胆的、缜密的思维，是赌性的习惯夹着谨慎的步骤，这两种气质非常奇怪地杂糅在犹太人身上，这才是竞争的智慧。

高尔基曾说："一个人追求的目标越高，他的能力就发展得越快，对社会就越有益。"对财富有强烈的欲望是成为商人的重要基因，因为行动会随着志向走，成功会随着行动来。一个人只有对财富充满欲望与热情，才有可能去为之奋斗，去实现自己的理想，才有可能突破现在能力的局限，走向成功的彼岸。

# 铁律2

## 创业之前，必须具备相关的经验与知识

> 创业不仅需要创业者具有良好的性格特征和灵活的商业头脑，更重要的是具备商业经营的相关的经验与知识。经验与知识，既是我们取之不尽、用之不竭的智慧锦囊，更是能够帮助创业者少走弯路、更快地取得成功的有力支撑。

在创业的过程中，经验是我们处理问题的好帮手。只要具有某一方面的经验，那么在应付这一方面的问题时就能得心应手。特别是一些技术和管理方面的工作，非要有丰富的经验不可。所以，很多时候，经验成了我们创业过程中所依靠的拐杖。

经验与知识最便捷的获取途径无疑是自己从事的本行了。将一个行业做到极致远比每个行业都涉足一点更容易取得成功。很多百年老店能够延续至今，在激烈的竞争中立于不败之地，就是专注于本行不断努力的结果。创业更是要专注于本行，不能三心二意。在本行业站稳脚跟，深挖本行业的发展潜力才是发展的长久之道。

从内蒙古师范大学地理系毕业、在一所学校任教3年后，阚洪哲于1998年辞职步入商海，2012年他已经创建了自己的投资管理有限公司，身为公司董事长、总经理。他14岁的时候卖过橡皮，挣了4角8分钱；在上大学之前，曾经卖过电吹风、石英钟；上大学期间，开过奶茶馆、台球厅，卖过香烟、书架、办过培训班。1995年毕业时他已经掘到了人生的第一桶金——10万元。

"创业必须具备专业知识。"他在给在校大学生讲自主择业、自主创业时，提到4个要素，这条列在首位。"在毕业的10年间，我面试了几百名大学生，经常听到他们在讲自己的专业没有用、没有发展。对此我都极度惋惜。"阚洪哲认为这种新的"读书无用论"在部分在校学生中有所抬头，主要在于现在的就业压力和社会整体形势，然而更重要的是很多人没有真正看清和树立人生目标。

"没有系统专业知识的人根本不能发现也不能理解专业知识背后的商业机会。"他深有体会地说，"我是学地理的，还教过两年的《国际贸易地理》课程。因为在大学期间非常轻视对本专业的学习，认为地理专业无用，这种思想直接导致我个人在创业后对与我的专业有关的商业机会视而不见。"

"学问中蕴藏着无限商机。"阚洪哲给在校大学生讲座时说，"创业之前，我建议同学们首先要把自己的专业学好。至少，那是一种机会或者是一个思考的起点。"

在准备创业前，我们不妨先审视自己有什么专长。有很多人原本有稳定的工作，但是想要通过创业获取更大的成功。在选择经营什么样的生意时，有相当一部分人认为，自己既然已经辞掉了原本的工作，就要彻底同这个行业脱离，如果创业也选择跟本行业相关的，岂不是走了回头路了吗？这个想法实在是大错特错！

本行业的经验就如同基石，在打好地基的基础上盖房屋显然比重新开凿地基要快得多。如果你曾经学过服装设计，懂得色彩搭配，经营服饰店一定比开家餐厅驾轻就熟得多。顾客可能会称赞你"很懂得搭配""总能在他家找到漂亮的衣服"。而如果改为经营餐厅，很可能会被顾客埋怨"菜品不好，服务也不周到，老板一定是个门外汉"。

创业最大的资本就是专业知识，顾客不仅仅是购买商品，更是要享受专业的服务。在生意场上，如果一个创业者能对自己的商品了如指掌，对于商品的原料、产地、制作工艺了如指掌，能说出它跟其他同类产品相比独有的特点与优点，懂得如何使用、如何维修，必然能赢得顾客的信任，在顾客心中树立起专业的印象。相反，对于客户的质疑回答不上来，不知道自己的商品与别人的商品有什么不同，必定给顾客留下不好的印象。哪有人愿意从一个比自己还不专业的人手中购买产品呢？

实际上，很多人创业失败的原因在于盲目，没有充分进行创业前的准备。创业者应该时刻注意学习和积累行业经验与知识。

**1.创业者可以从自己的老板身上学习经验**

那些在某一个领域取得成就的人，在创业这条道路上先行一步，并且已经取得了成功，他的身上一定有值得学习的地方。而自己的老板，是最容易接触到的"创业先行者"，所以借鉴老板的经验是方便有效的方法。

**2.可以通过书籍、网络积累专业知识**

那些专业化的书籍和专业网站都可以丰富创业知识。创业者应该主动去寻找跟行业相关的书籍网站，随时更新专业知识。

**3.从创业实践中汲取经验**

只有空洞的知识没有真正的实践也是积累不了经验的。积累创业知识的最好途径就是创业实践。创业实践包括兼职打工、进入相关行业求职、试办公司等方式。创业经验最有效的获取途径就是在不断的实践中总结。

在知识经济时代，拥有经验与知识就是拥有财富，必须具备充足的行业经验，创业才会得心应手。因此创业者一定要随时补充专业知识，积累丰富的行业经验。尤其是经济管理知识的积累，如经济学知识、统计学知识、市场营销知识、管理学知识和金融学知识等。渊博的学识是创业者必备的基本条件。

**1.经济学知识**

供给和需求之间的联系是经济学研究的重要内容。比如，冬天卖棉袄，夏天卖冰激凌，商品的质量在冬夏两季并没有产生差异性，仅仅是因为人们需求的多与少，就决定了商品的销量，更决定了商品的价格。针对需求来供给，才能保证企业的生存，促进企业的发展。

高效的企业运作，是对未来资源的调动，当然也涉及了供给和需求。在什么条件下能有多少资源，投入这么多的资源究竟能有多少回报，这是创业活动的重点。学习经济学知识，首先要重视观念，而观念的建立可以由观察日常生活、搭配学习若干经济学方面的书籍来获得。

**2.统计学知识**

创业者要学会借助所搜集的资料验证自己的判断，这就需要能良好地掌握统计学知识。统计学基本上提供了分析和提出观念的依据。

除了统计学学术上的研究外，创业者还应该学习统计学的基础应用课程，它有助于对现有资料的提炼和总结，要多看统计方面的相关参考书。

**3.市场营销知识**

丰富的市场营销知识是经营活动展开的基础，创业者储备了丰富的市场营销知识，才能快速扩展市场。随着制度的不断规范、经济的不断成熟以及竞争的不断加剧，专业化的经济行为开始出现，简单的投机行为将不再能钻市场的空子，知识和文化已经成为赚钱的一个重要条件，理性成熟的市场更加注重富有市场营销知识的人才。

**4.管理学知识**

丰富的管理学知识是公司创建者必备的知识要素。因为管理学研究的核心就是通过管理来降低组织运行成本，从而达到提高组织运行效率的目的。管理学的发展使得现代组织的管理，尤其是生产性组织的管理发生了一场革命。人们的管理行为从过去自发的经验逐渐上升到一种自觉的意识。到了现代，管理学已经成为创业人员必修的课程之一。

从中国企业的创业史来看，经验管理仍然是中国创业者管理企业的主流，企业的成败在很大程度上取决于创业者的经验、经历和能力。中国创业者迫切需要进行管理上的创新变革。企业的稳定经营最终还是要靠一套规范化的管理制度的形成。管理方式本身并没有好坏之分，只是在不同的企业、不同的环境、不同的历史阶段中所使用的管理方式是不同的。对于很多创业者来说，管理创新极其关键，企业的经营管理模式能否形成并成功实施，决定了企业能否发展起来。虽然在商界流传有许多经典管理法则，但是具体创业过程中，却需要拥有一套具有前瞻性的商业理论。如果不能在理论上进行更新，就不会创造出新的赢利模式，就不会采用新颖的管控制度，企业从出世的那一天就会沦落为平常可见的大众群体中的一员，难以在竞争惨烈的市场中获得发展空间。

### 5.金融学知识

金融学知识是创业者必不可少的经济知识，它主要针对如何提高资金运行的效率问题进行研究。在一个企业中，金融学的知识主要表现为企业如何对可利用的生产资源进行运作与管理，从而实现企业追求利润最大化的目标。

当然，要真正走好创业这条路，绝不是仅仅局限于这些知识的。创业者在准备创业之时，就要尽可能地提高自己的知识储备，在创业之路上才会走得更顺利、更长远。

# 铁律3

## 科学的市场调研
## 是创业成功的关键

> 创业初期,创业者在作任何决策前都应该进行科学的市场调查,充分了解将要"一展拳脚"的这个行业的独特规律以及发展趋势。如果创业者不深入进行市场调查,而只是凭经验凭感觉或者人云亦云盲目跟风,这种不经过调查分析所作的决策,容易导致创业失败。

所谓市场调查,就是对某一产品或服务的消费者,以及市场营运的各阶段进行调查,有目的地、系统地搜集、记录、分析及整合相关资料,了解市场的现状及其发展趋势,为市场预测和营销决策提供客观的、正确的资料。

市场调研是企业营销活动的出发点,其作用十分重要。市场调研主要是针对市场对等者,即产业或行业来进行的,目的在于掌握竞争对手的营销动向与策略,以及可以为己所用的营销工具,如渠道、媒体,等等,从而为营销管理者制定、评估和改进营销决策提供依据。

真正智慧的经营者,在选择经商地点时,首要的一步便是考察市场,因为一个地方的自然条件、地理条件及各种政治、经济、文化、交通等因素对于各种经营的成败有着至关重要的影响。

正所谓"没有调查就没有发言权"。做好市场考察,才能有的放矢,台湾顶新集团就是这样做的。

◇给你一个公司，你能赚钱吗

  1988年，台湾顶新集团开始在大陆投资，但由于缺乏对大陆市场的了解，投资的几个项目均以失败告终。就在顶新集团董事长魏应行意欲退回台湾时，事情发生了转机。

  一次，魏应行外出办事，因为不习惯火车上的盒饭，便带上了从台湾捎来的方便面。没想到这些在台湾非常普通的方便面却引起了同车旅客极大的兴趣，魏应行马上将面分给了他们。他们吃着热腾腾的面，直夸好吃，说又方便又实惠。看到此情景的魏应行有了某方面的灵感，他心里琢磨着：我怎么没有想到这个好项目呢？

  这时的魏应行又自责又庆幸，自责的是自己没有对大陆市场进行彻底的调研，没有抓准大陆市场的真正缺口和需要，只一味地想当然，最终白白把精力和物力浪费在一些无关紧要的投资项目上；另一方面，他庆幸的是，自己在一些细节性的问题上细心，最终找到了在大陆开拓市场的希望，那就是在大陆投资生产方便面。

  有了这个想法的魏应行立即付诸行动，他派人对整个大陆市场做了细致的调查，从各个地区的人口到他们的饮食习惯，再到他们的饮食规律。在品牌打造上，他也下了很大一番功夫，将产品定名为"康师傅"。因为"康"让人联想到"健康、安康、小康"，"师傅"让人联想到手艺精湛的专业人士，"康师傅"的形象是一个笑呵呵、很有福相的胖厨师，这些都十分符合大陆消费者的心理取向，特别具有感召力。功夫不负有心人，经过多年的发展，如今，"康师傅"已经成为中国内地方便面市场上的领导品牌。

  顶新集团投资大陆食品市场时，屡战屡败，屡败屡试。最终，凭借着对大陆市场的细致调研，在方便面上发现了商机，获得了飞速的发展。

  由此可知，企业的经营者在开拓市场时，除了要时时保持商业的敏感外，还要对市场进行充分调研，用一双慧眼和一颗智慧的头脑，挖掘"柳暗花明"处的机遇。

企业如果想进军一个新的行业领域或在一个全新的地理区域安营扎寨，如果缺乏对市场的考察，无异于蒙着眼睛奔跑，最终在瞎跑乱撞中跌得头破血流。

因此，市场考察要作好4个方面的分析：

**1.行业分析**

其中包括自身行业还有相关行业，管理者最好找到大量相关的数据进行了解。

**2.竞争对手分析**

管理者要将竞争对手进行分级，找出哪些是行业领先者，哪些是自己的主要竞争对手。

**3.自身产品分析**

了解公司产品的特性，找出与竞争对手的差异点，建议把差异点都总结出来，自己脑海里必须非常清楚。

**4.消费者分析**

了解消费者的年龄段、特性及消费能力、消费习惯等，以使产品满足消费者的需求，牢固地占领市场。

市场调查对创业起到什么样的作用？又会怎样影响企业经营呢？我们不妨来看一个例子：

享誉全球的大品牌可口可乐在20世纪80年代中期出现过一次极具毁灭性的"失误"。

1982年，老对手百事可乐对可口可乐发动了新一轮的市场攻势，这一回，百事可乐的销量一路上升，已经威胁到可口可乐的传统霸主地位。为了扭转劣势，可口可乐公司决定进行一次深入的市场调研，以便发现问题，找到对策，解决危机。

这一次的市场调研中，设计了诸如"你认为可口可乐现有的口感如何""想不想尝试一下新的口感""如果可口可乐的口感变得柔和一些，你是否能接受"等一系列问题，公司希望通过这次市场调研了解消费者对可口可乐口感的评价，以便开发新口味的可口可乐。根据市场调研的数据显示：大多数消费者表示接受新口味的可乐。

于是可口可乐公司以此为依据，开始研发新口味可口可乐。新口味可口可乐正式推向市场之前，可口可乐公司又进行了口味测试，结果让决策层更为放心。这次市场调查的数据显示：新可乐应该是一个成功产品。

1985年，可口可乐公司举行了盛大的新闻发布会，并在会上隆重宣布：新口味可口可乐取代老可口可乐上市。

然而，实际情况却是：在新口味可口可乐上市之后，可口可乐公司遭到了人们的严厉指责，人们认为新口味可口可乐是对美国的一个象征的背叛，甚至有人成立"美国老可口可乐饮用者"组织来威胁可口可乐公司，如果不按老配方生产，就要提出集体控告；有的消费者甚至扬言再也不买可口可乐。仅仅过了3个月，新口味可口可乐计划就以失败而告终。

市场调查是企业制定方针策略的依据，是非对错需要由市场来验证。这一次的市场调研中，可口可乐公司却忽略了最关键的一点：对于广大消费者来说，可口可乐背后所承载的传统的美国精神才是他们最主要的购买动机，新口味可口可乐的出现，无疑是对美国精神的一种背叛，这次市场调研失败的最主要原因就在于此。

市场调查是创业的前奏，是制定战略方针的基础，可供参考的调查方法主要有两种：一是委托专门的市场调查公司，二是由自己一手操办。但总体来说，不管是找人操刀还是亲自操办，市场调查的实施方案大致相同：

**1.确定明确的市场调查目标**

市场调查是为创业者做市场预测和经营决策提供科学可靠的依据。这就要求创业者首先要明确："我为什么要做市场调查，我要了解哪些情况，我要解决哪些问题。"不少创业者由于目标模糊，对市场调查的设想显得杂乱无章。这就要求创业者必须对症下药，在进行正式的市场调查之前，要先通过网络、各类报刊、统计部门、行业协会公布的信息等方式，有效地收集、整理相关的二手资料。这样就能够在明确目标的指导下为市场调查做足准备工作，而在具体调查中消费者也乐于配合，创业者的市场调查设想也显得井然有序。

**2.设计具体的调查方案**

创业者在制定明确的市场调查目标后，接下来的一个步骤就是将为实现这一目标设计一个具体的方案。一个切实可行的市场调查方案一般包括以下几个方面的内容：

（1）调查要求与目的。这是每次市场调查最基本也是最为关键的问题。不管准备从事哪一种创业项目，都应该将需要了解的相关信息具体落实到方案上。

（2）调查对象。通常情况下，市场调查的对象一般为消费者、零售商、批发商。

（3）调查内容。创业者可以根据市场调查的目的来拟定明确的调查内容。调查内容要求条理清晰、简洁明了，避免主次不分、内容烦琐。

（4）调查样本。

（5）调查的地区范围。

（6）样本的抽取。

（7）资料的收集和整理方法。

与企业在作决策前都该做市场调查一样，创业者在决定创业项目时，更应该进行科学的市场调查。科学的市场调查是创业成功的关键，决策正确与否，关系到创业的成败。不少创业者因为一个错误的决策导致全盘皆输，但愿更多的创业者能够认识到市场调查的重要性，认识到科学的市场调查是创业决策的好帮手，真正重视市场调查，在激烈的市场竞争中不断取得胜利。

# 铁律4

## 创业者需要对创业环境做出SWOT分析

> 全面考虑环境是创业中必不可少的一环,创业者要做的是在这些环境中分析自身的优势与劣势,以及面临的机遇与威胁。科特勒认为,识别环境中有吸引力的机会是一回事,拥有在机会中取得成功所必需的竞争能力是另一回事。

"优势"——Strength、"劣势"——Weakness、"机会"——Opportunity、"威胁"——Threat 4个方面组成了SWOT。通过SWOT分析,可以结合环境对企业的内部能力和素质进行评价,弄清企业相对于其他竞争者所处的相对优势和劣势,帮助企业制定竞争战略。

企业与市场环境分析:

| SWOT分析 | | |
|---|---|---|
| | 优势S | 劣势W |
| 机会O | SO战略<br>依靠内部优势<br>抓住外部机会 | WO战略<br>利用外部机会<br>克服内部弱点 |
| 威胁T | ST战略<br>利用内部优势<br>抵制外部威胁 | WT战略<br>减少内部弱点<br>回避外部威胁 |

**1.创业优势与劣势**

　　优势是指创业者相对竞争对手而言所具有的优势资源、技术、产品以及其他特殊实力。核心竞争力是企业的优势，另外，充足的资金来源、良好的经营技巧、良好的企业形象、完善的服务系统、先进的工艺设备、成本优势、市场领域地位、与买方或供应方长期稳定的关系、良好的雇员关系，等等，都可以形成创业优势。劣势是指影响企业经营效率和效果的不利因素和特征，它们使创业者在竞争中处于弱势地位。一个企业潜在的弱点主要表现在以下方面：缺乏明确的战略导向、设备陈旧、赢利较少甚至亏损、缺乏管理和知识、缺少某些关键技能或能力、内部管理混乱、研究与开发工作落后、公司形象较差、销售渠道不畅、营销技巧较差、产品质量不高、成本过高等。

　　创业者不能纠正所有的劣势，也不必利用所有的优势，但必须确定，是否要发展某些优势，以便找到更好的市场机会。企业在设计竞争战略时，要充分利用一切的机会，同时清醒地认识自身优势和劣势，采取正确的营销措施。

　　在创业过程中，激烈的竞争往往会带来较高的营销成本，而且在营销方面的投入所面临的风险会更高。竞争各方都会使出浑身解数来削弱对方的营销效果，来增强自己的市场份额。尤其是当市场中存在诸多的强有力的竞争者时，这会对该细分市场的吸引力大打折扣。因此，企业都喜欢那些竞争对手尚未满足的市场。

　　哪里有市场，哪里就有竞争，但总存在一些尚未被满足的市场。市场竞争其实就是卖方之间为了寻找有消费需求和有货币支付能力的买方而发生的竞争。作为卖方的企业，其竞争的主要对象是经营本企业同类产品的其他企业，其目的是与同行争夺买方，吸引买方购买本企业的产品。

　　激烈的市场竞争对于企业来说是很不情愿面对的，即使是极富竞争力的企业，也不愿将过多精力花费在竞争者众多的市场上。竞争使得企业之间能力相互牵制，激烈的竞争也就意味着利润份额会被许多对手抢占，这样人均就占不了多少便宜。尤其对一个初涉商场的创业者来说，来自竞争者的威胁对其是巨大的挑战，甚至是隐患，因此，去寻找那些未被竞争者满足的市场，有效地采取一些竞争策略，就可以放大自己的优势，在激烈的市场竞争中做到"百战不殆"。

**2.环境机会与威胁（企业的外部环境）**

科特勒认为，营销是一门发掘、发展机会并能从中获利的艺术，科特勒把机会定义为："公司能在获利的前提下满足顾客需求与兴趣的领域。"环境的变化、竞争格局的变化、政府控制的变化、技术的变化、企业与客户或供应商的关系的改善等因素，都可视为机会。企业所处的环境随时都在变化，这些变化对不同的企业来说，可能是机遇，也可能是威胁。比如政府对环境的保护以及居民对健康的重视，为香烟替代产品的生产企业提供了机会，但对香烟生产企业来说却是威胁。机会可以说无处不在。例如政府的对外开放政策为外国资金的流入提供了机会，居民收入水平的提高为高档消费品的生产商提供了机会等。环境提供的机会能否被企业利用，取决于企业自身是否具备利用机会的能力，即企业的竞争优势是否与机会一致。

市场机会主要有3个来源：

（1）某种产品供应短缺。

（2）使用新的方法向顾客提供现有的服务。

（3）向顾客提供新的产品或服务。

营销人员对企业所面临的市场机会，必须慎重地评价。美国著名市场营销学家西奥多·莱维特曾警告企业家们，要小心地评价市场机会，他说："这里可能是一种需要，但是没有市场；或者这里可能是一个市场，但是没有顾客；或者这里可能有顾客，但目前实在不是一个市场。"

威胁是环境中存在的重大不利因素，构成对企业经营发展的约束和障碍。比如，新竞争对手的加入、市场发展速度放缓、产业中买方或供应方的竞争地位加强、关键技术改变、政府法规变化等因素都可以成为对企业未来成功的威胁。与机会无时不在一样，环境中永远存在着对企业生存发展具有威胁作用的因素，只是它们对不同企业的作用不同而已。

对一个企业是机会的因素，可能会对另一个企业造成威胁。例如，政府放松对航空业的控制，是地方和私人航空公司发展的有利机会，但对国有航空公司来说就是一种威胁。同样，某个要素既可以是某个企业的潜在机会，也可能对其形成威胁。例如，网络技术发展使一批新兴企业迅速发展壮大，但如果跟不上技术的更新，这些企业也会很快落伍。

为什么有的创业者能赚到钱，因为他们总能在人生中发现并牢牢抓住真正的机遇。有位哲人说过：世界上并不缺少美，缺少的只是发现美的眼睛。同样，在市场经济社会中，并不缺少机遇，缺少的也是发现机遇的眼睛。凡是赚了钱的人，他们获取成功的一个共同特质就是——善于紧紧抓住每一个机遇！因为处处留心皆机遇，钱就在你身边，就看你怎么去赚。

温州青年孟飞搬进单位分给他的一套50平方米的住房。等他把包括床和许多必需的东西搬进屋里后，他那张宽大的书桌实在搬不进去了，于是他打算将它运到旧货市场处理掉。恰好来了一个收破烂的乡下人，问他这张桌子卖不卖。孟飞说要40元。其实邻居说这张桌子在旧货市场只能卖20元。可是，乡下人掏出40元，说这张桌子他要了。"在旧货市场是不能卖这么高的价的，你花40元买走它，你打算怎么处理它呢？"孟飞忍不住好奇地问。"在乡下，做一张像这样的书桌，材料、加工费是要超过40元的，我打算弄回家乡。"乡下人说。这个发现让孟飞兴奋不已。他迅速联系乡下的亲戚，在乡村的公路旁办起了一家旧家具店，他把城里的旧家具拉到乡下，结果大受农民欢迎。于是他不断地拓展自己的业务，开了几家分店，结果生意都十分红火，利润也很可观。孟飞的生意经营得很顺，很多附近的集镇上的个体户们不断地来打听，问他的这种旧货是从哪儿弄来的，他们也想开一家这样的店。孟飞想，旧货在农村有如此大的市场，怎样才能把它做大做强呢？于是他想到连锁加盟，自己主要联系货源，让别人去经营。

说干就干，孟飞在他经营的店里打出了连锁经营的牌子，不到半年时间，孟飞的连锁旧货店就开了100多家。

当机遇出现时，立刻抓住它，也就抓住了本钱。此时，机遇已不再是机遇，而是一种创业的资本。创业的本身，可以是前途，也可以是"钱"途，无论走哪条路，机遇必然伴随。超前的市场意识，勇于并善于捕捉商机、发掘市场，在别人不曾发现的市场缝隙中创造出一个又一个新的商机，这样的人就比较容易获得成功，容易建立起具有领导地位的品牌，且少有对手与之分庭抗礼，由此容易获得较为丰厚的利润，这为他们在以后的发展中确立其竞争优势起到了决定性的作用。

当然，最大的秘诀还是要善于把握商机。可以说，大千世界，尚未开发的市场无时不有、无处不在，各种各样的生财机会很多，关键是看创业者能否练就一双敏锐的慧眼和具备观察市场、分析市场的能力，并且能够一旦发现机会，立马抓住，付诸行动。只有这样，才能获得成功。总之，对于创业者来说，认清企业所具有的优势与劣势以及面临的机会和威胁是十分重要的，因为这不仅涉及企业地位的变化，而且关系到企业战略的制定。

## 铁律5

### 抓住市场空白，赚别人看不见的钱

"市场上黄金遍地"并不是假话，之所以有创业者觉得不真实，是因为那些人让自己的眼睛蒙尘，这就是他们依然贫穷的原因。眼光独到、处处留心，发现市场中的空白，才能发现埋藏在沙尘中的黄金。

在面对一个装了一半白开水的杯子，"杯子已经装满一半"和"杯子还有一半是空的"都是对它正确的描述。但从市场的眼光看，这两句话意思是完全不同的，它所产生的结果也完全不一样。当企业领导者的认识从"杯子已经装满一半"，变为看到"杯子还有一半没有装满"时，那么就会发现重大的市场空白。

其实发现这个"市场空白"并不重要，重要的是投资者将以什么样的方式进入。正如《孙子兵法》所说："打胜仗的军队总是事先创造取胜的条件，而后才同敌人作战；打败仗的军队，总是先同敌人作战，而后祈求侥幸取胜。"抓住潜在契机，霍英东可谓是其中的高手。

众所周知，香港著名的大富豪霍英东，他的成功之道就在于敢为天下先。他进入生意场的第一步是在香港鹅颈桥市场开了一家杂货铺。

第二次世界大战结束以后，他就卖掉了杂货铺，改做煤炭生意。不久，他又和别人一起去东沙岛采集一种可以用来制药的海草。当然，他每一次入道或出行，都不是亏本的生意，而是有钱可赚的。

20世纪50年代初期，香港的房地产市场刚刚兴起，霍英东慧眼顿开，一下子觉得发财的机会来了，立即设立了立信置业公司。同行之中的人都纷纷投来怀疑的目光，不知这个默默无闻的新手是不是神经错乱了。

他的第一招就令其他人刮目相看：在香港，房地产都是出售"整栋楼宇"，而霍英东使用的却是房地产工业化的办法，推行住宅与高层商厦结合的方式，并且采用"分层"销售、预定楼房、分期付款等新方法。只用了几年时间，霍英东就成为香港知名的房地产商人了。

正当其他房地产商人全力以赴进行"房地产大战"的时候，霍英东的心中又生出了新的主意。他想，大家都在全力修建房屋，一定急需大量的沙子。他马上花重金到国外买回来了大型挖沙船。这种大型挖沙船20分钟就可以挖出2000吨沙子，沙子进船就可卸货，白花花的银子就到手了。很多人看到霍英东"发"了，急忙奋起直追……可是，此刻霍英东已经取得香港海沙供应的专利权了。后面追兵很紧，霍英东心生一计：众所周知，香港的土地寸土寸金，填海造地大有前途。他觉得，这一招必须下快棋！

决心一定，他立即从荷兰、美国等地购买各种设备，放开手脚开始了香港规模最大的国际工程——海底水库淡水湖第一期工程。这一工程的开始，标志着外国垄断香港产业的格局被打破，霍英东也因此财源滚滚……

所有事情都是从无到有，财富亦是如此。在别人已经证明的领域淘金，只能说明你赶上了一艘看似拥挤实则还有位置的轮渡，能力或在其次，眼光可能更加重要。眼光独到，在别人看不到的地方赚钱，是经商者财富永不干涸的源泉，也是经商者必备的能力之一。

只有眼光独到、看得深远，才能发现赚钱的目标。很多时候，一个人之所以能够成功，一是因为有正确的想法，二是能将正确的想法坚持下去。眼光独到，做别人想不到的事情，你才能获取更多的财富。做别人想不到的事，就是要另辟蹊径，这需要克服不断出现的困难，需要足够的智慧和勇气，需要独到的眼光，而这些都是在现实生活的一点一滴中积累的。把别人不干的捡起来，通过独到的眼光和智慧从中淘金，就能有大的作为。

有些人做生意总挑热门、焦点，觉得只有这样才能挖到黄金。毋庸置疑，能够引起大多数人的关注，本身就说明了它的吸引力和无限商机。但是换个思路，在"冷门"里创富，也能获得别人挖不到的金子。

两个青年同时到一家企业面试，两个人的表现都很出色，但是公司只能录取一个人。老板说："这样吧，我给你俩一个任务，你们试着把我们这次生产的皮鞋推销给赤道附近一个岛上的居民，然后给我你们的答案。"

两个青年都去了那个岛屿，他们发现海岛相当封闭，岛上的人与大陆没有来往，他们祖祖辈辈靠打鱼为生。他们还发现岛上的人衣着简朴，几乎全是赤脚，只有那些在礁石上拾海蛎子的人为了避免礁石硌脚，才在脚上绑了海草。

两个青年一上海岛，立即引起了当地人的注意。他们注视着陌生的客人，议论纷纷。最让岛上人感到惊奇的就是客人脚上穿的鞋子。岛上人不知道鞋子为何物，便把它叫作脚套。

他们从心里感到纳闷：把"脚套"套在脚上，不难受吗？

一个青年看到这种状况，心里凉了半截。他想，这里的人没有穿鞋的习惯，怎么可能建立市场？他二话没说，立即乘船离开了海岛，返回了公司。他对老板说："那里没有人穿鞋，根本不可能有市场。"

另一个青年态度相反，他看到这种状况心花怒放，他觉得这里是极好的市场，因为没有人穿鞋，所以鞋的销售潜力一定很大。他留在岛上，与岛上的人交上朋友。他在岛上住了很多天，挨家挨户做宣传，告诉岛上的人穿鞋的好处，并亲自示范，努力改变岛上的人赤脚的习惯。同时，他还把带去的样品送给了部分居民。这些居民穿上鞋后感到松软舒适，走在路上他们再也不用担心石头硌脚了。这些首次穿上了鞋的人也向同伴们宣传穿鞋的好处。这位有心的青年还了解到，岛上的居民由于长年不穿鞋的缘故，与普通人的脚形有一些区别，他还了解了他们生产和生活的特点，然后给老板写了一份详细的报告。公司根据这份报告制作了一大批适合岛上的人穿的鞋，这些鞋很快便销售一空。不久，公司又制作了第二批、第三批……

同样面对赤脚的岛民，一个青年认为没有市场，另一个却认为有大市场，后者能从"不穿鞋"的现实中看到潜在市场，并懂得"不穿鞋"可以转化为"爱穿鞋"。他抓住潜在的机会，进而挖掘，使之转变成赚钱的机会，并获得了成功。

面对同一种市场，不同的人会看到不同的前景，这需要敏锐的洞察力和独特的思维方式，以捕捉那些没有被发觉的市场，有时候没有市场往往意味着市场空白，这也正是大展拳脚的好时机。

换个思路，就能将冷门做大。实际上，冷门生意最好做也最赚钱。只要有市场，就有赚钱的机遇。冷门之所以被定义为"冷"，是因为很多人先入为主：别人说它"冷"，自己也觉得"冷"，很多赚钱的机遇就这样悄悄溜走。商之大者会细心观察身边的每一个领域，冷与不冷不在主观，而在市场，他们明白市场决定生意、生意决定财富的道理。那些能从"冷"处着手、钻"冷门"的人，才可能挖到更大的宝藏。

奇瑞汽车公司成立于1997年，该公司拥有整车外形等10多项专利技术，经过认真的市场调查，奇瑞汽车公司精心选择微型轿车打入市场。它的新产品是微型客车的尺寸、轿车的配置。2003年5月，奇瑞推出QQ微型轿车，6月就获得良好的市场反应，2003年9月8～14日，在北京亚运村汽车交易市场的单一品牌每周销售量排行榜上，奇瑞QQ以227辆的绝对优势荣登榜首。到2003年12月，已经售出28000多辆。

奇瑞QQ被称为年轻人的第一辆车。奇瑞QQ的成功就在于它的市场细分。它的目标客户是有知识品位但收入并不高的年轻人。为此，奇瑞QQ有着极其可爱的外形。虽然小车价格便宜，但是在滚滚车流中它是那么显眼，你看它那绚烂的颜色、婀娜的身段、顽皮的大眼睛，好似街道就是它一个人表演的T型台。就这样,奇瑞公司成为行业内公认的车坛黑马。与此同时,奇瑞轿车还连创5个国内第一,6次走出国门,以自己的不懈努力创造了中国汽车史上的奇迹。

没有一个市场是天衣无缝的,因为新需求不断在增加,市场是不断变化的,总会存在"空隙"。市场上永远存在"尚未开垦的处女地"。很多创业者都明白这样一个道理:市场并不缺少机会,而是缺少发现。奇瑞汽车就是一个善于发现机会的公司。

在激烈的市场竞争中,要善于发现商机,把握时机。要做到这些应注意下面三点:

### 1.以市场为标准,确定商业机会的范围

选择商业机会时不要去考虑自己熟悉与否,只需要考虑市场的前景如何。许多人倾向于选择自己熟悉的行业去做,这无可厚非,甚至在很多情况下是值得推崇的。但是,如果在企业作市场决策过程中因经营者的专业限制而错失机会,那将会是很大的损失。所以,企业经营者要跳出自己的小圈子,从市场的角度来考虑问题。这样才有可能发现极具市场前景的商业机会。

### 2.收集足够的市场信息

任何决策的背后都需要有事实和数据作为支撑,否则无法确认你的决策是否正确。在获取大量的信息后,要进行认真的分析,找出最适合行动的时间,把握时机,一举成功。

### 3.行动迅速

兵贵神速,迟缓、犹豫都会使商机稍纵即逝。所以在选择确定商业机会之后,创业者千万不能犹豫,这是创业者要获得成功的必备要素,即"决策之前慎之又慎,决策之后坚决果断"。在商海遨游中,创业者切忌优柔寡断,否则会因此人心涣散,而且大好的商业机会也会稍纵即逝。

# 铁律6

## 小资本创业，必须跨过同质化这道坎

> 对很多创业者而言，同质化是难以绕过去的门槛。产品与别人没有太大的差别，成本方面不占优势，自己又起步较晚，如何在此基础上实现差异化，让客户识别和认同自己，是企业经营者们必须面对的一个重要课题。

在产能过剩的今天，随着竞争的加剧及技术进步的日新月异，一方面产品的同质化日益变成了一种常态，另一方面产品的功能也在企业的想方设法中不断增添、不断雷同。因此，如何在几乎"长着同一张脸"的产品中"木秀于林"，就成了众多企业人士苦苦思索的永恒性课题。

换言之，大多数创业者所从事的领域，其实都已有很多运营成熟的竞争者。在目前比较成熟的市场环境下，无论是产品也好还是服务也好，要想从根本上做到差异化都非常困难，因为当今早已是一个同质化严重的时代。实际上，这一现象不光困惑着草根创业者，很多跨国公司也大多面临着产品严重同质化的问题，但他们往往是通过强化某一方面的概念或者是创建新的组合来解决这一问题。

就拿汽车发动机油产品来说，事实上都具有润滑、密封、抗磨、清洗、耐高温和抗冻等功能，但如果同时介绍这些功能，一来暴露出产品同质化的弊端，难以有效突出自己产品的特色；二来所传递的信息太多会导致消费者和受众难以记住，因此那些大品牌都从中选择一个特性来强化和放大，以作为自己区别于竞争品牌的鲜明特色，并由此来实现产品的"差异化"竞争。在这种思路的指导下，壳牌润滑油着重强调自己产品的清洁和清洗功能，与目标受众所有的沟通都是在这个基础上展开的，虽然许多年以来，其具体的传播诉求已经发生了相当大的变化，但所要表达的这个功能却一直没有改变。而嘉实多润滑油则更加强调他们产品的良好的启动性能，一句"未启动，先保护"足以让受众记住他们产品的"个性"。

洗发水同样也是同质化程度很高的一类产品，飘柔的卖点是发丝柔顺，海飞丝的卖点是去头皮屑，潘婷的卖点是修护秀发，还有很多消费者不断去用个人体验来论证这种诉求的正确性。而事实上，几乎所有品牌洗发水都同时具有这几种功能，只是你接受了厂家的宣传和心理暗示之后，更愿意从他们所说的角度去体验这种功效。

同质化现象在流通企业可能表现得更为突出。像卜蜂莲花、世纪联华这些超大终端，在产品种类和所涉品牌方面并没有太大区别，甚至可以说基本一样，它们所不同的是在各大城市的网络分布密度、店面所处地段以及产品排列组合方式，并由此带来了不同类型消费者对不同商家的偏好。

在目前市场上也存在这样一些知名品牌，所经营的产品实际上同时含有五六种不同的功能，但他们为了显示自己的专业化，并强调产品细分群体的独享性，将同一产品细分成五六种包装，按照不同的产品线进行销售，而且相互间还存在较大的价格差异。这一方式看似没有技术含量，将简单问题复杂化，而从市场反应情况来看，销售效果却要远远好于产品单一包装模式。

以上谈的都是非常简单、易行和常见的技巧，是大公司早已玩得非常熟练的方法，但对草根创业者来说更为实用，可以解决项目定位过程中的很多困惑，弥补由于研发和创新不足而带来的劣势。比如同样是酒精类产品，就首先细分出来一个玻璃水产品，定位为擦玻璃专用的，有人又在此基础上开发了家庭专用和汽车专用两大类别，还有人将汽车用产品进一步细分为去虫胶、防静电、防尘土和冬季专用等几个种类。每一次概念上的细分，都为新进入者开辟一片天地，都会产生一个相对优势的品牌。事实上，无论概念如何炒作和细分，本质上都是乙醇和水的混合溶液，都具有清除虫胶、防静电防尘、防寒抗冻的功能。这种创新无非是概念上的创新，这种差异化实际上更多的还是概念上的差异化。尽管产品本身并没有实质性创新，但总归给创新者提供了立足之地。

在产品本身同质化严重的情况下，还可以通过包装规格上的变形来实现消费者认知上的差异化。比如在食品和饮料领域常见的针对儿童这一消费群体设置小包装产品，并加上适当的卡通图案，来打造儿童专享品牌概念，方便面、果汁饮料、面包、果干、豌豆、花生都比较适合来这么做。

长沙的一位小学老师，经过仔细观察发现了一个现象，社会人员承包的学校食堂给学生打的盒饭量比较大，大多数人根本吃不了，每顿饭都要剩很多，日久天长，还造成了巨大的浪费。而这些承包商，受传统思维影响，认为做学生的生意就应该价低量大，没有过多考虑小学生这一群体的具体情况。于是这位老师就突发奇想，认为将一份饭的量改小，而将盒子改成各种时尚的卡通图案和造型，一定好卖，决定投资运作这个项目。结果项目一上马，生意就火得不得了，以高于正常价20%的价格去销售，还是大受欢迎。

通过产品组合进行创新，借以打破同质化困局的例子在我们周围也比较常见。譬如将常用的几种厨具做成几种不同组合的套装进行销售，将尺码不同的服装组合在一起开发成情侣装或亲子装进行推广，将电热水壶、茶壶和茶杯组合成套装进行推广等。

作为创业者，最为重要的不是抱怨，而是考虑在现有的框架和条件下，如何最大程度规避不利因素，对现有资源进行整合、变型和提炼，在实质并没有发生多大变化的基础上，与现有市场主体展开差异化竞争，为自己争得一席之地。其实，只要多些"蓝海思维"，多一些创意和创举，我们同样可以从惨淡的红海中全身而退，成功实施"同质化突围"。

"同质化突围"，就是开辟出一条有自己特色的路，让自己长着一张不一样的脸，以便在众多的产品中可以一眼就认出来。

美国商业银行就走出了一条"同质化突围"的蹊径。

当其他银行纷纷扩充产品线、提高利率吸引客户时，它却把自己定位成"全美最便利的银行"。全年365天日夜无休；排队等候时，你可以顺便办一张贷记卡；在雨天，银行服务人员会撑着伞，把你送到车上；银行免费提供咖啡和报纸，并在大多数分（支）行设有免费使用的硬币清点机，颇受储户欢迎。因此，尽管产品选择有限，储蓄利率也是同类市场最低，但顾客仍然趋之若鹜，而且成长惊人：1999~2004年间，分（支）行从120家增加到319家，存款额从56亿美元飙升到277亿美元，贷款也从30亿美元增加到94亿美元。

将视角从传统的领域移开，向旁边看一看，往往就可以看到一片新的天地。美国商业银行之所以能够异军突起，就是因为它所选择的定位与众不同，自然也就决定了它所走的路线与众不同，独特的风格与吸引人的优质服务，自然成为它独占鳌头的撒手锏。

"同质化突围"，关键在于找准自己的定位，树立自己独特的特点，并在这个区别于别人的特点上下足功夫。工夫下到家了，开辟"同质化突围"的工程自然也就成了。

创始初期的IBM只是一家生产打孔机的小企业。

1952年2月，IBM内部从事研制电子数据处理系统的有关人员只有85人，那时IBM最高决策者、身处第一线的专家们都认为，公司最初生产的两种计算机若能销售5台就能满足市场上的需求。只有企业的总经理、参加过"二战"的小托马斯·沃森不顾其他经理的劝阻，坚持转向电子数据处理系统。小沃森反复劝导他们，使他们站在自己的同一战线，并力主推进由穿孔卡片系统转向电子数据处理系统。

转入计算机产业后，IBM觉察到美国政府将要实行的新政策会引起办公的自动化革命，于是小沃森决定改进霍勒利斯统计会计机，为此不惜投入大量的研制费用，在经济不景气时期发疯似的扩大生产。结果，当美国政府实行新政策，随着事务工作量的激增而需要机器处理时，只有IBM能够提供充足的具有高效能的机器，IBM由此取得了巨大的成功。

经济环境一变再变，企业发现，想要掌握商机、追求最大获利目标，要靠释放全体组织激情，加强对内对外的协调联系、分工合作，让运作系统更有活力。也就是说，让每个员工用新的工作态度，用诚意交谈、沟通，交换创新的"电子"，使企业的每个环节动起来，活力四射。

领导具有强烈的创新意识，员工的观念进行了创新，那么，实现组织最终的创新还需要一个环节——技术的创新。对生产效率和产品质量的要求不断增加，使得技术上的创造和革新成为必然。

目前，许多企业缺乏创新文化，很大一部分原因是经营者对创新和自身位置的不确定。实际上，经营者是要有一点创业精神的，用老板式的思维来思考问题，往往能够产生新的观念，为自己带来收益的同时，也可以为企业创造价值。

具有创业精神，要求我们必须主动运用知识，而不光是被动地接收资讯。我们不能再像过去的信息传送员一样，把收到的资讯放一阵子再送出去；有时候就算传送的方向不一样，价值也不会因此而提高。我们必须具备并利用工具与技能来掌控、分析及运用资讯，以增进它的价值，靠它来协助顾客、改善营运以及探索新契机等。

具有创业精神，便决定了我们在创新的过程中要与他人密切合作，营造以团队为主体的灵活环境。我们要学会尊重不同的意见，当自己的主张被他人否定时，也要有从容面对的能力。观念的冲突可以激发出创新的火花，而且当这类火花出现时，不管它是从何而来，优秀的经营者都应该感到很高兴。不过，我们当然也必须懂得如何评估这些想法，因为并不是意见箱中的每个点子都有办法创造出价值，这些，都是具有创业精神的经营者所应该做到的。

# 铁律7

## 全心全意地去做自己熟悉的行业

> 你需要一心一意、全心全意地去做你熟悉、懂行的行业，千万不要人云亦云，盲目跟风，不要好高骛远，也不要打一枪换一个地方。如果能做到这一点，你创业就很可能会赚到钱。否则，你只有站着观看的份儿，弄不好"海"没有下成，反而喝了一肚子"海水"。

不同的行业有不同的特点，正所谓隔行如隔山，每个行业都有其独特的规则和规律。当创业者刚进入创业阶段的时候，进入一个不熟悉的领域，就如同进入一片没有道路的森林，很容易失去方向感，不知从何做起。刚刚起步的创业者在很多方面都经验不足，如果又选择了不熟悉的生意，无疑给自己制造了巨大的障碍。创业者最好不要做自己不熟悉的生意。

流行的产品总是不断推陈出新的，跟随流行提供产品的方法虽然不能全盘否定，但风险却是显而易见的。产品盲目追赶流行，不但不见得好卖，甚至还会带来危机。所谓"流行"的产品，必定周期很短，能够长期持续在卖的都是"经典"，而非"流行"。如果看到市面上某种产品特别好卖，就急着引进，等到真正开始贩卖的时候也许这种产品已经过了流行期，开始走下坡路了。不管产品怎么赶流行，最终抓到的只是流行的余波，而不是浪头。除非有足够的经验和实力，能够引导流行的趋势，否则对于刚起步的创业者，经营最熟悉的才是正确的策略。

小本经营者，尤其是创业时期，探索自己喜好和熟悉的领域是非常重要的。现在很多大学生选择了自主创业，但是由于初入社会，商业知识和社会经验都比较缺乏，对于自己要从事的创业项目都是很茫然的，不知道到底该做什么。其实无论是什么背景的人，创业最好要从自己最熟悉的行业开始。进入熟悉的行业就不用在一个陌生的领域从头学起，而在不熟悉的领域"交学费"是在所难免的，刚起步的小企业是经不起这样的折腾的。

在竞争如此激烈的社会中，一个行业内的行家里手想要取得成功也并不是那么容易的。在任何一个行业中，内行的钱是很难赚的。任何生意都有风险，然而初涉商场的小本经营者如果选择了不熟悉的生意，风险就更大了。对于不熟悉的生意，优点在哪里、缺点在哪里、什么地方该注意什么问题一无所知。因此在与供货商交流的时候很容易被误导。

要想在一个行业获利，首先要对这个行业熟悉，如果是外行就要先变成内行。做生意要有长远的打算和规划，任何项目、任何行业都不是三天两天可以摸透的。如果把一个行业想得太简单，是无法从中淘到金的。相关的行业经验非常重要，如果你对某个领域不熟悉，无论看到别人赚多少钱都不要眼红、盲目跟风，那样到头来可能就是做了别人的垫脚石。

林先生在一家计算机公司做销售，工作压力比较大，一直希望能够自己开店。正好一个朋友的店铺出让，他就接手下来开了家咖啡厅。林先生觉得产品基本都是一样的，没有太大的差异，能够卖得好是因为销售人员做得好。于是在咖啡厅的产品研发方面，他并没有投入太多资金和精力，只是将工作交给新来的厨师，自己把心思花在招徕顾客上了。然而咖啡厅卖的毕竟不是速溶咖啡，开水一冲就好了。对于咖啡的品种选取、如何研磨、冲泡，林先生根本一窍不通，顾客抱怨咖啡的口感不好，点心也不对味。开店之后的顾客主要都是以前的合作伙伴和朋友的帮衬，一个月下来的营业额连支付房租都不够。一次订购时还被蒙骗，花了优质咖啡豆的钱拿到的却是劣质咖啡豆，损失惨重。朋友提醒他，你原来不是销售计算机的吗，为什么要做咖啡呢？一语点醒了林先生，他立刻将店铺进行改装，与以前合作过的生意伙伴联系订购等事宜，专门经营计算机及周边产品，生意逐渐开始好转，扭亏为盈了。

如果在学校里对一个领域不熟悉，仅仅是不懂而已，并没有什么严重的后果，但在生意场上，就意味着血本无归了。每个行当都有自己的核心内容，如果不熟悉就掌握不了这些东西，也使店面丧失了基本生存条件，无法具备充足的竞争力。不熟就意味着在同业竞争中处于劣势，所以不管做哪一行，一定是坚持不熟不做的原则。

小本经营本身就是以收益为第一位的，如果对一类生意熟悉、懂得，做的过程中遇到问题时，就能自己解决，省去咨询别人的成本和风险，还能很好地预测以后的市场行情走势。同时熟悉意味着在该行业已建立了人际网络，在生意往来和客源方面有一定的基础和保障。企业要在稳健中求发展，在作任何一项投资前都要仔细调研，自己没有了解透、想明白前不要仓促决策。很多人在网上开店卖服装，一些人就想当然地认为自己绝对有实力做服装生意，但是等真正开起了服装店却发现什么都不懂，尺码到底怎么划分、当下的流行款式是哪些都不了解，怎么可能赚得到钱呢？

还是那句话，生意本身是不分好坏的，只有适不适合，不熟悉的就不适合做。如果把不做不熟悉的生意理解为墨守成规、不懂得创新就错了。在一个行业做熟之后就能掌握规律和要领，对其他类似的相关的行业就有了变通的基础。小本经营就是要在熟悉的基础上，慢慢将不熟悉变为熟悉。无论选择哪种行业创业都要控制风险，投入资金不要超过自己承受的范围。当进入一个新的行业，要经过详细的市场调查，看在自己熟悉的基础上能够应用的比例有多高，完全生疏的行业是绝不能涉足的。

比如著名的奔驰汽车公司，就是由世界上最早的两家汽车生产商在自身的基础上合作发展而成的，正是在熟悉领域的深入发展才造就了奔驰汽车的辉煌。再如比尔·盖茨，作为信息业的巨头，无论是在车库里办公的小公司还是今天影响广泛的微软公司，他从未涉足其他不熟悉的领域，而是不断在自己熟悉的领域取得更大发展。

因此创业者最好从自己熟悉的行业做起。因为你对这个行业的资金周转率、应收账款情况、固定设备和流动资产投资额，对投资效益如何、最大费用在哪里，都有比较完整清晰的认识，对可能遇到的问题风险都有一定准备，能少走许多弯路。选择熟悉的行业来创业，能有效规避风险、节省时间、减少行业的间距，有利于横向发展。有很多人觉得自己的企业经营不善是因为运气不好，事实上往往是因为离开自己熟悉的领域，涉足那些热门的、流行的领域想要"一夜暴富"，那是很不实际的想法。在资本不够充裕、实力也不雄厚的时候，不要去盲目追赶流行，开发新的领域。流行的产品都要经过一定磨合期并且要花费大量的人力、物力、金钱，而市场的占有率如何也是未知的，不是所有人都能承担这样的风险的。从最熟悉的领域入手，往往能够事半功倍。

许先生原来在一个箱包配件公司做销售，在积累了一定的资金和人脉后，他选择了箱包配件这一熟悉的行业创业。在做了一段时间的代工之后，他逐渐掌握了做完整箱包的能力，慢慢开始加工完整的箱包。在占据了一定份额的市场，拥有了知名度之后，许先生开始扩大生产，聘请设计师成立自己的品牌。现在许先生的箱包品牌在消费者和业内人士中都享有美誉，销量大大增加。

所以，对于想要创业又希望比较有把握的人来说，尽量要选择最熟悉的行业，发挥个人的优势，不要光凭想象觉得哪个行业流行就选择哪个行业。能将所学专业与市场缝隙相契合，创业的成功率肯定要高一些。如果是刚毕业的大学生，可以尽量从自己的专长着手，这并不仅仅是说学校所学的专业，也包括个人的兴趣爱好。

如果暂时找不到市场和专长的结合点，可以先培养对将要从事的行业的兴趣，将不熟悉变为熟悉。如果是有一定工作经验的，可以从本行业发展，比如做推销的，就不要冒险做培训，可以从产品代理做起；如果曾经是个厨师，就不要轻易放弃专业涉足美容行业，继续发展餐饮业才是明智的选择。最好从小做起，找准切入点，这样才更容易成功。这对于那些已经有一定经验的企业同样适用。

有这样一家手工定制服装店，在流水批量生产的服装充斥市面的时代，店主一直坚持手工制作，每一件衣服都量身定做，独一无二。然而由于制作时间长，价格又比市面上的服装昂贵许多，销量一直不好，店主开始怀疑难道非得要卖知名度高、大批量生产的服装，生意才能做得下去？但是由于独特的设计是自己的专长，店主并没有轻易放弃。店主决定定期发放服装设计目录，内容包括设计的效果图，以及阐述设计理念和制作过程。慢慢地，那些追求个性与品质的顾客对这家店的关注多了起来，生意开始好转。

如果这个店主放弃了自己熟悉的设计领域，而贸然转向不熟悉的代理知名品牌的领域，既违背了自己的心意，也不能保证店铺生意的好转。不盲目追随流行，坚持将自己熟悉的做到最好，甚至自己来创造流行，每个经营者都至少要有这点志向！

总的来说想要创业赚钱的关键，就在于对这个行业的熟悉程度。如果对这个行业比较熟悉，了解它的规律，具备比较成熟的业务关系和启动资金，那么创业的成功概率会大大增加。

◇给你一个公司，你能赚钱吗

# 铁律8

## 从新闻事件中嗅到商机

> 作为商人，你可以不看财经报道，如果你不是做石油和外汇的，甚至你都可以不去管国外任何的局势。但是新闻一定要关注，因为它指导着你下一步的投资方向。

当今是一个信息时代，创业者只要留心，报纸、杂志、广播、电视、网络等媒体每天发布的大量新闻信息中往往蕴含着一定的商机。

新闻是对客观事实的报道，创业者如果能练就一双"新闻眼"，能从新闻中看出门道来，对报道的事件的发展趋势有比较准确的判断和预测，做到未雨绸缪，就能抓住商机捷足先登，成功创业。

2003年，关于"非典"的报道成为几乎中国所有城市的新闻焦点，其热度甚至一度超过了对美国与伊拉克的战争事态的报道。就在全国人民谈"非"变色之时，国内一些企业纷纷抓住"非典"这个具有强烈感染力的社会时事，迅速推出了新型产品和与之配套的宣传战略。

作为保健品业界策划水平一流的养生堂公司就是其中的一个。2003年4月23日，养生堂公司率先向国家卫生部捐赠价值500万元的新产品——成人维生素；同时向一些隔离区的医护人员大批量赠送其代表产品——龟鳖丸。同时，电视、报纸等媒体每次的广告宣传中，养生堂都紧打这张公益牌，争取社会各方面的支援和信任，在全国上下的媒体进行消费教育和消费观念引导后，短短几天之内，龟鳖丸曾一度卖断货，其新产品成人维生素也取得较大的市场份额，同时，也真正拉开了国内维生素市场大战的序幕。这为养生堂的新产品成人维生素进入市场无疑节省了一大笔广告费用。

养生堂之所以得到了长足的发展，就是因为它们嗅到了新闻时事中可以捕捉的机会，并开展了各式各样的公益活动来进行宣传，通过宣传战略巩固了企业的形象，并笼络了消费者的心。

"非典"时期，很多企业都利用这一突发的新闻事件抢先迈出了一步，既为抗击"非典"作出了贡献，自身又得到了品牌提升。

成功的商人把每天看新闻列为毫无借口、坚决执行的"军规"。他们认为要想把握经济命脉，必须关注政局。对新闻的关注，形成了创业者敏锐的商业目光，成就他们审时度势的思维、灵活转变的经营策略，当然这也决定了他们的财富。

温州人是深知新闻事件往往蕴藏着巨大的商机和财富的，他们坚信，没人的地方，水草最丰美，回报最丰厚。这个规律显然适用于开采政治"矿藏"。

1977年，中国恢复高考。温州苍南县金乡一名姓许的中年汉子觉得这是一个挣钱的好机会，他的脑子里开始拨起了算盘珠子，勾勒出了一幅创富的蓝图。

老许脑子里的算式是这样开列的：首次高招人数不会太多，但按全国招收40万学生计算，就是一项大生意，大得足以办起一个厂。一人一枚校徽，全国就要40万个，在校的教职工也有10多万。白校徽、红校徽加起来就是50万个，一个卖上两毛五，就有12.5万元的进项。12万元，在那个年头，对于一个家庭可以说是一个令人晕眩的数字。蓝图虽大，还要靠一步步落实，靠吃苦，但温商从来都是想得到做得到的，老许也是说干就干。于是他揣了点盘缠就出了门，到全国各地高校招生办公室索要简章，还用照相机拍了各校的校牌。

不久，老许的儿子也设计出了校徽图案，剩下的事便是向全国各大高校发出合作函。虽然事情并不像老许想的那样简单，但他的收获也不少。据说当时杭州一所名牌高校的办公室主任正为几千枚新生的校徽发愁，恰巧就看到了来自温州金乡的信函，打开时看到的正是他求之不得的校徽设计图——设计美观，设计稿上的校牌字体也无误，价格更是便宜，他没有理由拒绝，于是欣然回函，确定了此事。

老许从新闻报纸中"嗅"出了生意的味道，这一招教会了苍南金乡不少的父老乡亲。成功的尝试极大地鼓舞了金乡后生们走出家门，开始了走南闯北的推销生涯。敢想敢干的温州人甚至把定制纪念章的业务信直接寄到了中共中央办公厅和外交部，而且温州金乡的徽章业务已经开展到了美国的海陆空三军，甚至到了联合国。

在中国，办高等教育，建高等学府，从来都被认为是政府部门的事。正因为如此，2000年春天，当一所叫作"建桥学院"的民办大学在上海浦东拔地而起、宣告诞生的时候，立刻产生了一股很强的冲击波，而他的创始人叫周星增。

周星增出生在浙江乐清一个农民的家庭。他能吃苦、有志气，学习上刻苦努力，终于成为村里的第一个大学生。

1983年夏天，周星增被分配到贵州工学院任教。1992年，当邓小平"南方谈话"发表，中国掀起了改革开放的大潮，这让周星增有了莫名的躁动，就在学校即将任命他为系副主任时，他却毅然决然地递交了辞职报告，选择了民营企业，成为一名商海弄潮儿。在公司，他勤恳实干，不断给自己提出新的更高的要求。从财务部经理到销售中心总经理、董事长助理，他最终进入了企业集团的领导核心层。

1999年6月，国家召开第三次全国教育工作会议，提出要把教育当作大产业来抓，鼓励社会力量办学，敞开多元化办学之路，走教育产业化的路子。当从《新闻联播》上看到这一新闻时，周星增眼前一亮，觉得新的机遇来了。他意识到，发展民办大学是弥补国家高等教育资源不足的必然途径，是高等教育事业未来发展的大趋势，一个念头于是在他心中萌发：创办一所民办大学。

1999年7月，周星增决定弃商办学。1999年下半年，他与几个朋友及温州国际信托投资公司，共同投资3亿元人民币，要在上海浦东康桥开发区兴办上海建桥学院。

1999年8月10日，是周星增终生难忘的日子。这一天，上海建桥学院举行了隆重的奠基仪式，上海市、浙江省有关领导专程前来祝贺。

经过10个月的紧张施工，一座崭新的现代化学府矗立在了黄浦江畔。学院的基础设施建设创下上海民办高校的三个之最：规模最大、投资最多、设施最好，为"建桥"创一流学院奠定了可靠的基础。

2001年4月，经上海市教委、上海市人民政府批准，建桥学院又被破格列入国家计划内招生序列，成为上海市第四所列入计划内招生并有独立颁发大学文凭资格的民办大学。2003年7月，学院首批毕业生1000多人，就业率达到91%。目前，学校的在校生已近万人。

好多商机其实很多人都发现了，但为何成功的只是少数？因为做事要成功是需要门槛和条件的，比如开公司、办厂子都是需要大量资金的，还有一些行业被政府限制或者已经被别人垄断，要想插上一脚更需实力，不是人人都具备这些条件的。一般人就会说：算了，自己没有那个命，然后看着财富从身边溜走也只有干瞪眼。但英豪们不会这样想，他们在想：现在我没有这种条件，我要去创造这种条件，那样我不就抓住这个机会了？

总之，在现代社会中，新闻无时无刻不充斥着我们的生活。对于大多数人来说，新闻也仅仅是新闻罢了，但对商人来说，新闻中往往蕴含着大量的商机，新闻是承载商机的百宝箱。我们要做的，就是抓住商机，实现梦想的成功。

# 铁律9

## 创业初期，尽量"把鸡蛋放在一个篮子里"

> 在很多老板的思维当中，多元化经营是迅速做大做强的一个捷径。我们虽然不能说多元化策略一无是处，但对创业者而言，却不是一件好事，因为这样非常容易导致资金、资源、精力分散，在任何一个领域投入力度都不够，与理想渐行渐远。

曾几何时，不能将鸡蛋放在一个篮子里的思想风行于神州大地，并被大大小小的企业经营者奉为真理，并用一个又一个经典案例来论证其正确性。但没几年，对多元化的讨伐声又是一片排山倒海。

多元化是对是错，搞得很多经营者晕头转向，不少创业者更是无所适从。其实，作为一种经营管理思想和模式，多元化本身并没有什么是非对错，只有在同具体情况相结合的过程中才能作出比较适当的价值评判。

对一些类型的企业而言，多元化是没有办法的选择，它们在坚守主业的同时，必须通过其他的短平快项目来弥补先天性不足。其中比较典型的就有专业化的冶金建设、电力建设类公司。冶金、电力等行业的项目建设具有非常明显的周期性，像钢铁产业。冶建、电建行业火的时候，项目多得忙都忙不过来，而当处于低谷之时，几年下来没有一个项目也是非常正常的事情。这其中就涉及以下非常重要的问题，当行业处于低谷周期，靠什么来维持企业的正常运营，拿什么来养活大批员工？即使底层劳动力可以根据项目需要临时招聘和遣散，但占相当比例的员工队伍还是要稳定的。

为了在市场化条件下解决这个不可逃避的难题，他们一般会选择这么几个努力方向：第一，就是选择在全球范围内拓展业务，利用不同国家行业周期的不同步性来部分破解这个困境；第二，发展房地产、宾馆、快速消费品项目，或者成为风险投资主体，以备主业进入低谷状态下顺利支付人员工资等日常性费用；第三，进入楼盘承建市场，相对于专业性很强的建筑领域而言，房地产施工领域的周期性要平缓很多。

另外，如果你现在已经在行业当中居于领军地位，而且你的多元化项目在新的领域能够做到行业前5位，这样的多元化经营也未尝不可，或者你本身做的就是资本运作。与此同时，当企业规模发展到一定程度，出于战略上的考虑，为打通产业链而实施相关性很强的多元化经营，也算得上是一个不错的选择。

然而，对大多数创业者来说，事业都远未发展到上面描述的那几种状态。创业初期往往意味着什么呢？意味着资金缺乏、人手不足、经验不太丰富、大多数事情需要老板亲力亲为。这也就是说，即使将所有的资源都集中在单一项目上，依旧存在很多欠缺，如果资源分摊到2～3个项目之上，又会是一种什么结果呢？那就是每个项目所能分享到的资源会更加短缺，每一个项目无论在规模上还是在特色上，都要远逊于自己的竞争对手，无疑人为加大了创业难度。换言之，与其盲目追求多元化，不如选准自己的目标，把鸡蛋放在一个篮子里。

十几年前，当其他企业认为"不能将鸡蛋放在同一个篮子里，需要多产业发展，广区域布局"时，王石发现，万科利润的30%来源于房地产，在他看来，房地产这一块并非最大，但是它的发展速度最快。

王石认为，将来市场发展趋势是"专业化"。于是他只专注于住宅，开始做减法。他当时的"减法"几乎囊括万科所涉足的零售、广告、货运、服装，甚至还有家电、手表、影视等数十个行业。最终，万科成为行业内的龙头老大，其规模之大令其他企业一时难以抗衡。

哲学家奥里欧斯有一句话："我们的生活是由我们的思想造成的"，

思想上的超前，必然带来行动上的超前，个人发展如此，企业发展更是如此。在市场竞争激烈的今天，良好的目标意识，为企业的执行指明方向，有助于企业在市场竞争中取得优势。

一个有理想的企业，或者说一个可持续发展的企业，在多元化发展的同时，应该一直有目标放在那里。

1990年，澳柯玛集团在详细的市场调查基础上果断地提出了内部挖潜改造、自我约束，量力而行，走内涵或低成本扩张道路的经营战略目标。通过企业的产品调整、技术创新和管理创新相结合，设计和开发出BD-150型家用小冰柜，填补了我国家用小冰柜市场的空白。

1996年，澳柯玛集团开始了第二次创业，他们针对内外环境的变化，调整了经营战略，确定了建立国际化大型企业集团的战略目标，制定了规模化、多元化、集团化的经营方式，树立了"大、强、新"的经营思路，并设定了合理的短期目标，使集团在更高的起点上再次飞跃发展。

在1998年上半年全国家用电器产品市场占有率统计中，澳柯玛洗碗机、电冰柜分列同行业第一名，微波炉列第二名，电热水器列第三名，澳柯玛电冰箱已跻身同行业产销量前10名。另外，澳柯玛集团已分别在俄罗斯、新加坡等国家和地区设立了澳柯玛系列产品经贸公司。许多产品已远销南美、中东、南非等国家。

从资不抵债2700多万元、前后37次被告上法庭，到总资产为63亿元、成为中国家电企业七强之一，澳柯玛集团在9年间经历了两次创业，为集团达到世界先进水平打下了坚实的基础。

澳柯玛集团给了我们一个重要启示，即确立明确合理的企业发展目标，然后将目标进行分解，并实行严格的目标管理是企业得以飞速发展、跻身领先地位的重要前提。

由此可见，制定合理的目标对企业经营有巨大的作用，目标就是指南针，能够指引企业一步一步迈向成功。高明的创业者都明白这个道理，他们总是不失时机地把目标引入管理。

当然，从目前的创业实践来看，在一开始就直接定位于多元化经营的项目并不多，大多数多元化运营还是发生在创业进入深水区，遇到各种未曾想到的重重阻力后，为摆脱压力和迷茫而进行再次选择之时。实行多元化经营，想当然地认为下一个项目会更好，但结果往往是使自己陷入更为被动的僵局之中。

还有一些人，在某个项目上取得了成功，就将自己的能力在想象中人为地放大，认为自己能力超强，干什么都会成功。他们在保持原有行业的基础上，新选择一些热门行业，认为会来钱更快，但当真正去运作的时候，才慢慢发现根本就不是那么回事，几个项目来回争夺人力、物力、财力以及精力，都不太允许作为普通创业者的自己平衡好这些关系。

盲目多元化，会致使涉足的项目太多，而每一个项目都缺乏必要的运作经验。这就会导致项目虽然很多，但每一个项目单拿出来，无论从规模还是从特色上来看，都显得非常平庸。整体上算下来，根本就不是什么强强组合，而是弱势叠加。因此，对创业初期的创业者来说，从成本的角度来看，集中看管一个篮子总比看管多个篮子要容易，成本更低。

# 铁律10

## 找最适合自己的而不是最赚钱的项目

> 创业者若想在市场上获得成功,不但应该知道市场中需要什么,还要了解关键购买因素是什么,以及市场竞争中的优劣势。只有这样你才能找出新创公司竞争需要具备的优势是什么,并可以根据要做成这一优势所需条件来设计商业模式。

有的创业者总是不断抱怨自己命运很差,做一个项目,不行,再换一个,又不行,连续换了五六次,还是没有从失败的泥淖中挣扎出来。

大多数人做项目,其实选择的都是适合自己的领域,模式也是常规的一些模式,在大方向上不会有太多问题,主要是如何与市场磨合与早日度过导入期。在这种情况下,如果将资源集中投放在该项目上,努力坚持下去,就容易形成聚焦效应,成功的概率也大大提高。

创业是一门大学问,看似热门赚钱的行业未必人人都可以做得来,创业项目本身并没有好坏之分,关键就在于适不适合。以股票市场为例,如果你是一个资深股票投资者,你应该知道,在股票市场上,除非出现一些比较大的意外情况,股票的交易屏上每天都有飘红的股票,甚至涨幅在5%以上的股票几乎在每个交易日都有。面对如此令人欣喜的场景,有个初涉股市的青年说:"挣钱比捡钱还要容易。"其实,真正了解股市的老股民都清楚,在股票市场上赚钱的永远都是少数真正懂股票投资的人。国外有位投资理论家说过,在股票市场上,10%的人在赚钱;20%左右的人能打个平手,到最后能全身而退;而70%的人都在赔钱。所以,即使是股市上的老手，也有可能赔得一塌糊涂，更何况初涉股票市场的新手呢？

股票市场如此，创业其实也是如此。经商创业需要发挥自己的优点，需要扬己之长、避己之短。选择创业项目时，一定要仔细斟酌自身的优劣势所在，切忌看到某个项目最赚钱，就头脑发热，扎进自己不擅长的领域而不能自拔。如果对餐饮业比较擅长，就踏踏实实地做餐饮业，而不要去经营汽车配件；熟悉建材业，那就将建材业作为主要发展目标，而不要看到眼下经营化妆品的生意很赚钱就去经营化妆品。在进行创业设想的阶段搞清了这一点，对你以后的创业会大有好处。

在寻找商机的过程中，自然不会有人告诉你哪里有钱赚，因此，要想寻找到适合自己的创业项目就得靠自己。因为，良好的创业项目，不是你到街上走一趟回来就能够发现的，而是要经过长期的考察加上系统的分析才能够发现的。在寻找适合自己的创业项目时，切记关注以下几点：

**1.搞清楚你面临的市场是什么**

寻找适合自己的创业项目，首先需要搞清楚你面临的市场是什么，然后就是你所做的项目在市场中的价值链的哪一端。只有提前确定好自己的市场位置，才能了解是谁在和你竞争、你的机遇在哪里。

**2.对市场作出精确的分析**

确定好你的市场位置之后，接下来你就要开始分析该市场了。你首先应该分析这个市场的环境因素是什么；哪些因素是抑制的，哪些因素是驱动的。此外还要找出哪些因素是长期的，哪些因素是短期的。如果这个抑制因素是长期的，那就要考虑这个市场是否还要做，这个抑制因素是强还是弱。只有经过对市场的正确分析，你才能进一步作出更好的选择。

**3.找出市场的需求点**

经过一番细致地对市场的分析，你就很容易找出该市场的需求点在哪里，然后对该需求点进行分析、定位，对客户进行分类，了解每一类客户的增长趋势。如中国的房屋消费市场增长很快，但有些房屋消费市场却增长很慢。这就要对哪段价位的房屋市场增长快、哪段价位的房屋市场增长慢作出分析，哪个阶层的人是在买这一价位的，它的驱动因素在哪里。要在需求分析中把它弄清楚，要了解客户的关键购买因素。

**4.及时了解市场的供应情况**

在了解了市场需求后，应该及时地了解市场的供应情况，即多少人在为这一市场提供服务？在这些服务提供者中，有哪些是你的合作伙伴，有哪些是你的竞争对手？不仅如此，作为一名创业者，你还要结合对市场需求的分析，找出供应伙伴在供应市场中的优劣势。

**5.寻找如何在市场份额中挖到商机的方法**

作为一名创业者，在了解了市场需求和供应后，所应该做的下一步是研究如何去覆盖市场中的每一块，如何抢占更多的市场份额。对市场空间进行分析的最大好处是发现创业机会，在关键购买因素增长极快的情况下，供应商却不能满足它，而新的创业模式正好能补充它，填补这一空白，这就是创业机会。这一点对创业公司和大公司是同样适用的，对一些大公司成功退出也是适用的。对新创公司来讲，这一点就是要集中火力攻克的一点，这也是能吸引风险投资商的一点。

**6.根据自身的资本进行项目选择**

资本中等的创业者可以选择依靠或者依托别人的现有资本、生产材料等方式创业。如现在很多的国有企业效益不是很好，你可以租赁他们的车间，或者在他们的企业附近生产制造同类的产品。因为你的规模比他们的小，成本自然会低些，自然价格比他们的便宜，这样顾客很有可能会选择购买你的产品或者选择你为他们的生产提供辅料、配件等。

资本雄厚者可以选择那些同类产品少、远期前景很好的项目，如环保行业、保健行业、妇幼行业等。这些行业市场的需求很大，但是产品很少或者不够完善，存在很大的发展空间。

**7.根据性格进行项目选择**

创业者的性格是创业是否成功的关键因素。如果创业者的性格是急躁型的，并且一时半会儿修正不了的话，适合做贸易型的项目。或许不能选择生产型的项目，因为生产项目需要很长时间的市场适应期，需要具有坚强的耐力，需要在市场上磨炼，需要一个市场对创业者品牌的认知过程。为了确保项目的生存和可持续发展，需要不断地扩大规模，创业者可能忍受不了那长得令人难以忍受的考验，一旦创业者撑不住的时候，创业者的设备、半成品就一文不值了，创业者必然陷入累累纠纷的泥潭之中；也不能选择娱乐服务型的项目，因为现在的客户越来越挑剔，有时候刁钻的客人会让创业者暴跳如雷，那样客户将越来越少，最终的结果必然是关门大吉。以上两类项目适合具备温柔耐力型性格的人。当然，创业者如果有合伙人，并且他们的性格能够互补，也是可以选择自己性格不允许的项目的。反之，千万不要冒险。

**8.根据专长进行项目选择**

创业者的特长、专业、才智、阅历在某种情况下会成为选择项目的主要根据。这有利于创业者一开始就进入娴熟的工作状态，使创业者的初始创业成功率高出很多；当然，创业者如果具备较高的才智和较丰富的阅历，确认自己能力非凡，哪怕没有什么学历，也可以选择很好地适应创业者的初创项目，也不一定要选择自己熟悉的东西，事在人为，因为创业者会在短期内就会熟悉那个行业的，这样的成功案例也有很多。不主张一个人抛弃自己的专业特长来选项，要知道具备专业特长且不失才智和阅历的人比比皆是，他们在业内才是真正容易成功的。

总的来说，创业者应该找准适合自己的行业项目，千万不可人云亦云、盲目跟风，否则面临的可能就是创业失败。作为一名创业者，选择项目是一件可能会决定其创业成败的关键环节。尤其是对一名初次创业者来说，所选项目的合适与否至关重要。在面对众多的创业项目信息时，创业者不要不愿意舍弃。要从市场以及自身实际条件出发进行选择。很多项目确实很好，但是其对投资者自身的要求已经超过了投资者自身能力范围。这样的选择就得不偿失了。

◇给你一个公司，你能赚钱吗

# 铁律11

## 女人和嘴巴是两大财源

> 有调查显示，社会购买力70%以上都是由女人掌握的。商人发迹的另一个财源，就是人类的嘴巴。可以说，嘴巴是消耗金钱的"无底洞"，地球上当今有60多亿个"无底洞"，其市场潜力非常的大。

从某种意义上说，金钱的实际拥有者是女人。一个有经济头脑的商人，如果瞄准了女人，就一定能够赚取很多的钱。

看看满大街经营的各种商品吧，漂亮的戒指、钻石，各式各样的女式服装，女人的别针、项链、耳环……多半是和女人有关的，而这些东西的价格一般都比较高。所以，商人只要运用聪明的头脑，让女人为你心甘情愿地解囊，那么，大沓大沓的钞票就会流水一般自动流进你的口袋。

商人施特劳斯是一个运用"女性生意经"的好手，他靠这种独特的经商法则使他的"梅西"公司成了世界最有名的高级百货公司。

施特劳斯从当童工开始，后来当了小商店的店员，他在打工生涯中注意到，女性顾客占绝大多数，即使有男士陪着女性来购物，决定购买权也都在女性。

施特劳斯根据自己的观察和分析，认为做生意盯着女性市场前景更光明。当他积累了一点资本的时候，就开了一家以经营女性时装、手袋、化妆品为主的小商店"梅西"。经过几年经营后，果然获得了丰厚的利润。他继续沿着这个方向，加大力度，扩大规模，使公司的营业额迅速增长。

施特劳斯总结了自己的经营经验，接着开展钻石、金银首饰等名贵产品的经营。他在纽约的"梅西"百货公司，总共6层展销铺面，展卖钻石、金银首饰的占一层，展卖化妆品的占一层，展卖时装的占两层，其他两层是展卖综合的各类商品。可见，女性商品在"梅西"公司占了绝大多数。经过30多年的经营，施特劳斯把"梅西"公司办成了世界上最有名的高级百货公司，这与他选择女性市场是分不开的。

要赚女人的钱，关键就是要抓住女人的心理。有人说，女性有很强的触摸欲。在购物时，这种欲望表现得更为强烈。以购买衣料为例，如果她们不亲手摸一下，是绝不可能下定决心购买的。买衣料等跟身体触觉有关的东西要先用手摸一摸这可以理解，但衣服之外的每一样东西，她们也要用手先鉴定一番，这就让人不可理解了。不管怎么说，女人就是喜欢触摸，如果东西没有经过触摸，她是绝对不会放心购买的。

即使是给孩子买吃的东西，她们也会用手捏一捏，而不会用嘴去品尝的，她们通过触摸来鉴定产品的优劣。反之，不管包装袋的外观设计得多么精美，如果包装袋不透明，销路往往会很一般，主妇们总是不敢去进行新的尝试。明白了这点原因之后，那些销售量不佳的商品，可以借此检讨自己的产品是否包装得过于"周全"了？要是存在这种情况的话，建议你将产品的一部分露出来。

要想赚取女人的钱，首先要抓住女性消费的心理。只要真正掌握了女人的消费心理，就可以使你轻而易举地赚到女人的钱。

**1.追赶潮流的心理**

女人是善变的，她们的欣赏眼光总是随着潮流的发展不断改变，只要你赶在潮流的前面，你就抓住了最大的商机。

**2.注重形象的心理**

在别人看不到的地方，女人可能是不修边幅的；一旦出门，却总是不惜花费更多时间把自己装扮得光鲜亮丽。从女人的衣着打扮入手，是个创业的好方向。

### 3. 恋爱期的消费心理

俗话说："女为悦己者容。"处于恋爱期的女性最喜欢打扮自己。而且恋爱期的女人一般都会表现出小鸟依人的样子，所以恋爱期的女人有更大的魅力让男人为自己掏腰包。

### 4. "视觉第一"的心理

女人大都凭感性消费。女人一旦看上某件东西，不惜重金也要拥有。因此在经营女性产品时，要注重产品的视觉和美感，哪怕仅仅是因为欣赏，很多女人也会心甘情愿地掏腰包购买。

但话又说回来，女人的钱并不是想赚就一定能赚到。难道只有聪明的商家，就没有聪明的女人吗？创业者不要忽略，不论是大方的还是小气的，女人都有一个共性：上一次当后可以自认倒霉，但绝不会再上第二次当。

小苏是一个特别爱购物的女孩子，一天，她在熟人那里花了150元买了一双鞋子，后发觉在其他的店里只需100元就能买到，在痛呼上当后，她就再也没有"旧地重游"过了。

因此，聪明的创业者要想让女人掏腰包，而且长期在你这里消费，绝不能使用拙劣手段，要从高层次上满足女性的需求，使她们心甘情愿地解囊。否则，做一个，少一个，最后只有关门大吉。只有认真研究女性对商品品位的需求，并在质量、款式、价格上真正地去迎合女性，才是赚女人钱的正道，女人才会成为你的"财源"。

除了女人这个财源外，嘴巴也是一大财源。想想卖出去的东西，通常当天就会被消费掉，这种东西除了食品以外，还能有别的东西吗？人类的生存总是需要连续不断吸收能量、消耗能量才可以支撑，而只有食品能提供人体所需要的能量，人要继续活下去，就要不断地消费食品。为此，商人设法经营凡是能够经过嘴巴的商品，如粮店、食品店、鱼店、肉店、水果店、蔬菜店、餐厅、咖啡馆、酒吧、俱乐部，等等，举不胜举。

食品有一个最大的优点，那就是它能够获得长久的利益，因为口腹之欲是人要生存的最起码条件。人的胃口是一个永远也填不满的黑洞，更没有一样消费品能像食品这样需要天天消费，让人一点儿也不能马虎。所以，很多经商者认为做食品生意一定赚钱。

辛普洛特是当今世界上100位最有钱的富翁之一，他靠经营土豆发了财，被誉为"土豆大王"。

"二战"爆发不久，辛普洛特获知了美国部队在前方作战需要大量的脱水蔬菜。他认为这是一个非常好的赚钱机会，于是毫不犹豫地买下了当时全美最大的一家蔬菜脱水工厂。他将这家工厂买下以后，专门加工脱水土豆供应军队。从这以后，辛普洛特找到了发财的金钥匙，走上了拾金敛财的道路。

20世纪50年代初期，一位化学师研制出了冻炸土豆条的方法。当时有很多人对这种产品并不重视，但辛普洛特同样认准了这种新产品很有潜力，即使冒点风险也值得，于是，高薪聘请了那位化学师，生产了大量的冻炸土豆条。果然不出所料，冻炸土豆条上市后深受消费者的欢迎，他也因此赚了很多钱。

再后来，辛普洛特发现炸土豆条并没有把土豆的潜力完全地挖掘出来。因为，经过炸土豆条的精选工序——分类、去皮、切条和去掉斑点，每个土豆得到利用的部分大约只有一半，剩余的一般都会被扔进垃圾堆里。辛普洛特想，要是能够将土豆的剩余部分再加以利用，不是更好吗？没过多久，他想出了一个很好的办法，将这些土豆的剩余部分掺入谷物用来做牲口饲料。

这样辛普洛特构筑了一个"庞大的土豆帝国"，他每年销售15亿磅经过加工的土豆，其中卖给麦当劳快餐店做炸土豆条的土豆就有一半。他从土豆的综合利用中，每年取得数亿美元的高额利润。

古话说"民以食为天"，因此，我们可以从嘴巴上下功夫，做嘴巴的生意。犹太人认为，饮食业是永不枯竭的金钱来源，他们很早就认识到了这一点，并能够抓住机会，使得数不尽的金钱乖乖地钻进了他们的口袋。《犹太法典》说"嘴巴是消耗金钱的无底洞"。无论富贵还是贫穷，人们对食品都是一点儿也不马虎，总会在自己能接受的经济条件下选择营养、美味的食物享用。所以，犹太人认为做食品生意一定赚钱是有一定道理的。

在经营"嘴巴"的生意上，中国人也很在行，很多海外富有的华侨以及国内的许多企业家，最初都是靠小饮食店起家的。现在，无论是在美国还是欧洲，华侨开的餐馆随处可见。据行家测算，高级饭店的利润率在80%，一般酒店、饭店的利润率在50%，会经营的人利润率更大。

当然，要想做好任何一种生意，生搬硬套地去套用生意常规是不够的，它还需要创业者具有聪明的头脑和深透的洞察力。"嘴巴"生意也不例外。

此外，商家一定要注意几个误区：不要因为女人和嘴巴的钱好赚就降低质量和服务，无论销售给什么样的人群，质量永远比任何华丽的说辞来得有效；开发不要仅仅流于表面，要跟随时代步伐，探寻消费者内在的真实需求；女人和嘴巴的市场同样需要细分，要对女性群体进行细致的划分和研究，找到其中共性的东西和差异的东西，并针对最适合的细分市场开发适合的产品和服务，而不是去指望所有的消费者都会喜欢你的产品。女人和嘴巴是未来商业的两大财源，它们可以轻松决定商家的兴衰成败，要想赚钱，同样需要细致的调查准备和优质的服务。

# 铁律12

## 长期赢利能力
## 才是衡量商业模式好坏的最佳标准

> 创业者希望通过投资商获得资金，而投资商希望创业或者他所投资的项目有一个较好的商业模式。实际上，很多创业者并不知道真正的商业模式是什么。其实一个好的商业模式肯定是具有创意的，但没有经过设计的商业创意并不是商业计划。好的商业模式必然是企业战略的核心部分，也将为企业带来持续的赢利能力。

一个企业的成功不能仅仅看它现在的利润，更需要看它未来的发展前景。因为企业的竞争不仅仅看今天谁的钱多，而是看哪一家企业有持续赚钱的能力。如果企业暂时赚钱了，却不去提升自己的竞争力，不投资未来的竞争领域，那么以后这家企业的钱会越来越难赚。所以未来的企业竞争不是比资本，而是比企业的赚钱能力，如果企业没有持续赚钱的能力，那么今天企业的固定资产根本就支撑不了多久。

持续赢利指企业既要能赢得利润，又要有发展后劲，赢利具有可持续性、长久性，而不是一时的偶然行为。能够持续赢利是判断企业商业模式成功的最基本要求，也是唯一的外在标准。因此，初创企业在设计商业模式时，能否持续赢利和如何赢利也就自然成为非常重要的考虑因素。

虽然奇虎360只能算是杀毒业的新兵，但在周鸿祎的领导下，360安全卫士以"狠狠的"免费招式掀起了安全领域的风暴。

作为中国PC客户端的鼻祖，周鸿祎始终恪守着"用户需要什么就给什么"的理念，尊重用户体验的价值。所以360杀毒软件走入市场时，并没有立刻追求付费的模式，而是采用免费的方式，给用户以选择权。然而，几乎所有的免费软件都面临着一个问题：如何赢利？如何在没有任何收入来源的情况下继续运营？顺应互联网免费大潮的奇虎也在探索自己的赢利模式。

事实上，360安全卫士推行的赢利模式很简单：普遍性服务免费，增值服务收费。周鸿祎和他的团队认为，免费的软件能够吸引足够大的用户群。只有足够多的用户，才能为未来的赢利创造良好的基础。在软件价格低廉的情况下，即使有1%的360用户，每个月哪怕花费几元钱，付费也是庞大的市场。这也是周鸿祎对投资免费互联网软件看好的原因之一。

另外，360杀毒里面还有一个软件推荐功能，这些软件如果想长期获得360杀毒的推荐，就需要支付一定的费用。360安全浏览器，上面集成谷歌、百度、有道搜索框，每天有成千上万的人在使用，这些搜索框每天都在给360带来利益，同时360安全浏览器中投放的文字广告也会带来不少收入。

凭借着360安全卫士等免费软件，奇虎获得了尽可能多的用户群，并通过提高软件功能和丰富多样的产品种类来满足不同客户的需求。对于那些只有少数人需要的个性化服务，奇虎360将针对部分用户提供增值服务从而赢利。2010年，360安全卫士推出首个增值服务——在线存储和安全备份。

随着3G时代的到来，手机平台也越来越开放，各色各样的手机病毒日益浮出水面，手机的信息安全也成为消费者关注的问题之一。奇虎360公司加速在手机安全领域布局，为其在安全领域的下一步扩张做好铺垫。同时奇虎也在积极部署未来的"云安全"领域，360的数据中心部署了5000多台服务器，通过专业的搜索技术、海量的用户基础，三者共同建立起了云安全体系，从而为消费者提供更加有效的服务。

拥有了庞大的消费群体，自然就拥有了获取利润的方法。目前，周鸿祎旗下拥有360安全卫士这一免费软件平台，以及360杀毒、360手机浏览器、手机上的360安全卫士等多款免费产品。而这些免费的产品正是周鸿祎的"立企之本"，他希望通过"免费"模式，像腾讯QQ一样抢占用户桌面，从而获得长久的发展动力。

持续赢利是对一个企业是否具有可持续发展能力的最有效的考量标准，赢利模式越隐蔽，越有出人意料的好效果。赢利能否持续，要看消费者能否持续放大或维持。一旦有了庞大的消费群体，收益就有了保证，这个赢利模式也就能持续！

初创企业发展的最大瓶颈就是客户，只要把客户吸引过来，就等于成功了一半。用免费的产品吸引客户注意，并提供用户体验，的确是别出心裁的一招。如果该产品经得起市场考验，消费者就会使用并信赖此产品，企业也会因此实现赢利。

自2010年4月以来，证监会较为详细地披露了124家IPO上会企业的被否原因。据《第一财经日报》统计梳理，持续赢利能力存在较大不确定性、独立性不足是企业最大的折戟因素。

一个企业如何实现可持续赢利？这是伴随着企业经济活动的一个永恒主题。创业者想要在挤满既有竞争者的荆棘丛中找到一条通幽的捷径，就必须考虑如何维系长期生存与赢利能力的问题。

企业经营者都非常重视赢利。"做大还是做强""得终端者得天下""让执行没有任何借口""拥有一个知名品牌才是核心竞争力"这是很多企业经营者的关心点和挂在嘴巴上的口号；但是在现实的市场上，到处充盈着价格战、促销战、人海战、广告战、模仿战，等等，而企业的经营结局往往是销量增加利润下降、新产品赢利周期越来越短、人员增加费用加大、现金流越绷越紧、亏损面不断加大。不能持续保持赢利的商业模式不可能持久。企业如果不重视持续赢利，衰败甚至死亡只是时间问题！

在商业环境不断变化的今天，如何才能持续赢利？市场和实践证明，商业模式要想持续赢利，就必须在客户价值和企业价值中获得平衡并且经得起财务模型的考验。

一个可持续赢利的商业模式应该同时包括客户价值和企业价值两个核心内容。其中，客户价值是企业为客户所提供的价值，为客户提供价值是企业存在的基础。一个企业只有为客户创造并提供了价值，企业的生存才有保证，因为企业价值是企业在为客户提供价值的过程中所带来的自身价值。

当然，企业的产业环境、顾客、人才、产品、技术、资源与能力、战略，甚至核心竞争力、领导力、执行力等任何一个因素都影响到企业的持续赢利，但是企业持续赢利的关键是通过为特定顾客创造价值以实现企业价值，因此企业一定要兼顾好客户价值和企业价值。

持续的赢利模式还需要企业的管理，这样才能保持赢利的长久性。一个只追求销量和市场份额的企业，不可能产生全员关心赢利的企业文化，也不可能在日常工作中产生以利润最大化为核心的组织和管理。一个企业仅仅有好的赢利模式还不够，还必须配套基于赢利模式的管理文化与手段。

做到管理赢利模式至少要在两个方面实施创新：组织创新和管理创新。组织创新包括：设立赢利总监、赢利经理和赢利专员等职位；管理创新包括：增加利润分析信息系统、赢利知识学习、经常性业务赢利状况分析、个人绩效赢利递增考核系统设计等。总而言之，建立全员赢利文化，创造赢利能力管理手段。

另外，管理赢利模式的关键能力来源于企业对商业活动的独特组织和安排。它可以体现在创新方面，如技术研发和工艺创新，也可以体现在经营方式方面，如营销渠道管理、供应链管理等。技术的改变通常会给关键能力带来提升并导致全新商业模式的产生。比如戴尔计算机的直销模式就是通过信息化手段的支持构建了全球供应链管理能力才实现的。其中，供应商库存管理、全球供需平衡、需求管理3个关键模块都是通过流程优化和系统支持，构成了全球供应链管理的脊梁。这样的供应链能力使得戴尔在全球个人计算机这一竞争领域内一直处于领先地位。

每个企业都是一个复杂的个体，其所处的商业环境不同、客户定位不同、产品与服务的选择不同、拥有的资源不同、对资源的安排也不同。所以，如何实现可持续赢利的问题变得不简单。持续经营靠模式将唤醒经营者们对企业的命门——商业模式的重视、认知和思考，帮助更多经营者掌握识别、规划、评价、创新企业商业模式的知识和技能，以便为企业塑造成功的商业模式，将有助于创业者思考并解开企业持续赢利的奥秘。

一般来说，一个持续赢利的商业模式必须具备两个要点：第一，是所属行业的领头羊，或者做到市场份额的老大；第二，所进入的行业市场必须具备良好的扩展期和成长期。而对创业者来说，要成为行业的领头羊有3个地方值得思考：首先，在选择进入行业的时候，要反常规思维，也就是避免进入一个热点或焦点行业；其次是对要进入的市场和行业具备理性分析，要有市场前瞻性，看清往后两三年市场的需求在哪里，为这个市场的需求做好准备；最后，就是必须在技术、产品、销售体系、赢利模式上能够有所创新。

当然，持续赢利并不是一蹴而就的，企业赢利是一个长期积累的过程。在市场竞争初期和企业成长的不成熟阶段，企业的商业模式大多是自发的，随着市场竞争的加剧和企业不断成熟，企业开始重视对市场竞争和自身赢利模式的研究。优秀的赢利模式是丰富和细致的，并且各个部分要互相支持和促进，改变其中任何一个部分，就会变成另外一种模式。

对于创业者来说，在刚开始进入市场的时候，肯定会存在很多困难，但是不要轻易放弃，一旦转行，厂房重新建造，机器重新购买，产品重新创造，客户重新开发，创业者前期的投入就白费了。所以做企业坚持很重要，因为坚持会让你的经验越来越丰富，对行业越来越熟悉，客户越来越多，能力越来越强。当企业拥有了这些资源，实质上就等于创业者增加了企业的竞争实力。即使是一个资金比你雄厚的企业，它在没有经营能力的前提下也是无法与你竞争的。所以企业要想持续赚钱，永远立于不败之地，就需要在自己的行业内做精、做专、做细。当你成为这个行业的专家，自然就成了市场的赢家。

成功的商业模式要做到放眼未来，而不是追求短期的利润。企业也需充分认识行业的扩展性和成长性，从实际出发，以务实为赢利模式的主基调。

# 铁律13

## 商业模式必须建立在对自身资源整合的基础上

> 商业模式决定了企业的发展方向。商业模式既是策略也是战略,所谓战略就是向何处去的问题,解决的是企业的发展方向问题。以往的企业在制定发展战略时多是从企业的自身资源和长处来考虑,或是由企业领导人的一种商业直觉和灵感来决定,这些都是不全面的。商业模式必须建立在对自身资源整合的基础之上。

经济学研究资源的合理配置与利用,只有配置合理,才能充分发挥资源的效用。当今成功企业的战略,其根本已经不再是公司本身,甚至不再是整个行业,而是企业整个价值创造系统,即对所属行业以及相关行业资源的有效整合。

资源整合是企业战略调整的手段,也是企业经营管理的日常工作。整合就是要实现资源的优化配置,使资源得到最大化的利用,并获得整体利益的最优。对于初创企业而言,资源整合要根据企业的发展战略和市场需求,通过一系列的组织协调,把企业内外部关系有机地统一起来,实现对相关资源的重新配置,并寻求资源配置和客户需求的最佳结合点,从而凸显企业的核心竞争力,取得1+1>2的效果。格兰仕集团就以其有效整合资源、挖掘环节利润的产业链循环方式为自己创造和赢得了生存和发展的空间。

被誉为"价格屠夫"的格兰仕是全球市场整合和资源整合的榜样。该公司并没有拥有全球微波炉核心技术,也没能掌控全球销售网络,还遭遇过发达国家的反倾销袭击，但从1995年拿下中国市场产销量桂冠以来，格兰仕微波炉的产销量已经"十连冠"，国内市场占有率最高达70%，全球市场占有率达50%，把中国的格兰仕培养成了世界的格兰仕。

格兰仕成长为全球微波炉老大之路其实就是一条整合全球市场和全球资源之路。格兰仕通过对微波炉上、下游和自身的有效整合，将其内部系统高效率运作，保证其始终位居技术工艺、研发设计的领先地位，并同时具备为全世界消费者提供最价廉物美产品的能力；通过对微波炉世界同行资源的整合，格兰仕依靠不断地降价策略为全球微波炉企业做OEM赚取微薄的利润；通过对全球微波炉销售渠道资源的整合，格兰仕将采购供应系统高效协调，形成一个统一体，始终将生产成本控制在最低。

由于格兰仕不断地扩大规模、提升技术能力、加强全球资源协作，格兰仕的产品、技术、服务、利润空间得以维持在一个相对稳定和持续增长的状态，再加上全球资源的有效支持，因此取得了共赢的发展，成为中国规模企业领先全球市场、善用全球资源的楷模。格兰仕的成功，说明了与世界共舞的企业必然能赢得世界的认可。

资源整合的目的是为了通过组织制度安排和管理运作协调等来增强企业的竞争优势，实现企业资源的最大化利用，从而提高客户服务水平，使企业获得赢利。

成功的商业模式，往往是建立在对自己原有资源整合基础之上的，资源基础不同，商业模式理应不同。不顾自身条件，盲目跟风，复制别人的成功模式，即使做了适当的改良，自己也难以获得成功。

特别需要指出的是，创业者可以对别人的成功模式进行复制，但有一个极为重要的前提，就是你各方面资源条件支撑你这么做，否则越陷越深，劳而无功。对于项目而言，原有的资源储备，就相当于一个人的潜质，在很大程度上决定了你最有可能会在哪些领域获得成功。

人人都有自己擅长之处，也都有资源相对集中的方向。如果将这些优势不断放大、整合与补充，并按照项目运营的标准，持续完善改进，几年下来，一个较为独特且非常适合自己的商业模式就会呱呱坠地。这样诞生的商业模式，血缘和基因与自身基础非常亲近，又孕育了多年，运作起来问题自然要少得多。我们不妨去观察那些风光无限的大企业和他们的创建者，去观察自己周围大大小小的老板，很容易发现：绝大多数人现在建立的事业，与其创业前资源储备的集中领域有着很高的重合性。通用电气的爱迪生、微软的比尔·盖茨、百度的李彦宏、网易的丁磊、新东方的俞敏洪等，都是这样的典范。

在我国电子商务领域有两大公认的巨头——阿里巴巴和慧聪。阿里巴巴成立于1999年，创建之初就直接切入电子商务领域，面向大批中小企业、个体业主和众多创业者提供服务，针对的也是集中度相当低的服装、小商品和五金等行业，同时阿里巴巴所在的浙江地区是传统的小商品生产和流通集中地。数以万计的小业主需要通过新的渠道寻找更多商机，客观上也需第三方支付平台来解决不能当面交易而产生的信用问题。正是因为阿里巴巴的服务模式与目标群体特征之间的高度契合性，在10多年的时间里得以飞速成长，并逐渐走向世界。

克隆别人的商业模式，成功比例很低，但有几种情况例外：一种情况是自己的基础资源状况与别人非常接近；另一种情况则是财大气粗，经得起折腾；还有就是自己的资源比榜样更占优势。除去这三种情况，其他的都是极端的冒险行为。

因此，如果你真的想创业，就需学会对自身资源合理整合。企业资源整合一般体现在以下5个方面：

**1.优化企业内部产业价值链**

企业为了提高整个产业链的运作效率，也为了用较低的成本快速占有市场，同时满足客户日益个性化的需求，不断优化内部产业价值链，将关注点集中在产业链的一个或几个环节，还以多种方式加强与产业链中其他环节的专业性企业进行高度协同和紧密合作，从而获得专业化优势和核心竞争力,击败原有占绝对优势的寡头企业。

**2. 深化产业价值链上下游的协同关系**

企业通过合作、投资、协同等战略手段,在开发、生产和营销等环节与产业价值链上下游企业进行密切协作,加强与这些企业的合作关系,使企业自身的产品和服务进一步融入到客户企业的价值链运行当中,从而提高企业的运作效率,进而帮助其增加产品的有效差异性,提高产业链的整体竞争能力,便于以整体化优势快速响应市场。如洛克菲勒从石油产业的下游向上游拓展产业链,实现资源的最大化利用。

**3. 把握产业价值链的关键环节**

初创企业在发展过程中,必须明确自己的核心竞争力,紧紧抓住和发展产业价值链的高利润区,并将企业资源集中于此环节,构建集中的竞争优势,借助关键环节的竞争优势,获得对其他环节协同的主动性和资源整合的杠杆效益,使企业成为产业链的主导。如西洋集团,它就是通过控制整个产业链的所有关键环节,挖掘每个环节利润,并将其做到各自环节的专业化最强,给竞争对手设置了难以跨越的进入壁垒,同时也将整个终端产品的成本降到最低点,从而形成压倒性的竞争优势,演绎了一条产业链循环赢利模式的成功之路。

**4. 强化产业价值链的薄弱环节**

管理学中有个"木桶原理":一个木桶由许多块木板组成,如果组成木桶的这些木板长短不一,那么这个木桶的最大容量不是取决于最长的木板,而是取决于最短的那块板。企业在关注核心领域的同时,也要强化产业价值链中的薄弱环节。

企业可通过建立战略合作伙伴关系或者由产业链主导环节的领袖企业对产业链进行系统整合等方式,主动帮助和改善制约自身价值链效率的上下游企业的运作效率,实现整个产业链的运作效率的提高,使公司的竞争优势建立在产业链整体效能释放的基础上,并同时获得相对于其他链条上的竞争对手的优势。如青岛啤酒对全国48家低效益啤酒厂的收购整合、蒙牛对上游奶站的收购等，都属于强化产业价值链薄弱环节的范畴。

**5.构建管理型产业价值链**

企业在资源整合的时候，为了使自己始终保持竞争优势，不能仅仅满足于已取得的行业内的竞争优势和领先地位，还需要通过对以上几种产业链竞争模式的动态运用，去应对整个产业价值链上价值重心的不断转移和变化。同时还要主动承担起管理整个产业链的责任，密切关注所在行业的发展和演进，这样才能使产业链结构合理、协同效率高，引领整个行业去应对其他相关行业的竞争冲击或发展要求，以保持整个行业的竞争力，谋求产业链的利益最大化。

创业者刚刚开始创业，面临着资金不足、资源缺乏、不会经营等很多难题。可以说，任何一个创业者都不可能把创业中所涉及的问题都解决好，也不可能把一切创业资源都准备充足。创业者关键的一点就是要学会进行资源整合，因此合理整合资源的原则不仅是创业设计中的一个重要原则，也是在创业中借势发展、巧用资源、优势互补、实现双赢的重要方法。

## 铁律14

### 把过渡期的产品当作长远项目经营，投入注定石沉大海

> 有远见的人不但能赚今天的钱，并且能赚到明天的钱。而大多数人在看清事实之后却没有估量将来会发生什么情况，而只顾眼前，这是短视。短视者将过渡期的产品当成长远项目经营，最终等到的很可能不是黄灿灿的金币，而是竹篮打水一场空。

对创业者特别需要强调远见对于商业的重要性。只有顺应潮流，企业才能在竞争中抢到先机。对于企业而言，放弃对常态以及目前情况的留恋，站在更高的平台上，开拓更为广阔的市场，无疑是企业取得辉煌成就的必经之路。实践证明，只有看得远才能走得远，才能赢得多。

出生在浙江温州的卢伟光说，自己家里三代经商——爷爷卖布；爸爸做电子产品，曾经第一个将风靡一时的任天堂游戏引入中国，自己则认定要在木材行业一直做下去。

他说，1988年，他从大连理工大学船舶设计专业毕业，是家里的第一个大学生。尽管爷爷和爸爸都经商，但他们都希望卢伟光能成为一名拿铁饭碗的公务员，不再经商。毕业后，卢伟光如家人所愿，在温州市渔船检验局做验船师，成了一名公务员。

不久，卢伟光越来越发现身上流动的是商人的血液，他开始想尝试做点什么。1993年，和父亲做生意的一名香港人说，现在台湾随着房地产的发展，建材生意火爆，木地板卖得很好。卢伟光开始留心。

1994年，温州街头一家名为"安信"的实木地板店开业，卢伟光做了老板。第一年，赚了5万；第二年，赚了30万；第三年，赚了几百万。卢伟光越来越坚信，自己的事业在经商上。1996年，卢伟光辞职，开始专心干实木地板。1997年，卢伟光决定自己生产地板。当年，他投入220万，在上海买下一乡镇企业，开始生产实木地板。

一步一个脚印，"安信"在卢伟光的带领下，从一个街头28平方米的小店，发展成为国内年销售额8亿元的大型企业，跻身世界十大地板企业之列。

卢伟光最为得意的大手笔，是分两次买下巴西1000平方千米原始大森林。这为他在中国乃至国际上掌握原料主动权奠定了坚实基础。

1998年，国内严禁对自然林进行砍伐，卢伟光开始考虑到国外寻找森林资源，巴西成为重点考察对象。1999年，安信企业开始进入巴西，尝试直接和巴西人联系。此前，企业需求木材要通过中间商。2002年，卢伟光投资400万美金，在巴西买下两家加工厂。

卢伟光认为，企业要想可持续发展，必须保证地板原料的持续供应，"谁掌握了木材森林资源，谁就能在地板产业链中掌握先机"。他想在巴西购买森林。

但在巴西购买森林，必须有巴西的户口与身份。在有了第一个孩子10年后，卢伟光和妻子在巴西生了第二个儿子，儿子是巴西籍。2004年，有了购买资格的卢伟光，在多次和巴西政府洽谈后，分两次买下了1000平方千米的原始森林。

现在，卢伟光又将目标投向俄罗斯，那里森林资源丰富。他计划投入4000万到俄罗斯采购。现在，企业正在争取尽快融入俄罗斯，为将来在俄罗斯购买森林资源奠定基础。

精明的商人从来都不会把眼光停留在昨天，停留在已经发生的事实上，他们会更多地关注预示未来变化的细节。他们认为，只有这样才能在未来的市场竞争中站得先机。

很多商品和服务看上去很有潜力，但实际上属于特定时期的暂时性过渡型产品。一旦过渡期完成，无论市场潜力挖掘到了什么程度，也不管之前多么火爆，整个行业都会迅速走向衰落，投资者的巨大投入亦将永远无法收回。

代表发展趋势的产品，由于种种原因，可能需要较长时间的导入期，而市场又迫切需要类似的商品，于是过渡型产品便应运而生。不少智者当然会对这个问题看得非常明白，但也会有不少投资者将这个过渡期的替代品当作一种长远事业来经营，认为市场潜力巨大，值得进行战略投入来运作此事。最终非常令人遗憾的是，整体布局刚刚完成，真正代表趋势的产品就开始进入快速成长期，你的投入将石沉大海。

放弃对昨日现实的完善，就意味着要有超人的勇气去开拓一片新的天空。海信集团逆势而行，当别的企业还在为了微薄利润从美国进口芯片的时候，它大举创新之旗，终于获得里程碑式的成功。

类似的例子，大家基本上都见证过。VCD播放器、IC电话机、公用电话亭、BP机、小灵通都曾有过类似的经历。事实上，是过渡型技术和产品，并不代表长远发展趋势，并不适合做战略性投资，历史必将会让移动通信承担起重任。换而言之，代表长远发展趋势的产品每前进一步，就意味着一种过渡型相关产品的快速衰落。

在企业管理的现实环境中，有些管理者思想迟钝、工作节奏缓慢，奉行"一看二慢三进站"的信条，因而常常错过大好时机，做了发展的尾巴，从而造成巨大的损失。如果是个人创业者，本来实力就非常有限，好不容易过了导入期，正要开花结果，突然产品被取代，轻则遭受巨大损失，重则倾家荡产。即使到目前，这样的过渡型领域也很多，正在选择项目的朋友，可以根据自己的经验综合判断。

# 铁律15

## 对于中小创业者而言，贯通产业链是馅饼，也是陷阱

> 在发展模式上，近来一些中国企业陷入了僵局：因为遭遇到低成本制造的瓶颈，它们急于寻找转变的方向。《易经》上说："穷则变，变则通，通则久。"于是，不少企业选择在"通"字上做文章，积极"打通产业链"，以求控制风险，获得快速发展。然而，"全产业链"是全能的吗？

近年来，不少企业积极"打通产业链"，似乎链条越长越安全。然而，"全产业链"并非全能。企业发展到一定规模，贯通产业链是非常必要的，但对于创业者和中小企业而言，无疑又是一个巨大陷阱，极易造成人、财、物等宝贵资源分散，有可能会影响到项目运作效率和竞争力提升。

根据交易成本理论，贯通产业链可能会为企业降低交易成本，比如保证稳定的货源供应和合理的价格。实施贯通产业链能避免价格被上下游所控制，尤其当上下游的行业集中度很高时，企业的讨价还价能力会受限。虽然一体化可能为企业带来优势，但也存在相当风险。贯通产业链经营会导致企业专业化不足并分散核心能力。贯通产业链程度越高，企业内部专用资产就越多，外部灵活性就越趋弱，这种弹性的丧失将降低企业应对外部变革的能力。此外，贯通产业链还会加剧竞争。众所周知，波音公司不会进入航空业，电信公司也不宜自己生产设备，因为这样会造成上下游之间的竞争关系，而好的供应商不应该成为其客户的竞争对手。

TCL曾经是中国彩电业的龙头，但是当李东生选择了走多元化的道路之后，它的利润大打折扣。3年的时间里，在花费了令人咋舌的6个亿作为前期投资之后，TCL在信息产业上几乎全军覆没，2001年亏损达4000多万元，很多项目更是血本无归。

前些年，TCL曾推出"幸福树"销售模式，寄望成为农村市场的"国美"。但是，由于其他家电厂商和TCL具有竞争关系，它们不愿意捧场提供最好的价格，更不愿帮着对手做强通道，"幸福树"终于无功而返。

在家电行业，也有渠道企业试图进入生产领域的，典型的例子是上海奔腾，曾经是美的电器的代理商，转型进入制造业并拥有自己的小家电品牌，但前提是放弃原来的代理业务。可见，上下游要两者兼得，而不为同行所忌，并非易事。

《三国演义》里的赤壁之战，曹操率军南犯长江，但曹军不习水性，经不起船体的摇晃。"潜伏"曹营的庞统献连环计，各船用铁链相连以抗风浪。曹操依计而行，船队果然平稳许多。不料周瑜借东风用火攻，曹军因船只紧连，无法分散，"谈笑间，樯橹灰飞烟灭"！三国鼎立之势遂成。

可见，贯通产业链的风险来自于企业应对外部冲击的能力，同时还增加了企业内部协同和联动的风险。这个原理可以用"牛鞭效应"来解释。牛鞭效应是一种供应链的需求变异放大现象，当信息流从下游客户端向上游供应商传递时，如果无法实现信息的有效共享，信息扭曲将会逐级放大，此放大作用在图形上很像一根甩起的牛鞭，因此被形象地称为牛鞭效应。贯通产业链的公司，需求信息很可能在沿着供应链传递的过程中被曲解，其结果将导致过多的库存。为了应对风浪（行业的经营风险），把战船连在一起（一体化），当面对火攻（跨行业的外部风险）时，整个船队都不能幸免（公司整体衰落）。

"全产业链"并非全能，它要求价值链各个环节均衡发展，否则难以形成协同效应。全产业链拉长的不仅仅是产品线，还有更复杂的产业线，其经营系统风险必然较大。这种风险存在于两个层次，一方面是能否成为一个整体性企业，即一体化是否带来"协同效应"；另一方面则是企业成为一个整体后抵御外部风险的能力是否降低。

可见，中国企业的贯通产业链历程与一场血泪斑斑的征战差不多。无数的企业在贯通产业链的道路上败下阵来，又有更多的企业斗志昂扬地奔上去。这时，失败者的经验告诉我们：贯通产业链是有前提条件的！

贯穿产业链就好像一个个性很鲜明的人，他的优势和缺憾都十分显著，优势让人喜欢，缺憾让人厌恶。所以，怎样趋利避害，将它的缺憾转化为优势就是每一个贯穿产业链的企业所关心的问题。要解决这个问题，在决定贯穿产业链、采取多元化战略前，中小企业首先要注意自身的条件。

**1. 企业是否已培养了自己的核心竞争能力**

核心竞争力是企业多元化战略的基础与灵魂，是企业能否进行多元化经营的重要条件。企业的多元化经营，一定要有核心竞争能力。评价企业是否有核心竞争能力，主要看企业是否有核心的技术，是否有核心的管理能力。只要一个企业有了这两个方面的能力，就表明它已经在该行业具有了自己的核心竞争力，这就为企业实施多元化战略提供了战略基础。

**2. 内在条件还包括多元经营的行业应具有相关性**

行业的相关性可分有形关联和无形关联两种。有形关联的相关业务之间的价值活动能够共享。它是建立在共同的生产、技术、市场、渠道、信息、人才、采购等方面。无形关联则指建立在管理、品牌、商誉等方面的共享。因为主要同是企业的竞争优势可以扩展到新领域，实现资源转移和共享，所以当企业多元化经营建立有形关联时，其在新行业容易站稳脚跟，成功的机会较大些。

**3. 足够的资金**

企业进行多元化经营战略是需要资金的，财务结构必须稳健且具备了实施多元化战略所必需的剩余资产。企业考虑多元化经营前要具备足够的资金，而且这些资金在目前的产业、产品结构中都无法充分利用才可以。另外，多元化经营需要大量资金，光靠自有资金是无法满足需要的。因此企业必须具有较稳定的资金来源，否则一旦多元化后，资金接济不上就会陷入财务危机。

只有在正确评估自身条件的基础上，紧密结合自身的核心竞争力，全面分析贯通产业链经营的利弊，制定出详细的发展规划，中小企业的贯穿产业链之路才能成功。企业如果无视自身资源条件和环境的变化，一味为了贯穿产业链，不但达不到目的，反而会给企业带来更大风险。

总之，贯穿产业链是行业或者经济处于一定阶段的产物，是阶段性的解决方案，而不是一种常态。本质上，贯穿产业链类似传统的计划经济：两者都假设某种从上而下的严密组织不但可行，而且具有稳定性的优势。要真正做到"通则久"，中小企业还需寻找适合自身的商业模式，而不是一味依靠打通产业链。

◇给你一个公司,你能赚钱吗

# 铁律16

## 从细节中挖掘财富,有需求就等于有生意

"泰山不拒细壤,故能成其高;江海不择细流,故能就其深。"要说创业的成功是由许多细节累积而成的,有的创业者或许不以为然。事实上,只要对你周围的人与事稍加注意,你就会发现细节是多么重要。

对于个人而言,无论是说话、办事还是做人,任何一个小细节都可能产生巨大的影响。一个不经意的细节,往往能够反映出一个人深层次的修养。展示完美的自己很难,需要每一个细节都完美;但毁坏自己很容易,只要一个细节没注意到,就会给你带来难以挽回的影响。

刘备曾说:"勿以善小而不为,勿以恶小而为之。"任何创业者的成功都必须从小事做起,从细节处入手。所以古语才有"一屋不扫,何以扫天下"之说。有些创业者整天只琢磨干大事业、做大事,不鸣则已、一鸣必要惊人,不仅浪费了许多时光,到头来也是一事无成。与其好高骛远,不如尽力做好细节。细节做好了,小事也能做大,事做大了,成功就是水到渠成了。

无论是生活还是工作中,每个人都离不开细节,细节是成败的基础,是成功的引导者。在创业上,细节的重要性也是非常大的。一些成功的创业者就是从细节中挖掘到一笔笔财富的。

阅读是李嘉诚的习惯,特别是塑胶行业类的杂志,他一定不肯放过。1957年初的一个晚上,李嘉诚正埋头在灯下阅读新一期的英文版《塑胶》杂志，突然，一小段消息让他兴奋起来：意大利某公司利用塑胶原料制造塑胶花，全面倾销欧美市场。这给了李嘉诚极大的灵感，他敏锐地意识到，人们在物质生活有了一定保障之后，必定在精神生活上有更高的追求。而种植花卉等植物，不但每天需要浇水、除草，而且很快会凋谢，这与当时快节奏的生活和工作方式很不协调。如果大量生产塑胶花，完全可解决以上的问题。于是李嘉诚预测塑胶花肯定会在香港流行，马上亲自带人赴意大利的塑胶厂去"学艺"。

回来之后，李嘉诚不仅牢牢占据了香港的塑胶花市场，他还开拓并逐步稳固了欧洲市场。趁着这股风靡全球的塑胶花浪潮，还将眼光转向北美地区。塑胶花为他赚得了人生的第一桶金，他也因此赢得了"塑胶花大王"的美誉。

杂志上的一小条消息，却催生出了上千万的大生意，这是常人发掘不了的。凡事做有心人，不放过细节，是李嘉诚教给我们创业者的又一条生意经。

所谓成大事者不应拘小节，但现实中的一个个实践都是由细节积累起来的，创业者们只有注重细节，把一点一滴都注意到了，自然而然，也较容易获得大的成功机会。正所谓"细节决定成败"，所以，对于一名创业者来说，无论从事什么项目，都应该从点滴入手，从细节入手，拥有一双善于从细节中挖掘财富的眼睛。

创业项目的选择，无疑是摆在每个创业者面前的一道难题，选择好的创业项目对创业成功非常关键。好的创业项目要能满足客户的需求，只要有需求就有生意做。

前些年，世界现代营销之父科特勒的一句话启动了商界变革："市场营销最简短的解释是，发现还没有被满足的需求并满足它。"消费者愿意掏钱，那是因为购买的产品或者服务能满足他的需求。

只要顾客有需求，聪明的创业者都不会错过机会，而不管这需求看起来多么奇异，这就是赚钱的秘诀之一——关注他人的需求。

　　说到白加黑，很多人就会立即想到它的广告语："白天服白片不瞌睡，晚上服黑片睡得香。"白加黑的产品功效确实具有差异化特征，但是，在感冒类药品市场上，讲究功效差异化的产品并不少，白加黑为什么能够脱颖而出？主要是因为它发现了上班族治疗感冒的一个关键细节：现在，上班族都面临着巨大的工作竞争压力，每个人都不希望因为感冒而影响工作，不希望因为吃药造成的瞌睡而使自己的工作业绩受影响。因此，处于感冒中的他们迫切需要一种白天能够使他们正常工作、晚上能够保证睡眠质量的感冒药品。

　　在这种环境下，白加黑应需而生。白加黑把自己的产品功效特征与城市上班族的关键需求紧密地联系在一起。在它的广告中，凤凰卫视主持人在感冒期间仍能精力充沛地高效工作，这个广告情境向上班族传达了这样的效果诉求：有白加黑，再沉重的工作压力也能像往常一样从容应对。这个效果诉求符合了上班族的心境和期望，从而将他们吸引了过来，白加黑由此奠定了在感冒类药品市场上的领先地位。

　　什么是白加黑吸引住顾客选择的万能胶呢？显然，是满足顾客的需求。顾客不会忠诚于某一产品或者企业，他只会忠诚于自己的需求。只有从解决顾客的需求入手，用更好地满足顾客需求的策略占据顾客的心，才能让顾客把自己的企业放在优先选择的位置，对竞争产品进行有效拦截。

　　由此可见，从细节中发现顾客的关键需求，创造出他们期望得到的且竞争对手尚未提供的顾客利益，创业者才能创造出真正的竞争优势。否则，一切都是隔靴搔痒，都是空谈。

　　有位企业家说过，看到了别人的需要，你就成功了一半；满足了别人的需求，你就成功了全部。那么，怎样寻找他人的需求呢？你可以从以下几个方面入手：

### 1. 多关注他人的意见

其实，人们的需要只有一小部分得到了满足，大部分的需求不是没被发现，就是没有引起重视。所以，多听听别人的意见甚至是牢骚，或许就有好的机会和新的想法。有农民提意见说希望能有一台机器洗地瓜，某洗衣机生产商就马上推出能洗地瓜的"洗衣机"，这种"洗衣机"一上市，销售便一片火爆。

所以，积极关注他人的意见，满足他人的需求，会让你的创业之路更加顺利。

### 2. 努力发掘"潜在"的需求

对于消费者的需求，既要看，又要听，还得思——能挖出其潜在需求。但思的前提是按照消费者的生活要求来判定这种潜在需求是否存在。

舒肤佳香皂的成功自然有很多因素，但关键的一点是它根据消费者的生活要求，发现了潜在的需求——洗得干净，就得除菌。

### 3. 紧追时尚个性潮流

现在是"酷品牌"时代了，要关注个性和时尚，紧跟潮流，你才有可能成为财富新贵。易趣前中国区副总裁发现了一个成功的秘诀：酷的核心是"顾客至上"，要积极了解新兴消费群体的消费需求和心理，就要对时尚潮流进行密切关注。要有多渠道的信息来源，关注流行趋势：什么是热议的，什么是热门的，等等。

# 铁律17

## 树立分享的经营理念：你的+我的=我们的

> 在与员工、客户、供应商和外协方打交道之时，切忌过分压榨对方，出于竞争压力，他们表面上会答应非常苛刻的条件，实际上会想很多办法去报复你，进而达到心理平衡。追求分享的经营理念，不仅是创业者的一种美德，更应该是一种现实的利益选择。

共苦易，同甘难。创业开始的时候，必然要经历一定时期的艰苦过程。然而很多创业者在成功后只会独自享受成果，不能和当初共苦的人一起分享胜利果实。在中国的国情下，一个团队能否有合作精神，通常和该集体的领导人的品质有很大关系。

我们先看一下曹操"虽胜责己"的故事，创业者最容易犯的毛病之一就是有功劳归自己，有错误怪员工，但是曹操不是这样的人。

三国时期，曹操为了统一北方，决定北上征服塞外的乌桓。这一举动十分危险，所以许多将领纷纷劝阻，但曹操还是率军出击，将乌桓打败，基本完成了统一北方的大业。

班师归来，曹操调查当初有哪些人不同意他北伐的计划。那些提出反对意见的人认为要遭到曹操严惩了，一个个都十分害怕。不料，曹操却给了他们丰厚的赏赐。大家很奇怪：事实证明劝阻北伐是错误的，不仅不受惩罚，怎么反而会得到赏赐呢？

对此，曹操的解释是："北伐之事，当时确实十分冒险。虽然侥幸打胜了,是天意帮忙,但不可当作正常之举动。各位的劝阻,是出于万全之计,所以要奖赏,我希望大家以后更加敢于表达不同意见。"从那以后,将士们更加进言献策,尽心尽力地为他效劳。

事实上,合格的创业者总是能够肯定员工的成绩,承担自己的错误。曹操这种人是拥有超级揽心术的人,即使他力排众议而且大胜,也绝不骄傲,而是充分肯定那些有一定道理的将士。如果创业者都能像曹操这样,还愁企业没有凝聚力和向心力吗?

假如创业者是个喜欢独占功劳的人,相信他的员工也不会为他卖力。反之,如果创业者能乐于和员工分享成功的荣耀,员工做事也会分外卖力,希望下次也一样成功。所以创业者正确的做法是与人分享,分享成功的幸福和喜悦。每个人做事都希望被人肯定,即使工作不一定成功,但始终是出了力,谁也不希望被人忽视。

在某大公司的年终晚会上,老板特别表扬了两组业绩较好的员工,并邀请他们的经理上台发表感言。没想到,两位经理的表现形成了极大的反差。第一位经理好像早有准备似的,一上台就夸夸其谈地说起他的经营方法和管理哲学来。不停向台下员工暗示自己为公司所作出的贡献,使得台下的老板及他自己的员工听了心里都很不舒服。

与第一位经理不同,第二位经理一上台就开始感谢自己的员工,并说:"我很庆幸自己有一班如此拼搏的员工!"最后还邀请员工一一上台来接受大家的掌声。

像第一位经理那种独占功劳、常自夸功绩的人,不仅会使员工不满,就是老板也不会喜欢。第二位经理能与员工分享成果,令员工感到受尊重,那么他们以后一定会更加努力拼搏。其实老板心里最清楚功劳应归谁,所以那不是你喜不喜欢与他人分享的问题。你是希望自己像第一个经理那样，还是像第二个经理那样？想必答案不言而喻吧！

美国零售大王山姆·沃尔顿在总结自己的成功时说："和帮助过你的人一起分享成功是我成功的秘诀。"山姆·沃尔顿认为：与所有员工共享利润是以合作伙伴的方式在对待他们，公司和经理通过这种方式，改变了与员工之间那种特定的正常关系，使得这些员工在与供应商、顾客和经理的互动关系中开始表现得像个合作伙伴。而合作伙伴是被赋予权力的一类人，所以员工会觉得自己也被赋予了权力，从而以更加认真和积极的态度来看待自己肩上的责任。山姆·沃尔顿说："让员工完全参与到公司中来，从而成功地给他们灌输了一种自豪感，使他们积极参加到目标确立和实现并最终赢得零售胜利的过程中来。"通过与所有员工共享利润以及赋予他们在工作岗位上的权力，山姆先生赢得了员工极大的忠诚，这也是他创办的沃尔玛如此成功的重要原因。

经营者除了要与员工分享外，还要学会与客户、供应商的合作伙伴分享成果。对上，要与供应商从"同谋共事"出发建立合作关系，既要对其供应的产品或原材料的质量严格把关，另一方面也要尽可能地给供应商以帮助，在实现顾客满意的同时达到与供应商的双赢。对下，要在与经销商共享经营网络的同时，将部分利润拿出来与之共享。要知道，经销商并没有白拿你的利润，他借以帮助你减少销售人员，降低了企业的经营费用；提高资金周转率，减少自产自销可能产生的呆账、坏账，降低经营风险。同时经销商的经营网络还会帮助你在最短的时间内将产品打到更广的市场中去，而不必等产品的生命周期结束时才到达终端市场。

如果不具备合作双赢的意识，处处想独享利润，就要处处营造自己的网络，从而造成投资分散，最后瓦解了自己的综合竞争力。

长虹电器旗下子公司长虹网络公司拿到了伊拉克战后重建的一笔大订单：向伊拉克"现款现货"销售100万台机顶盒数字电视接收机，交易额高达4亿元。长虹能够在东芝、松下、索尼等跨国公司的共同角逐中胜出，中东伙伴的帮助起到了关键作用。原来，长虹并没有直接进入伊拉克市场，而是在其周边国家建立了一个庞大的销售网络，通过中东客商"曲线"参与了伊拉克重建。

正如长虹网络公司负责人所说的，中东商人熟悉伊拉克的国内环境和市场需求，有成熟的供应渠道，但是中东国家生产制造能力弱，而这恰恰是中国企业的优势。长虹的生产能力和中东销售渠道整合之后，就足以对抗那些虽然实力强大但单兵作战的跨国企业。

与他人合作，各施其长、同心协力、互促互进，是事业成功的一个秘诀。作为创业者，我们自然要防止自己吃亏上当，但也不要老是想着去占别人的便宜，敲骨吸髓地去压榨别人。做生意要讲究公平和共赢，尤其是对实力还非常弱小的创业者更应如此，我们本来就缺乏资金、技术、网络、供应商等非常重要的资源，如果在此基础上你还要将利益方榨干吃尽，无疑会将自己置于更加不利的地位。在这种情况，不要说做大做强，恐怕生存下来的可能性都很小。

选择分享的方式跟对方展开合作，与其说是为了别人，倒不如说是为了自己能够厚积薄发地积累各种资源，并在此基础上实现永续经营，使得做大做强的可能性大大提高，进而真正做到商业利益最大化。尽管主观上还是为自己，但客观上已经照顾到了别人的利益，给对方也留下了生存和发展的空间。假如你在与客户、供应商和外协方打交道的过程中不但不去压榨对方，还能在市场行情的基础上适当提供一些优惠，他们会更乐意同你做生意，各种优质资源都会逐渐向你靠拢。

# 铁律18

## 组建最优秀的创业团队：一个好汉三个帮

> 一个好汉三个帮，红花也需绿叶扶持。不管创业者在某个行业多么优秀，都不可能具备所有的经营管理经验，而借助团队就是拿来主义，这样可以拥有企业所需要的经验，例如顾客经验、产品经验和创业经验等。人际关系在创业中被放在一个很重要的位置，人际关系网络或多或少地会帮助创业者，是企业成功的因素之一。通过团队，人脉关系可以放得更大，可提高创业成功的概率。

俗话说："三个臭皮匠，顶个诸葛亮。"团队精神在企业管理中也占有重要地位。微软集团在用人的时候就非常注重团队精神，理由是即使你才华横溢，有超群的技术，可是如果你不懂得与人合作，那么就不能发挥出最好的成绩。只有把企业内部有着不同的文化背景和知识结构的各种人才有效地联合起来，创业者才能更好地成功创业。

在"我能创未来——中国青年创业行动"活动中，客串主持人的牛根生给在场的俞敏洪提了一个问题：创业路上，有唐僧师徒四人，如果只能从这4个人中挑选自己的创业成员的话，你会挑选哪些？

俞敏洪首先选了孙悟空，"孙悟空有信念，知道取经就是使命，不管受到多少委屈都要坚持下去。也有忠诚，不管唐僧怎么折磨他都会帮助他一路走下去。还有头脑，在许多艰难中会不断想办法解决。有眼光，能看到别人看不到的机会和磨难"。

一个"孙悟空"的力量毕竟有限，单凭个人的力量无法顺利创业的时候，就需要考虑找个志同道合的合作伙伴来共同分担。王强，新东方里典型的"孙悟空"型队友，他是新东方学校"三驾马车"之一，被尊为"美国口语教父"和"语音的完美主义者"。徐小平，新东方"牛人"老师之一，毕业于中央音乐学院，是新东方留学、签证与出国咨询事业的创始人。这样的"牛人"在新东方有很多，他们每一个人都可以在新东方独当一面。俞敏洪说，新东方最初的创业成员，个个都是"孙悟空"，每个人都很有才华，而且个性都很独立，他就是要选择这帮"孙悟空"般的"牛人"作为创业伙伴，并且真的在一起做成了大事，成就了一个新东方传奇。从这一点来说，选择"孙悟空"做创业队友是一个正确的选择。

杰克·韦尔奇告诉创业者："优秀的领导者应当像教练一样，培育自己的员工，带领自己的团队，给他们提供机会去实现他们的梦想。"企业的成长是人才成长的一个集中体现，创业者能否走得更远，取决于创业者和创业团队的基本素质。

找创业搭档就跟找对象一样重要，对方是你事业上的另一半，在共同的创业过程中是否会与你福难同当、同舟共济是至关重要的。比如"拳头"，一个拳头由5个手指组成，如果5个指头握紧地打出去，可以打碎一块砖，但分散开来，用每个手指去戳，是很难弄断的。

在硅谷流传这样一个"规则"，由两个哈佛MBA和MIT的博士组成的创业团队几乎就是获得风险投资人青睐的保证。当然这只是一个故事而已，但是从中创业者可以看到一个优势互补的创业团队对于创业者创业成功的重要性，技术、市场、融资等各个方面都需要有一流的合作伙伴才能够成功。

为什么团队创业成功的概率要大大高于个人创业？原因很简单，因为没有人会拥有创立并运营企业所需的全部技能、经验、关系或者声誉。因此，从概念上来讲，如果想要创业成功，就必须组成一个核心团队。团队成员对创业者来说将发挥不同作用：他们或是合伙人，或是重要员工。他们不可或缺，有了他们，可以解决创业过程中可能出现的一些问题。

某位管理学专家曾经对国内众多企业家进行过一次问卷调查："未来的企业家应该具备哪些素质？"其中有这样几份回答：

UT斯达康前CEO吴鹰认为：第一，有宽广的心胸；第二，具有国际化的能力；第三，有亲和力和凝聚力（个人魅力）；第四，有眼光。

摩克迪集团创始人兼董事长张醒生认为：现代企业家首先应该是有能体谅下属的胸怀和站在人前人后的修养，要先有信服才能有追随，这也是为什么人们常说做企业如同做人，企业家的素质赋予企业灵魂。

美国欧文斯科宁公司大中国区销售和工程总经理李雷认为：企业家应该具备3个素质。首先，他是一个预言家，他的愿景和信念是鼓励员工的源泉，是制订战略计划的蓝图；第二，他要有Leadership，也就是具有包括决策能力的领导力；第三，他勇于承诺与兑现，在资源分配、个人诚信与平等方面负起主要责任。

从上面我们可以看出：凡是成功创业的企业家，都拥有一个优秀的核心团队。5P模型反映了一个组织核心团队建设中必须注意的要素，非常值得后来的创业者借鉴：

5P模型，即目标（Purpose）、计划（Plan）、人（People）、定位（Place）、权力（Power），这5个因素构成了优秀的团队。

### 1.目标（Purpose）

在团队建设中，有人做过一个调查，问团队成员最需要团队领导做什么，70%以上的人回答：希望团队领导指明目标或方向；而问团队领导最需要团队成员做什么，几乎80%的人回答：希望团队成员朝着目标前进。从这里可以看出，目标在团队建设中的重要性，它是团队所有人都非常关心的事情。有人说："没有行动的远见只能是一种梦想，没有远见的行动只能是一种苦役，远见和行动才是世界的希望。"

团队目标是一个有意识地选择并能表达出来的方向，它运用团队成员的才能和能力，促进组织的发展，使团队成员有一种成就感。因此，团队目标表明了团队存在的理由，能够为团队运行过程中的决策提供参照物，同时能成为判断团队进步的可行标准，而且为团队成员提供一个合作和共担责任的焦点。

## 2.计划（Plan）

对于一家新创企业来说，制订一套完善的计划更为重要。发展计划要远远高于解决聘用问题、设计控制系统、确定上下级关系或确定创始人的角色等事项。发展计划明确的公司能够经受组织的混乱和创业者无能所带来的考验，而再完善的控制系统和组织结构也无法弥补计划上的缺陷。

企业发展计划的最大使命就是保持企业行驶在正确的航道上。如果一个企业的发展计划出现了致命失误，最终会出现南辕北辙，即便是拥有强大执行力的组织队伍，也终会一无所获。检验企业发展计划是否出现偏颇的角度有：计划与企业的长期目标是否一致；计划与企业的竞争优势是否一致；计划是否突出了企业的目标市场和消费群体；计划目标是否被更多的子目标所分解。一般而言，企业发展计划会与企业的长期目标一致，能够发挥出企业的竞争优势，为企业确定出最容易获得利润的目标市场，并且被分解成阶段性目标和众多子目标。

## 3.人（People）

在知识经济时代，人是企业最重要的资产，也是企业可持续发展最核心的生产力。企业经营的基础是人，要造物先造人，如果企业缺少人才，企业就没有希望可言。可以毫不夸张地说，在竞争激烈的市场环境中，人才决定企业命运。因此，在一个组织中，任何决策都不会比人事决策更重要。德鲁克认为，人事决策是最根本的管理，因为人决定了企业的绩效能力，没有一个企业能比它的员工做得更好。人所产生的成果决定了整个企业的绩效。

而企业要用人，就必然要选人，要招聘人。然而很多进行人事决策的创业者，并不真正懂得选人。很多人都自认为自己是优秀的创业者，当创业者以此为前提选人时，就可能犯下严重的错误。卓有成效的创业者必然明白,自己不是别人的评判者,不能凭自己的直觉和感悟来雇用员工,必须建立一套考查和测试程序来选人。

### 4.定位(Place)

选用人才,能力固然是首要考虑的,但一个人的能力必须与相应的职位相结合,这就是对人才的定位原则。用人不能只看能力大小,更要看其适不适合某一职位。最好能做到人尽其才,既不能大材小用,也不能小材大用。物尽其用、人尽其才是每一个创业者都孜孜以求的,这涉及一个人才及岗位价值的最大化问题,与企业用人标准密切相关。

### 5.权力(Power)

创业者面临的各项事务纷繁复杂、千头万绪,任何管理者,即使是精力、智力超群的创业者也不可能独揽一切,授权是大势所趋,是明智之举。授权的目的是让被授权者拥有足够的职权,能顺利地完成所托付的任务,因此,授权首先要考虑应实现的目标,然后决定为实现这一目标下属需要有多大的处理问题的权限。只有目标明确的授权,才能使下属明确自己所承担的责任。盲目授权必然带来混乱。要做好按预期成果授权的工作,必须先确定目标、编制计划,并且使大家了解它,然后为实现这些目标与计划而设置职务。

对于团队建立无从下手的创业者,大可以从这5个角度建立起自己的梦幻创业团队。

## 铁律19

### 即使和"铁关系"合作,也要以利益为基本诉求点

> 与客户建立良好的感情和关系确实是必要的,这些都是商务往来重要的润滑剂。但商人就是商人,感情和关系永远代替不了利益,只能永远服从于利益。即使我们去找老关系谈判,首先应当想到能给对方带去什么利益,或者以怎样的利益诉求点说服对方。

商场永远是"利"字当先,否则你就不是一个合格的商人。因为经商涉及的是数额巨大的真金白银,玩的是精确度相当高的数字游戏。最好的生意莫过于别人得利了,你也挣钱了。这样,你高兴,别人也高兴,皆大欢喜。如果仅仅是单方面得益,另一方面受损,即使最好的生意也不会做得长久。

生意的实质是什么?就是利益交换,这和人要吃饭、鸡要啄米一样简单。中国人崇尚"君子之交淡如水",很多人忌讳将利益和朋友联系起来,以为如果承认了利益是友谊的前提,就会被贴上"势利"的标签。其实人生中大部分朋友都是在谋取共同利益的过程中结交的,利益越一致,关系越深厚。尽管人与人之间有各种矛盾,但利益的凝聚力会使双方去磨合、修复,自动寻求平衡。

在激烈的商战中,有时候为了别人,常常会让我们自己受益。所以,凡事都要从对方的角度想一想,没准自己就能从中收获什么。

阿曼是到美国来的阿曼家族的第一代。他在美国南方经过一段时间的行商之后,跟他的两个弟弟伊曼纽尔和迈耶一起在亚拉巴马的蒙哥利马定居下来，当上了杂货店的老板。他和周围的人都相处得很好。该地本是一个产棉区，农民手里多的是棉花，但却没有现金去买日用杂货，于是阿曼就用杂货去交换棉花。结果，这种方式使双方都皆大欢喜，农民得到了需要的商品，他也卖掉了杂货。

没过多久，阿曼兄弟便由杂货店小老板发展成经营大宗棉花生意的商人，棉花典当成了他们的主要业务。美国南北战争期间，阿曼兄弟在伦敦推销商务，在欧洲大陆推销棉花。

战后，他们在纽约开办了一个事务所，并于1877年在纽约交易所中取得了一个席位，成为一个"果菜类农产品、棉花、油料代办商"，从此走上了规模化发展的道路。

一笔生意，两头赢利，这种方式不仅吸引了所有没有钱买日用品的顾客，扩大了销售，而且有利于阿曼兄弟降低棉花价格，提高日用品的价格，并且使杂货店趁去进货之际，顺便把棉花销出去，避免了单程进货，更省下不少运输费。

有句话说："送人玫瑰，手留余香。"有时候你帮助了别人，也在不经意间推销了自己。你懂得成人之美，最后才能是两头得利。所以，好生意要学会为别人着想。

20世纪30年代美国经济大萧条期间，许多企业关门倒闭。供大于求的局面使得许多公司实行"跳楼大甩卖"，但依然无济于事。其中有一位美国人的公司也遇到了同样的问题，他想寻求客户的帮助，帮他出谋划策，他精心准备了一封封诚挚的信，考虑到为客户节约钱，他在每一封信中都附上了一个贴上邮票的信封。就这么一个小细节感动了每一位客户，也为他的企业在那场经济大萧条期间立住脚起了关键性的作用。

在商言商。站在商家的立场谈问题，从市场经济的角度看问题，"在商言商"，无可非议，但"君子爱财，取之有道"，商家亦要讲究信誉和策略，才能有真正的效益。生活中你可以让别人占便宜，大多数情况也就几块钱、十几块钱或者几十块钱的事情，但经商不一样，稍有不慎，损失可能就是成千上万甚至更多。没有必要怪商人好利而不重情面。

互惠心理人人都有，你帮助我，我就会想着回报你。企业时刻想着客户利益，客户才会想着这个企业。努力降低顾客成本，增加客户利益，先付出后收获，先舍后得，互惠法则在客户争夺战中大有用武之地。一个人如果光想着自己的利益，只知往自己的口袋里塞钱，那么，当对方知道自己的利益受到了严重的损害时，他们便会义无反顾地与你断绝生意上的往来，到那时你就得不偿失了。

见商先谈利，这是一个铁的法则。对于很多涉世未深的创业者而言，在选择具体商业模式的时候一定要慎重，不要太迷信于感情和关系，你能有效动用关系的前提是能给人家带来利益，底线是不给人家带来损害。当然这种利与害更多来自于当事人内心的评估和判断，如果你有足够的理由、方法和技巧能够说服对方，你的利益诉求组合足以打动对方，则另当别论。不过，这样的难度似乎大了些，毕竟大多数人的防范心理都很强，不会那么轻易相信你的。

# 铁律20

## 无论合伙人是谁，都应要求利益与风险共担

> 一旦一家公司通过联盟和合作协议获得了单靠自己得不到的宝贵资源和能力，公司的竞争优势就出现了——这要求合作伙伴之间进行深入的合作来共同创造价值。如果合作伙伴并不认为各自带入联盟的技能、资源和贡献有价值，同时合作安排并不能利益与风险共担，那么这种合作关系就注定要失败

尽管合伙人选择的标准很多，但现实中可供选择的对象屈指可数，根本由不得你去按照这些标准行事。无论你最终跟谁合伙，都应要求彼此利益与风险共担，以便将双方的实际利益捆绑在一起，能够经得起考验，真正坚持下去。

很多专业的风投公司，虽然也在投一些前期项目，但他们基本都有一项铁的标准，就是运作团队也必须拿出相当数额的资金投入项目当中，对那种纯粹空手套白狼的项目基本都是免谈。他们之所以会这么做，其理由主要有这么几个方面：第一，做事情都应该风险和收益共担，不能让最大的风险都自己担了，而将来产生的利益大家却一起来分享，这样是一种不公平的安排；第二，团队成员只有将血本投入进去，断了退路，才会真正坚忍不拔、尽心尽力，最大程度将自己的潜力发挥出来，遇到艰难险阻才不会退却，因为退出的成本会更高，无论多么艰辛，坚持下去总会有一线希望；第三，经商讲究的是利害关系，与其相信承诺和道德，还不如去相信利益，商海浮浮沉沉，最有约束力的还是利害关系，这已经被无数次证明过了。

而在实际上，一旦你将资金投入进去，就相当于将身家性命都赌上了，也变相地将自己"绑架"。无论是好是坏，受多少苦，遭多少罪，都必须坚持下去，为了血本，你必须得穷尽一切可能，将潜力发挥到最大，去坚持这项事业。古人常说的"置之死地而后生，富贵险中求"，很大程度上也是这个意思。

你自己是这样，其实每个人都差不多。无论你的合伙人资质、性格和品德如何，他最终都是能够很清晰地判断出怎么才能对自己最有利。一旦他和你一样投入了资金，当他实在忍受不了艰难困苦的时候，最终还是会咬一咬牙，继续忍下去，而不是一有悲观的情绪、一受到压力和打击，就想到放弃，或者是感到太辛苦，该付出十分力的时候只付出了八九分。

也许会有人认为，技术股和管理股都可以成为引入合伙人的方式。实际上这也没有什么错，前提是你的项目已经度过导入期，靠这些方式，眼下能够给入伙者带来非常现实的利益，这样才可能有巨大的驱动力。假如你现在尚处于创业初始阶段，自己还在每天赔着钱，你给自己的合伙人技术股和管理股，并不能给他带来多少现实的利益，也不能给他带来多少实质性的损失，刚开始他还可能兴奋一阵，但因为缺乏刺激，这种状态时间持续得越长，激励的效果就越会消退。反正干好的可能性渺茫，干坏自己也损失不大，正向的驱动力没有，负向的驱动力也没有，时间一长，他就不太可能竭尽全力干活，甚至还有退出的可能。做事情的随意性很大，这对创业无疑是不利的。

如果合伙人和你一样，都投入了资金，而且数额还很大，他即使很长时间见不到效益，就是为了止损，也必须拼命去干。换句话说，在这种情况下，他已经被项目本身所"绑架"了，甚至在一些情况下，还有点不成功便成仁的悲壮，自然就会进入"不待扬鞭自奋蹄"的状态，使出十二分力气要将事情办好。

倘若有深刻的利害关系在强制，即使他后来有一千个不情愿、一万个不乐意，除了坚持之外，没有其他选择。需要澄清的是，这里谈到的对合伙人进行利益绑架和深度套牢，都是建立在善意基础上的，出发点是为了大家能够真正不畏艰难险阻，将项目进行到底。同时，这种"绑架"应该是相互的，你在"绑架"别人的同时，也应该进行自我"绑架"，如果只"绑架"别人不"绑架"自我，就是典型的利己主义者，不但会遭人讨厌，而且自己做一些事情时也可能不会真正做到尽心尽力。

合伙创业其利益风险均担的特点对于缺少资金的创业者来说是个不错的方式，但利益与矛盾总是同在，合伙创业如何做到规避矛盾而达到利益共享呢？

1.朋友不合作，合作不朋友

如果是大街上遇到的两个陌生人也根本谈不上相互合作创业的话题，但凡一起合作，一定有感情上的牵扯，或是亲朋好友，或是同学战友，或是亲朋好友介绍，或是同学战友搭线……总之，没有缘分也走不到一块去。现在有人在网上招商引资，但成功的可能性不大，因为这不太符合中国的国情和人情，没有人牵线搭桥别人难相信。但是，一旦合作在一起时，合作的任何一方先不要把对方当作朋友对待，先把对方当作对簿公堂的原告或被告来对待最好。要像在法庭上对付原告或被告那样来讨论双方的合作协议条款，一点情面也不要留，尽量地、挖空心思地找出不利的证据来，然后让对方给予圆满的、一丝不苟的解答。双方解答清楚后，就把这些都写进合作协议的条款之中去，作为双方今后行为准则的依据和"私"法，谁将来违反这部"私"法，要让他损失"惨重"才行。往往大家现在不能做到这一点，或碍于情面或草率行事或不懂当今法律，结果大多不欢而散，有些还真上了法庭对簿公堂。

2.先小人，后小人

我国历来有句俗话叫："先小人，后君子。"意思是说双方凡有金钱方面的合作或交往一定要先把丑话说在前面，以免将来反悔。但是有时先小人、后君子还是不行，将来反悔的也不少，最好在合作的任何时间内都要做"小人"，不要做君子，也就是：先小人，后小人。就是说，在合作的全过程中，任何一方都要要求白纸黑字地立下规矩，如现在正规股份公司的每次董事会会议记录。随时准备做"小人"，否则就一定最终做不成君子，只有这样把"小人"做到底，到解散的那一天，合作的任何一方才能仍然坐到一张桌子上喝酒。

### 3. 要想公平，打个颠倒

既然要合作，大家一定求一个公平。什么叫公平，就是如果你是他能否接受你给他的条件或利益，这就叫"要想公平，打个颠倒"。如果颠倒之后你都不愿意接受，那么你也不要强求人家接受，这应该是很明白的道理，但是往往大家不愿意这样思考问题，这样必然埋下隐患，待到爆发之日，你原来应该得到的恐怕也不能得到了。还是事先就替人家想想的好，也就是"己所不欲勿施于人"吧。

### 4. 自己吃点小亏，让他占点便宜

世间任何事情没有绝对的公平，对待合作者要让他占一些便宜，一方能让对方也会让，双方都让一些利益给对方，最终大家都吃不了多少亏，不要任何事情都计较是长远大计。

### 5. 及时解决问题

两个人或更多人或更多公司在一起合作，不断地出现新问题、新矛盾是正常的事。事情虽然正常，但是也要及时地处理，所谓及时处理就是不要积累，积累必成大患，到问题多时就不好理出头来了。

# 铁律21

## 与狼共舞,学会竞合之道

> 中国人习惯于非此即彼的思维方式,对自己人要尽量偏袒照顾,对竞争对手则赶尽杀绝。在早期,中国的企业经营者中很少有人会认为在竞争的过程中,除了输赢还有第三种可能,那就是共赢。其实在商业社会中,竞争与合作是可以转化的。那种靠消灭竞争对手取得胜利的做法已经过时,现代企业家要学会"与狼共舞",跟对手深度合作,实现"双赢"乃至"多赢"。

人类的发展充满战争与和平的轮换轨迹,这也是自然界竞争法则的一个缩影。商场如战场,虽然没有硝烟却危机四伏。企业要发展壮大,商人要追求利润,竞争自然不可避免。如何在竞争中获得机会,在发展中获得支持,在这方面,具有现代经营理念的李嘉诚为我们树立了榜样,他说:"没有绝对的竞争,也没有绝对的合作,因为二者是可以转化的。"

李嘉诚从来不进行恶意竞争,不管这其中的利益有多大,他也从来不搞无原则的合作。在他这里,竞争往往成为合作的契机。

九龙仓不是仓库,而是香港最大的货运港,它是九龙货仓有限公司的产业,包括九龙尖沙咀、新界及港岛上的大部分码头、仓库,以及酒店、大厦、有轨电车和天星小轮。九龙仓历史悠久,资产雄厚,可以说,谁拥有九龙仓,谁就掌握了香港大部分的货物装卸、储运及过海轮渡。

但是一直以来,九龙仓的经营者固守用自有资产兴建楼宇,只租不售,造成资金回流滞缓,使集团陷入财政危机。为解危机,他们大量出售债券套取现金，又使得集团债台高筑、信誉下降、股票贬值。

　　李嘉诚非常看好这块宝地，他认为九龙仓是一块蒙了灰尘的宝玉，只要细心呵护，一定能够重新焕发光彩。基于这种考虑，李嘉诚不动声色地一直在收购九龙仓股票，他买下约2000万股散户持有的九龙仓股，意欲进入九龙仓董事局。但不料九龙仓股被职业炒家炒高，九龙仓老板不甘示弱，组织反收购。与此同时，船王包玉刚也加入到收购行列。包玉刚是何方神圣？他可是大有来头，据1977年吉普逊船舶经纪公司的记录，世界十大船王排座次，包玉刚稳坐第一把交椅，船运载重总额1347万吨；他拥有50艘油轮，一艘油轮的价值就相当于一座大厦，真是财大气粗。

　　他的加入，一时间使得强手角逐，硝烟四起，逼得九龙仓向汇丰银行求救。于是汇丰大班沈弼亲自出马周旋，奉劝李嘉诚放弃收购九龙仓。李嘉诚考虑到日后的发展还期望获得汇丰的支持，即使不从长计议，如果驳了汇丰的面子，汇丰必贷款支持怡和，收购九龙仓将会是一枕黄粱，于是趁机卖了一个人情给沈弼，鸣金收兵，不再收购。

　　李嘉诚权衡得失，已胸有成竹，决定把球踢给包玉刚，预料包玉刚得球后会奋力射门——直捣九龙仓。

　　于是，香港开始上演一幕传奇故事。

　　1978年8月底的一天下午，李嘉诚密会包玉刚，提出把手中的1000万股九龙仓股票转让给他。包玉刚略一思索，不禁感叹：这真是只有李嘉诚这样的脑袋才想得出来的绝妙主意！包玉刚在心里不禁暗暗佩服这位比自己年龄小但精明过人的地产界新贵。

　　因为李嘉诚这一招可谓一箭双雕：从包玉刚这方面来说，他一下子从李嘉诚手中接受了九龙仓的1000万股股票，再加上他原来所拥有的部分股票，他已经可以与怡和洋行进行公开竞购。如果收购成功，他就可以稳稳地控制资产雄厚的九龙仓。而从李嘉诚这一方面来说，他把自己的九龙仓股票直接脱手给包玉刚，一下子可以获利数千万元。更为重要的是，他可以通过包玉刚搭桥，从汇丰银行那里承接和记黄埔的股票9000万股，一旦达到目的，和记黄埔的董事会主席则非李嘉诚莫属。

于是两个同样精明的人一拍即合，秘密地签订了一个对于双方来说都划算的协议：李嘉诚把手中的1000万股九龙仓股票以3亿多的价钱转让给包玉刚；包玉刚协助李嘉诚从汇丰银行承接和记黄埔的9000万股股票。

自己退出"龙虎斗"，却通过包玉刚取得与汇丰银行合作的机会，在此番商战中，李嘉诚是最大的赢家。

曾有记者问他与包玉刚、汇丰银行合作成功的奥秘，李嘉诚表示：奥秘实在谈不上，他认为重要的是首先得顾及对方的利益，不可为自己斤斤计较。对方无利，自己也就无利。要舍得让利使对方得利，这样，最终会为自己带来较大的利益。他还说母亲从小就教育他不要占小便宜，否则就没有朋友，他认为经商的道理也应该是这样的。

多一个朋友就会多一条路，无论什么身份的人都希望自己能够有贵人相助，在关键时刻遇上熟人提携。胡雪岩说"花花轿子要人抬"，就是这个道理。多一个朋友，就少一个陌生人，有时候甚至是少一个敌人。

J.P.摩根是美国经济发展史上一个重要的人物。他对美国经济的发展有着不可磨灭的贡献。他经过艰辛奋斗，在强手如林的金融界站稳脚跟，并一一击败对手，终于发展成为纽约市华尔街第一号人物，荣登美国经济霸主的宝座。1869年，摩根插手闻名的萨斯科哈那铁路之争，是化敌为友的典范。

萨斯科哈那铁路是联结美国东部工业城市与煤炭基地的大动脉。它起于纽约州首府奥尔巴尼，到宾夕法尼亚州北部的宾加姆顿，全长220多千米，这条铁路南接伊利铁路，西达美国中部重镇芝加哥，匹兹堡的钢铁和产油河的石油都可经此运抵纽约。所以，萨斯科哈那地方铁路的战略价值非常巨大，简直就是条黄金之路。

1869年8月，围绕这条铁路的所有权问题，华尔街的投机家们展开了一场激烈的争夺战。争夺是由在投机业上独霸华尔街的年轻投机者乔伊·古尔德发动的。为了夺取萨斯科哈那铁路，他联合年轻力壮的吉姆·费斯克一起行动。他们聪明地利用华盛顿的金融紧缩政策，在渥多维剧场印刷虚有的公司交换债券，使铁路半数左右的股份落入自己手中，同时行贿司法人员，在萨斯科哈那铁路股东大会召开前，查封了萨斯科哈那总公司。纽约州法院同时下令，免去萨斯科哈那铁路总裁拉姆杰的职务。

拉姆杰决心雪此奇耻大辱，他接受别人的建议，向J.P.摩根求救。摩根经再三考虑后答应帮助他，条件是他要成为这条铁路的股东。经过周密协商，摩根兄弟帮助拉姆杰很快恢复了总裁职务。但他们最担心的是即将召开的股东大会，古尔德和费斯克的惯用伎俩是以武力威胁股东，以实现自己控制公司的目的。

果然，股东大会那天一大早，费斯克就带着全副武装的手下气势汹汹地赶来。就在这时会场大厅入口传来一声断喝："费斯克，不要动！"随即四周冒出许多身着灰制服的奥尔巴尼郡警察，费斯克呆若木鸡。随后，费斯克被逮捕。由于费斯克被捕，古尔德破坏股东大会的计划泡汤，股东大会顺利举行。摩根被选为萨斯科哈那铁路的副总裁。事后人们才知道，那些警察都是摩根雇来的，那戏剧性的一幕完全是摩根一手导演的。

股东大会后，摩根实际上取代了拉姆杰，掌握了萨斯科哈那铁路的实权。摩根所采取的第一个举措就是：立即将萨斯科哈那铁路出租给了特拉华·哈得逊运河公司，而该公司正是古尔德伊利铁路公司的后台老板——拉姆杰的死对头，年利率7%，租期99年。这样的结果的确让人莫名惊诧，难道摩根和古尔德是一丘之貉，他要将已得利益拱手让人吗？

事实原来是这样的：摩根首先清除了费斯克，从而使自己成为萨斯科哈那铁路的股东，这样他不但用减法消除了未来的竞争对手，而且用加法扩大了自己的利益；随后他把铁路租给对手的靠山，这样就能化敌为友，表面看是减弱了自己的利益，但实际上却扩大了他的合作范围，表面是减，实际是加；最后，他实际上只是把萨斯科哈那铁路看作他战略设计中的一颗棋子，摩根后来建立了庞大的金融帝国，并最终托管了包括古尔德及其老板的铁路在内的大量铁路，他自然而然地获得了萨斯科哈那铁路的经营权和所有权，结果就是，他把那条铁路租给了自己。

摩根的过人之处就在于：他懂得合作的双赢之道。这种超越常人的谋略，让人叹为观止。

现代商人要信奉"商者无域，相容共生"的商业哲学。采用让利法则不仅实现了既得利益，还能够招来更多的合作伙伴，使你的财源滚滚而来。竞争与合作的平衡统一是获得成功的重要秘诀。

市场不是孤岛，我们的企业只有与其他企业相互配合，各尽所能，才能实现共赢，在共同发展中实现超速增长。任何一方作难，都将造成一荣俱荣、一损俱损的局面，这就是商场上的生态互补模式。

企业是否会建立合作关系，首先要看合作关系给企业带来的好处是否大于企业为此而支付的成本。虽然不同企业、不同行业中的合作关系原因多种多样，但归纳起来，企业建立合作关系的主要动因包括以下两个方面：

**1. 开拓市场**

这个动因是最普遍的。因为企业的首要目标就是开拓市场、占领市场，而跨国公司之间建立战略联盟是开拓国际市场的有效方法之一。例如，美国摩托罗拉公司与日本东芝电器公司建立战略联盟，就是为了使自己的产品能更大规模地进入日本市场。

为进入国际市场而建立的合作关系也常见于国内公司和外资公司之间。这种合作伙伴关系很有用，可以将资源和能力集中起来，做跨越几个国家市场的业务。例如，美国、欧洲以及日本有些公司想在快速增长的中国市场上确立自己的立足点，于是它们无一例外地寻求同中国的公司建立合作伙伴关系，来帮助它们处理与政府的关系，来提供有关当地市场的信息，来为其针对中国消费者的产品调整提供指导，建立当地的制造设施，协助分销、市场营销和促销活动。

**2.有利竞争**

公司之间建立起来的合作关系不但不会抵消竞争优势，而且可以使得合作公司更能将它们的竞争能力对准它们的共同竞争对手，而不是相互之间对准。谁和谁结成伙伴关系将影响行业竞争的模式。很多二流公司，由于想保持它们的独立性，减少同一流公司之间的竞争差距，所采取的策略是建立合作而不是合并——它们依靠同别的公司进行合作来提高它们自己的能力，开发有价值的新战略资源以及有效地参与市场竞争。行业创业者追求建立合作关系的目的是为了更有力地反击那些雄心勃勃的竞争对手，开辟新的市场机会。

国际战略联盟的出现使传统的竞争方式有了一个根本的变化，企业建立战略联盟可使其处于有利的竞争地位，或有利于实施某种竞争策略。

但是，商业合作必须有三大前提：一是双方必须有可以合作的利益，二是必须有可以合作的意愿，三是双方必须有共享共荣的打算。此三者缺一不可。

# 铁律22

## 寻找适合自己的投资者

> 在创业期的企业都希望找到一个合适的投资者，可并不是每个企业都能如愿以偿。有的企业能拿到投资者上千万美元的投资，有的只能望"钱"兴叹了。对于创业者来说，寻找到一个适合你的投资者，最重要的是要看他是不是一个优秀的投资者，适不适合做你的投资者，这应该是创业者最关心的问题。

对于创业者来说，好的投资者可以给企业带来很多的价值。无论是本土的投资者还是国际的投资者，他们对创业项目、团队的衡量标准应该都是一致的。

一般意义上来讲，优秀的投资者可以帮助创业者完善企业的商业模式，使其赢利模式更加清晰、可持续，另外还可以帮助完善创业团队。有些创业者在刚开始创业的时候，存在团队成员的分工不明以及团队整体凝聚力不强等问题，投资者可以帮助创业者优化团队建设。而且投资者还可以通过其人脉关系，为创业者团队扩充优秀人员。如天使投资人邓锋在正式投资"红孩子"后，北极光为"红孩子"聘请了一位沃尔玛卸任的全球副总裁担任独立董事。

其次，优秀的投资者还可以促进创业者发展和拓展业务。投资者可以起到敲门砖的作用，投资者见多识广，人脉资源非常丰富，创业者如果觉得和一些大的公司合作会对企业的价值有很大的提升的话，就可以借助投资者的敲门砖，获得和该企业高层对话的机会。

优秀的投资者体现价值的另一方面在于，他可以带来一些具有品牌效应的东西,如红杉资本、IDG投资者等,由于这些投资者机构有自己的品牌优势,并为大多数企业所认同,所以创业者在获得这些投资机构的融资时,也同时享有了这些品牌所带来的价值。

从总体上来说,优秀的投资者可以给创业者带来的帮助在于商业模式、团队建设、业务拓展、品牌提升4个方面。创业者在确定好优秀投资者的同时,也要明确这个投资者适不适合做你的投资者。

对于创业企业来说,了解风险投资公司的投资趋向很重要。"现在各种投资机构很多,不同的机构有不同的风格和能力。你一个10万元的项目不可能去找做1000万元项目的投资人,反过来,你1000万元的项目找到只能投几十万的投资人也是没用的。"倪正东说。利用各种专门的研究资料是了解风险投资公司投资趋向的一个有效办法。另外就是参加些投资论坛会议,在论坛上企业可以直接与风险投资人面对面地沟通。

利用第三方的"外脑"对于创业企业来说也相当重要。企业家的专长毕竟是做企业,而不是擅长于资本运作。企业找一家创业投资服务公司来打理比自己做要省时省力,更能够找到适合企业的投资者。这种服务公司有自己的专业优势。他们做长期的研究,时时关注最新动态,更为有利的是有很多的投资人的资源。

通常,投资者加入创业企业后,能够从多个方面,如资本运作、战略把握、改善管理、拓展业务、平衡关系等对公司施加影响,但并非所有的创业企业牵手风投资本都能成功。

当风投和创业者的蜜月期过后,矛盾重重乃至撕破脸的也不在少数。造成问题的原因主要有:一是变革的压力。风投资本介入,最终目的是通过企业的成长实现资本的增值,因此企业变革是其中必不可少的一步棋。管理团队的调整、架构的重组,都会给创业者造成冲击。二是目标冲突。无论如何,风投公司和创业企业的目标不可能完全一致,有些时候甚至会比较激化,比如一方看重长远利益,另一方看重短期利益,等等。

因此,在选择合适的风投的时候,创业者一定要考虑是否能够承受投资者的压力。投资者的工作是给出资人创造回报，要实现这个目标，他们就要去发掘能成为羚羊的企业。所以，对于一些有出色技术和稳定团队的公司，不要轻易接受投资者的钱。假如公司只需要很少的资金就可以起步、成长，或者由于产品的特性、面临的竞争、商业模式的限制、市场容量的限制，被并购是一个更可行的出路的话，那么远离投资者，找周围的朋友筹一点钱是更好的选择。

另外，创业者在与投资人沟通时要把心态调整好，要依靠新颖的创意和出色的能力准备去创造一份事业。投资者是拿钱去赚钱的，他们把这个钱存进去，目标是赚更多的钱回来。因此，投资者们通常会设一些协议，他们会有各式各样的限制保护他们的条款。有的创业者害怕自身存在的问题被暴露，会尽早披露麻烦的问题。但这并不是说你在融资时应该全盘托出。创业者完全可以技巧性地给予答复，尤其是，创业者面对投资者提出的以下3个问题绝对要小心：

**1.你的账上还有多少现金，这些现金可以维持多长时间**

对这种问题，一定不能这样回答："我们两个月后就会用完所有钱，企业就陷入困境了。"如果你说即将破产或者告诉投资人你什么时候会破产，这样不会给你带来好的结果。

不管实际上公司的现金状况多么糟糕，一定要按照这样的思路回答："我们现在资金充足，投资人对我们很支持。"或者"我们每个月的消耗很低，可以自给自足。"

当然，创业者应该清楚地介绍公司的财务情况、每个月的开支，但是告诉投资者公司现金能够支撑的具体时间是不明智的，这样你就丧失了谈判的砝码，即使投资者压低报价你也只好接受了。

**2.你同时还在跟哪些投资人谈**

这个问题经常会被投资者问到，创业者往往会过于自信地说："是的，某某公司跟我们开过两次会，某个投资者公司快要给Term Sheet了。"这样的回答并不会让投资者感到紧张的，除非是他没有自己独立的判断能力或者特别看好这个项目。

**3.你详细的股权结构和上轮融资的估值**

这两个问题可能会告诉投资者两点：他会让哪些投资人从这个项目中赚钱，以及会让这些投资人赚到多少，而这些可能不利于你的最大利益。管理团队的股权比例很重要，但是要含蓄一点，不要披露太多不需要披露的东西。

创业者要牢记的一点是："这个信息对投资者评估是否投资有没有用？对投资者确定价格有没有用？"如果答案是否定的，同时这个信息可以作为其他人的谈判筹码的话，你就没有义务回答。

创业者在这么做的时候，注意不要让投资者感觉你是在装腔作势，而要保持自信："我们正在有选择地跟一些投资人谈，他们有品牌，目前也取得了不错的进展。"

# 铁律23

## 盘活资本，不让金钱在银行里过夜

> 财富的积累需要储蓄，但如果一直储蓄，不思投资，那么活钱就会变成死钱。你虽然不会为没钱的生活而忧虑，但你也永远不可能成为富翁，因为钱就像水一样，只有流动起来，才能创造出更多的价值。《塔木德》里讲："钱，只有进入流通，才能发挥它的作用。"

精明的商人不喜欢储蓄，在他们的心目中，把钱放在银行是为银行打工，所以，投资是最好的以钱生钱的途径。他们热衷于投资，无论是天上飞的，还是地上跑的，能和投资沾边的他们都会沾一沾。

在成功的商人眼里，投资是每个人必须学会的本领之一，要学着用钱去赚钱。他们永远不会满足于手中拥有的金钱，他们喜欢不断地追逐金钱。

有一个人叫多金，由于夫妻俩每月省吃俭用，所以银行存折中的数字直线上升。但是当这个消息传到犹太富商凯尔的耳朵里时，凯尔对多金夫妇如此注重储蓄的行为非常不欣赏。

一天，多金向凯尔请教："凯尔先生，对我来说，如果没有储蓄，生活等于失去了保障。您有那么多钱，却不存进银行，为什么呢？"

"那些认为储蓄是生活上的安全保障，储蓄的钱越多，则在心理上的安全保障程度越高的人，如此积累下去，永远没有满足的一天。这样，岂不是把有用的钱全部闲置起来，使自己赚大钱的机会减少了，并且自己的经商才能也无从发挥了吗？你再想想，有哪一个人能凭着省吃俭用一辈子，光靠利息而成为世界上知名富翁的？"凯尔不慌不忙地答道。

多金虽然无法反驳，但心里总觉得有点不服气，便反问道："您的意思是反对储蓄了？"

"当然不是彻头彻尾的反对。"凯尔解释道，"我反对的是，把储蓄当成嗜好，而忘记了等钱储蓄到一定时候把它提出来，再活用这些钱，使它能赚到远比银行利息多得多的钱。我还反对银行里的钱越存越多时，便靠利息来补贴生活费，这就养成了依赖性，而失去了商人必有的冒险精神。"

凯尔的话很有道理，有很多人认为只要把金钱存放在银行里，就已经实现了理财。事实上，利息在通货膨胀的影响下，实质报酬率几乎接近于零，这也就意味着钱存在银行里等于是没有理财。

对待金钱，经营者要始终持有一种观念，那就是"钱是在流动中赚出来的"。人的生命在于运动，资金的生命也在于运动。资金在市场经济的舞台上害怕孤独，不堪寂寞，需要明快的节奏和丰富多彩的生活。因此，你应该在金钱的滚动中，在资本的运动中，发挥你的才智，开启你的财商，使自己最终成为一个成功的富商。

与其把钱放在银行里面睡觉，靠利息来补贴生活费，养成一种依赖性而失去了冒险奋斗的精神，还不如活用这些钱，将其拿出来投资更具利益的项目。《塔木德》这样告诫世人："上帝把钱送作为礼物送给我们，目的在于让我们购买这世间的快乐，而不让我们攒起来还给他。"

一个主人有一天将他的财产托付给3位仆人保管与运用。他给了第一位仆人5份金钱，第二位仆人两份金钱，第三位仆人1份金钱。主人告诉他们，要好好珍惜并妥善管理自己的财富，等到一年后再看他们是如何处理钱财的。

第一位仆人拿到这笔钱后进行了各种投资；第二位仆人则买下原料，

制造商品出售；第三位仆人为了安全起见，将钱埋在树下。一年后，主人召回3位仆人检查成果。第一位及第二位仆人所管理的财富皆增加了一倍，主人甚感欣慰。唯有第三位仆人的金钱丝毫没有增加，他向主人解释说："唯恐运用失当而遭到损失，所以将钱存在安全的地方，今天将它原封不动奉还。"

主人听了大怒，并说道："你这愚蠢的仆人，竟不好好利用你的财富。"

第三位仆人受到责备，不是由于他乱用金钱，也不是因为投资失败遭受损失，而是因为他把钱存在安全的地方，根本未好好利用金钱。

要想捕捉金钱、收获财富、使钱生钱，就得学会让死钱变活钱，千万不可把钱闲置起来，当作古董一样收藏；而要让死钱变活，就得学会用积蓄去投资，使钱像羊群一样，不断繁殖和增多。在犹太人眼里，衡量一个人是否具有经商智慧，关键看其能否靠不断滚动周转的有限资金把营业额做大。

做生意要合理地使用资金，千方百计地加快资金周转速度，减少利息的支出，使商品单位利润和总额利润都得到增加。

做生意总得要有本钱，但本钱总是有限的，大企业靠的是资金的不断滚动周转，把营业额做大。

普利策17岁时到美国谋生。开始时，他在美国军队服役，退伍后开始探索创业路子。经过反复观察和考虑后，他决定从报业着手。

为了搞到资本，他靠运筹自行做工积累的资金赚钱。为了从实践中摸索经验，他到圣路易斯的一家报社向该老板求一份记者工作。开始老板对他不屑一顾，拒绝了他的请求。但经过普利策反复自我介绍和请求，老板勉强答应留下他当记者，但有个条件，半薪，试用一年后再商定去留。

普利策为了实现自己的目标，忍受老板的剥削，并全身心地投入到工作之中。他勤于采访，认真学习和了解报馆的各环节工作，晚间不断地学习写作及法律知识。他写的文章和报道不但生动有趣，而且法律性强，吸引了广大读者。面对普利策创造的巨大利润，老板高兴地吸收他为正式工，第二年还提升他为编辑。普利策也开始有点积蓄。

通过几年的打工，普利策对报社的运营情况了如指掌。于是他用自己仅有的积蓄买下一间濒临歇业的报馆，开始创办自己的报纸——《圣路易斯快邮报》。

普利策自办报纸后，资本严重不足，但他很快就渡过了难关。19世纪末，美国经济开始迅速发展，很多企业为了加强竞争，不惜投入巨资搞宣传广告。普利策盯着这个焦点，把自己的报纸办成以经济信息为主的报纸，加强广告部业务，承接多种多样的广告。就这样，他利用客户预交的广告费使自己有资金正常出版发行报纸。他的报纸发行量越多广告也越多，他的资金进入良性循环。即使在最初几年，他每年的利润也超过15万美元。没过几年，他就成为美国报业的巨头。

普利策初时分文没有，靠打工挣的半薪，然后以节衣缩食省下极有限的钱，一刻不闲置地滚动起来，发挥更大作用，是一位做无本生意而成功的典型。这就是犹太人"有钱不置半年闲"的体现，是成功经商的诀窍。

商业是不断增值的过程，所以要让钱不停地滚动起来。有句话说："花钱如流水。"金钱确实流动如水，它永远在不停地运动、周转、流通，在这些过程中，财富就产生了。

在当今飞速发展、竞争激烈的经济形势下，钱应该用来扩大投资，使钱变成"活"钱，来获得更高的利益。这些钱完全可以用来购置房产铺面，以增加自己的固定资产，到10年以后回头再看，会感觉到比存银行要增加很多，你才会明白"活"钱的威力。

懂得周转资金的生意人，能尽快取得利润，以利润抵消开支。他们会想办法，及时处理库存商品，使店中货物常进常新，以保障常有可动用的现金，并且不会让记账的金额太高，尽可能收取现金。

资金转得快，钱来得快，在经营中，一定要加快资金的周转，及时处理积压商品，及时购进流行商品，使店铺永远跟得上时代的脚步，这样自然就可以吸引大批新老顾客，财富也就会源源不断。

在公司的运营过程中要提高现金的流动率，需要从以下几个方面着手：

（1）流动账户：在你往来的金融机构设立多个流动账户，利用多出的现金结余获得利息。资金可以自动过账，或者闲置时转入一个有息账户，需要时再自动转回到你的营业账户。

（2）管理费用：评估你的间接成本，看看是否有下降空间。降低间接成本会直接有益于赢利能力。管理费用，包括租金、广告、间接人工和专业费用，是直接材料成本和直接人工外用于商业运营的间接支出。

（3）非生产性资产：假如你累积了一些非生产性资产，这时候应该清理它们。只有当资产，比如楼宇、设备和交通工具，能够产生收入时，你才应该花钱购置它们。

（4）应收账款：对应收账款实行有效监控可以确保你无误地向顾客发出汇票，并让对方尽快付款。

（5）应付账款：同你的供应商协商延长付款期限，尽可能推迟资金过账时间。

（6）所有者开支：对从公司提取用于非商业用途的资金额度进行监控，比如所有者开支。支取过量资金会造成公司不必要的现金外流。

（7）赢利能力：审查你的各种产品和服务的赢利能力。评估在正常基础上是否有可能提高定价，从而维持或增加赢利能力。

# 铁律24

## 做一个周全的融资计划

> 公司的初创阶段,往往都需要一笔不小的创办经费和资本,这笔资本越充分越好,以便于创业者创业时游刃有余,也可以避免在创办早期因各种不可预测的缘故造成周转不够,落得中途而废。因此,这就需要创业者制订一个周全的资金筹集计划,为日后的发展作准备。

许多人在创业初期往往求"资"若渴,为了筹集创业启动资金,根本不考虑融资成本和自己实际的资金需求情况。鉴于此,广大创业者在融资时一定要做一个周全的融资计划。融资计划的制作是一个复杂的过程,千万不要在融资前草草地拟订一个。

小赵大学毕业之后,针对学校地处中原、学生爱吃面的习惯,想创办一家面馆。经调研发现,用新鲜的菠菜、南瓜、番茄、白菜、胡萝卜等蔬菜汁,和着面粉做成的五颜六色的"蔬菜面"深受食客喜爱,于是决定加盟一家蔬菜面店。

由于刚毕业,资金成为小赵面临的首要瓶颈,但被创业的兴奋刺激着的小赵,大概估算了一下未来小店发展的状况,就开始热火朝天地大干起来。先联系加盟店,然后想店名、选址,忙着去工商局登记……等忙活一阵子之后,小赵发现加盟费、设备、店面等都需要资金,而自己的资金却寥寥无几。小赵失落了,他不知道自己该怎么做?

其实，资金是制约创业的重要一环。任何创业者在创业之前，都应该有一个周全的融资计划。

一个周全的资金融资计划，应该包含以下几个方面的内容：

**1. 计算回收期**

投资回收期就是使累计的经济效益等于最初的投资费用所需的时间，可分为静态投资期和动态投资期。投资回收期的计算方法是将初始投资成本除以因投资产生的预计年均节省数或由此增加的年收入。

**2. 计算现值和终值**

现值就是开始的资金，终值就是最终的资金。

**3. 计算融资成本**

企业因获取和使用资金而付出的代价或费用就是企业的计算融资成本，它包括融资费用和资金使用费用两部分。

企业融资总成本＝企业融资费用＋资金使用费用

**4. 融资渠道**

融资渠道主要有：国家财政资金、专业银行信贷资金、非银行金融机构资金、其他企业单位资金、企业留存收益、民间资金、境外资金。

**5. 融资方式**

融资方式主要有：吸收直接投资、发行股票、利用留存收益、向银行借款、利用商业信用、发行公司债券和融资租赁。

**6. 融资数量**

（1）融资数量预测依据：法律依据、规模依据、其他因数。

（2）融资数量预测方法：因素分析法、销售百分比法、线性回归分析法。

**7. 融资可行性分析**

（1）融资合理性：合理确定资金需要量，努力提高融资效果。

（2）融资及时性：适时取得所融资金，保证资金投放需要。

（3）融资节约性：认真选择融资来源，力求降低融资成本。

（4）融资比例性：合理安排资本结构，保持适当偿债能力。

（5）融资合法性：遵守国家有关法规，维护各方合法权益。

（6）融资效益性：周密研究投资方向，大力提高融资效果。

（7）融资风险性：企业的融资风险是指企业财务风险，即由于借入资金进行负债经营所产生的风险。其影响因素有：经营风险的存在、借入资金利息率水平、负债与资本比率。

总之，创业要精打细算，这是再明了不过的事儿。而制订详尽的融资计划对于创业者而言，不仅可以节省许多不必要的开支，还可以减少创业之初遇到的各种麻烦。若创业者制订融资计划时将以上各方面的内容考虑在内，会是一个很好的开端。

就目前而言，所融资金的来源及其途径多种多样，融资方式也机动灵活，从而为保障融资的低成本、低风险提供了良好的条件。但是，由于市场竞争的激烈和融资环境以及融资条件的差异性，又给融资带来了诸多困难。因此，创业者在制订融资计划必须坚持一定的方针，具体有以下4项：

**1. 准确预测需用资金数量及其形态方针**

公司资金有短期资金与长期资金、流动资金与固定资金、自有资金与借入资金，以及其他更多的形态。不同形态的资金往往满足不同的创建和经营需要。融资需要和财务目标决定着融资数量。相关人员应周密地分析创业初期的各个环节，采取科学、合理的方法准确预测资金需要数量，确定相应的资金形态，这是融资的首要方针。

**2. 追求最佳成本收益比方针**

创业者不论从何种渠道以何种方式筹集资金，都要付出一定的代价，也就是要支付与其相关的各种筹集费用，如支付股息、利息等使用费用。即使动用自有资金，也是以损失存入银行的利息为代价的。资金成本是指为筹集和使用资金所支付的各种费用之和，也是公司创建初期的最低收益率。只有收益率大于资金成本，融资活动才能具体实施。资金成本与收益的比较，在若干融资渠道和各种融资方式条件下，应以综合平均资金成本为依据。简言之，创业者筹集资金必须要准确地计算、分析资金成本，这是提高融资效率的基础。

**3.风险最小化方针**

融资过程中的风险是公司融资不可避免的一个财务问题。实际上，创业过程中的任何一项财务活动都客观地面临着一个风险与收益的权衡问题。资金可以从多种渠道利用多种方式来筹集，不同来源的资金，其使用时间的长短、附加条款的限制和资金成本的大小都不相同。这就要求创业者在筹集资金时，不仅需要从数量上满足创建和经营的需要，还要考虑到各种融资方式所带来的财务风险的大小和资金成本的高低，作出权衡，从而选择最佳融资方式。

**4.争取最有利条件方针**

筹集资金要做到时间及时、地域合理、渠道多样、方式机动。这是由于同等数额的资金，在不同时期和环境状况下，其时间价值和风险价值大不相同。

创业者制订融资计划，必须研究融资渠道及其地域，战术灵活，及时调剂，相互补充，把融资与创建、开拓市场相结合，实现最佳经济效益。在创业企业制订融资计划的过程中，为了保证融资的成功率更高，小本企业创业者应当注意以下一些方面：

**1.只有创意还不行，还要有竞争优势**

单有好的创意还不够，你还需要有独特的"竞争优势"，这个优势保证即使整个世界都知道你有这样一个创意你也一定会赢。除了有好的创意或者某种竞争优势还不够，公司人人能建，但你会经营吗？如果你能用不多的几句话说明上面这些问题，并引起投资商的兴趣，那么接着你就可以告诉他你计划需要多少资金，希望达到什么目标。

**2.不要空泛地描述市场规模**

有些创业者最常犯的一个错误是对于市场规模的描述太过空泛，或者没有依据地说自己将占有百分之几十的市场份额，这样并不能让人家相信你的企业可以做到很大规模。

### 3.先吸引投资商的注意力

也许你会在公共场合偶然遇到一位投资家，也许投资商根本不想看长长的商业计划书，你只有几十秒钟的时间吸引投资商的注意力。当他的兴趣被你激发起来，问起你公司的经营队伍、技术、市场份额、竞争对手、金融情况等问题时，你要已经准备好了简洁的答案。

### 4.与投资者讲价钱

投资者对创业企业的报价往往类似于竞价拍卖，如果投资者真的很看好这家企业，他会提高对企业的作价，到双方达成一致意见为止。另一方面，创业企业在融资时的报价行为类似于降价拍卖，刚开始时自视甚高，期望不切实际的高价，随着时间的推移，企业资金越来越吃紧，投资意向一直确定不下来，锐气逐渐磨钝，结果只能接受现实的价格。

### 5.强调竞争对手

有些创业者为了强调企业的独特性和独占优势，故意不提著名的竞争对手，或者强调竞争对手很少或者很弱。事实上，有成功的竞争对手存在正说明产品的市场潜力，而且对于创业投资公司来说，有强势同行正好是将来被收购套现的潜在机会。

### 6.合理预测

预测的一个常见错误是先估算整个市场容量，然后说自己的企业将获得多少份额，据此算出期望的销售额。另一个值得怀疑的方法是先预计每年销售额的增长幅度，据此算出今后若干年的销售额。

过于乐观的估计会令人感到可笑。例如有人这样估计营业额：有人发明了一种新鞋垫，假设全国人民每人每年买两双，那么市场容量有26亿双，我们只要获得这个市场的一半就不得了了。

比较实在可信的方法是计划投入多少资源，调查面向的市场有多少潜在客户、有哪些竞争产品，然后根据潜在客户成为真正用户的可能性和单位资源投入量所能够产生的销售额，最后算出企业的销售预测。

**7.关于先入优势**

需要注意的是，先入者并不能保证长久的优势，如果你强调先入优势，你必须能够讲清楚为什么先入是一种优势，是不是先入者能够有效地阻碍新进入者，或者用户并不轻易更换供应商。

**8.注重市场而不是技术水平**

许多新兴企业，尤其是高科技企业的企业家都是工程师或科学家出身。由于其专业背景和工作经历，他们对技术的高、精、尖十分感兴趣，但是投资人关注的是你的技术或产品的赢利能力，你的产品必须是市场所需要的。

技术的先进性当然是重要的，但只有你能向投资商说明你的技术有极大的市场或极大的市场潜力时他才会投资。很多很有创意的产品没能获得推广是因为发明人没有充分考察客户真正需要什么，没有选准目标市场或者做好市场推广。投资家是商人，他们向你投资不是因为你的产品很先进，而是因为你的企业能赚钱。

# 铁律25

## 任何时候都不要让投资人替你决策

> 资本对于企业来说既是"天使",又是"恶魔"。面对带来真金白银的投资人,创业者切勿心急,不能以出让决策权作为代价。任何时候,创业团队都要把握决策权,只有这样,才能从长远的角度上把握住企业的命脉,否则,企业在未来的发展中很可能迎来的是投资商与管理团队的接连矛盾,导致管理混乱的局面。

创业者需要特别注意的一点就是不要让投资人替自己决策,应当始终把握住公司的命脉。因此,创业者应当自己为公司做主,不能让任何人替自己决策,至于为什么要这样做,道理很明白:首先,创业者始终要对公司负责任,无论这个公司是好是坏,是顺还是不顺,是继续坚持还是转型,都得扛着这个担子,并且这个担子是别人扛不起也无须来扛的。其次,创业者自己才是最了解公司的,只有自己决策,才能最大限度地让公司按照计划的方向发展。最后,除了创业者自己,恐怕其他人很难将公司百分百视为自己的事,像自己一样24小时盯着创业这点事。这三点表明创业者必须自己去做自己的决策,做自己的主,而最大限度地去把握公司的命脉也是从"自己决策"这一要点出发,绝对不能让投资商替自己决策。

创业者和风险投资家之间的关系是一个矛盾集合体,如同一对欢喜冤家,好的时候如胶似漆、不分彼此,坏的时候相互指责、各不买账。对于创业者而言,一个非常重要的关系就是和投资商之间的关系。

京东商城CEO刘强东曾在微博当中谈道:"投资人和创业者永远是平等的伙伴关系,你小的时候不代表弱势,你长大的时候也不代表就可以凌驾于投资人之上！"而创业者和投资人关系的重中之重就是决策经营权。钱袋网的执行董事，维棉网、学知网等网站的天使投资人，即具有创业者与投资者双重身份的孙江涛曾经为创业者提出过针对此点的中肯建议：创业者与投资人"钱上不要太计较，但是在经营公司的权力上一定要计较"。创业者可以不是最大的股东，但一定要是有最大发言权的人。

实际上，有不少企业在发展的过程中因为资本的介入，导致了企业的控制决策权从创业者手中转移到投资商手中，进而为企业的管理造成很大阻碍。众所周知的招聘网站——智联招聘，就是其中一个典型的案例。

公开资料显示，在2008年7月，智联招聘分别获得了来自澳大利亚和新西兰的最大招聘网站Seek以及澳大利亚投资银行麦格理的投资。随着资本的介入，智联招聘的股份进一步被稀释，在仅半年后，也就是该年年末，Seek在智联招聘的股份已接近56.2%。据智联招聘前CEO刘浩公布的股权比例，此时Seek、麦格理集团和其他股东的股份比例为4∶3∶3，相比之下，智联招聘管理团队所占股权只剩下了不到15%。而企业管理团队丧失股权的直接下场，就是实质上沦为没有企业运营权的职业经理人。整体而言，企业在外资控股的情况下出现了管理上的混乱。

而智联招聘的情况也并非少数现象。根据美国的一项调查显示，创业企业成立后的前20个月中，由创业者之外的人担任公司总裁的比例为10%；到了第40个月，这个比例上升为40%；到了第80个月，80%的企业CEO已不是当初的创业者。

智联招聘事件在许多创业型公司和创业者中引起广泛共鸣，为不少创业企业家敲响了警钟。创业团队在面对抱着真金白银到来的投资人时，往往表现得过于心急，这是不可取的，这很有可能是饮鸩止渴，即表面上的问题解决了，公司未来的发展却被埋下了隐患。创业者要明白不是谁的钱都能要，也无须什么人都去谈，因融资丧失企业决策的控制权是得不偿失的，接受这样条件的资金，将会让管理团队后悔莫及。

决策管理权的丧失正是源于"主导方总是出钱多的那位"。正如一位创业型公司高管抱怨的那样："分歧每天都在发生，而投资方总是'老板'。"虽然从理论上来说，无论是出于企业投资方利益还是企业管理层的利益，双方都会有一个共同的目标，即努力实现企业赢利的最大化，投资人与企业应当是"情投意合"的。而事实上，对于国内的一些企业而言，企业所有者，即出资人，往往会表现得"财大气粗""说话有分量"，这样就会让企业走入类似智联这样的管理困境，即在双方产生矛盾的时候，虽然名义上会进行协商与表决，但主导方毫无疑问是"出钱多的那个"，实际上是投资人替企业进行决策。

由此可见，一旦管理团队出让决策权，从所有人"沦落"为职业经理人，企业运营的话语权也就丧失了，在企业运营的过程中很容易与投资人产生矛盾。

深入分析，发现这种矛盾是来自于投资人角色错位。对于投资者而言，他们应当明确自身的定位，有自知之明的投资人应该知道，他们对于所投资的创业公司的过程，起到的应该是支持性的作用。而从实际上来讲，当前我国的创业环境中，很多投资者和天使投资人并不这么看，他们参与那些根本无法提供增值服务的领域，给创业者和管理团队带来了无休止的额外工作，缓慢的决策机制也拖延了公司的进展。具体来讲，理想的投资人应当是这样的：在企业发展顺利的情况下，投资人通常只通过参与组建董事会来帮助企业完成制定发展策略、挑选和更换管理层、策划追加投资等方面的内容，很少会介入日常管理工作；对于企业的决策，更少会产生影响。只有当企业出现危机时，投资人才介入得比较多，并且只有极端情况下，投资人才会撤换企业的CEO或者中止投资。

除了投资人角色错位这一原因外，企业所有人和职业经理人的角色分工不清也是造成决策混乱的一个原因。一般来说，在国外，所有人与职业经理人的职责划分十分清楚，企业所有人主要负责包括企业战略发展在内的重要决策,而职业经理人主要负责企业管理的执行。而当前国内的很多企业所有人之前都曾经担任过职业经理人,因此在成为企业所有人时无法及时转换自己的角色,同时因为之前的经验和经历,对自己在企业运营范畴内的决策颇有信心,于是企业所有人在公司经营方面存在错误理念——除对企业战略作出决策的权力之外,他们也更渴望参与企业的管理,而这部分在理论上是企业管理层的责任。这样最终导致了一些企业的所有人与管理团队之间产生矛盾与冲突。

总之,理想的风险投资人与创业者的关系,应是一种和善友好、相互尊重、相互信任、不断沟通的专业关系。对于融资这件事,创业者一方面应该明白,个人的能力再强也有限,如果没有风险资金加入,他很可能丧失竞争力、错失市场良机;而另一方面也要注意,风险投资人尽管有权了解企业运营的各个方面,但不应越俎代庖。风险投资人的角色应该是董事或者顾问,即对事关企业方向和策略的重大决策发表意见并参与最终决定,但对日常事务的管理则没有必要干预。对于创业者而言,任何时候,都不要让别人替你决策,只有牢牢把握住决策权,才能把握住企业的命运。

## 铁律26

### 与银行保持良好的沟通，不要失信于银行

> 银行是企业的重要融资渠道，与银行建立良好的沟通，企业才能保证资金渠道畅通。与银行建立起融洽关系，要"对症下药""投其所好"，以平等的心态遵循诚实信用的原则，特别是不能失信于银行。无论是创业企业、微型企业，还是有一定规模的企业，都要与银行积极建立起关系，"走出去，引进来"是途径。

对于企业而言，特别是创业企业，银行是非常重要的财源，在企业的资金周转当中会起到重要的作用。使银行对自己有信心，是融资的关键，这就要求企业在与银行业务往来的过程中不能失信于银行。

企业在与银行打交道的过程中，首先要明白银行看重的是什么，做到这些，更容易得到银行的信赖。一般来说，银行主要从以下5个方面考查企业：

#### 1.性格

这里的性格是经理人的个人特征，尽管从理论上来讲银行应当对企业的财务信息更为感兴趣，而实际上银行对经理人个人也十分感兴趣。经理人的性格会影响到银行与企业合作的态度，因为银行都喜欢品质良好的人。

#### 2.资本

为了规避风险，银行总是希望自己是众多的投资人之一，而不是企业唯一的投资者。这样就要求企业有一定的风险承担能力，并且银行还想知道企业是否有足够的信心。

### 3.能力

毫无疑问,能力是一个硬指标。这里的能力当然指的是企业的借款能力,它受以往的信用记录和企业的经济基础影响。如果是初创公司,则借款能力就比较有限,因此开始和银行建立关系并逐步培养自己的借款能力成为此时公司的关键。

### 4.条件

这里的条件指的是企业所在行业的经济现状和商业条件。经济状况会影响到每个人,构成信用条件的一部分,也是与银行打交道的重要一点。通常经济低迷时期要比经济高涨时期更难获得贷款。

### 5.抵押

抵押对于有一定经验的企业来说是再熟悉不过的了,银行不是冒险家,所以自然要求有抵押品来保证贷款的偿还。事实上抵押是金融业的一个惯例,在我国抵押可以说是很多企业融资的一道坎。当公司的现金流量足以支持偿还贷款时,可以和银行交涉收回抵押。

以上所说的是银行看重的方面,而与银行打交道中最忌讳的是什么呢?就是失信于银行,按照下面5个准则来做,会使企业给银行留下诚实信用的好印象。

(1)千万不能对银行撒谎。企业可以让银行得知关于自己的一切情况,但已经告知的就必须是真实的。

(2)企业的年终结算上报银行必须及时,应当在经营年度后第三个月交给银行。

(3)对于企业经营中遇到的各种问题,一旦银行从各种途径得知后,企业就应当及时向银行汇报这些情况,不得有所隐瞒。

(4)不要轻易向银行承诺。因为一旦企业不能完成所承诺的指标,银行就会认为企业缺乏远见和判断力,夸夸其谈。

(5)请将自己置于银行的位置,站在银行的角度根据各种信息评价公司的经营情况。

以上几点原则，无论是初创企业还是有了一定发展的企业，都要遵守，而《浙商》的鲁博士在谈到企业如何和银行打交道时，也将诚信列为基础，同时他谈到，处理银企关系的一个关键，就是企业要摆正心态，更改一些错误的想法。

非常重要的一点就是，企业与银行应当是平等的。企业应该以平等的心态去看待银企关系。从本质上来讲，银行也是独立的企业，同样要追求利润、承担风险，企业与银行之间是平等的关系，并不存在谁依靠谁的关系。现代新型银企关系的特征是：互惠互利、平等合作、双向选择、联盟发展。有几种想法是错误的，比如，有些企业老板认为银行就是要钱的地方，甚至有种占便宜的想法，即只要把贷款拉过来，银行就没有办法了。另外就是，现在的企业与过去不同，并非政府叫银行贷款给谁就给谁，银行规避风险是很正常的行为，甚至现在银行都可以派监管员进驻企业。在这种趋势之下，企业不讲诚信骗贷将是自讨苦吃，企业不惜牺牲自己的信誉换取蝇头小利，往往也得为此付出沉重的代价。当银行认为企业信用缺失时，会一直提防企业，这很可能给企业带来致命的硬伤。

心态固然重要，而企业的经营绩效则是践行承诺的硬实力。很多企业因为资金链断裂而破产，往往把板子打在银行身上。企业要处理好银企关系，经营好企业才是根本。同时鲁博士还建议，企业与银行打交道时，应该主动与银行搞好关系，而这里的关系，不是与银行领导搞好关系，这种低水平的用不合法手段拉关系损害国家利益与银行利润。企业应该与银行搞好关系，说的是企业应该主动把经营情况全面详实地反映给银行。银行如果不知道企业的经营状况，当然会惜贷。如果企业的经营状况良好，那么银行自然会给予支持；如果企业的经营状况不好，那么银行会提出合理的投资建议，使企业避免盲目投资带来的不良后果。

对于和银行已经建立了一定关系的企业，维持良好关系自然相对简单一些，而对于创业期的企业来说，跟银行建立起关系，可能就比较困难了，下面是一些经验总结：

首先，企业要积极向银行展示自己。跟银行打交道实际就是一个沟通的过程，好像合作一样，只有你了解他的需求、他知道你的情况，双方才有合作的可能。要想获得贷款，首先得了解清楚银行对企业的要求是什么，什么能够打动银行，银行最担心什么？然后走出去"对症下药"地向银行相关部门推介你的企业的各个层面，如经营理念、经营业绩、规划、产品技术和市场前景，等等。

在这个过程中，企业本身的弱点也必须要特别地避讳。这是因为，将企业的弱点、面临的风险或困难展示给银行，可以让银行觉得企业更为坦荡，从而更容易获得它们的信任和支持。而银行关心的风险也正是企业自己的风险，将各种信息全面介绍给银行有助于它们了解、认可企业，还有利于获得银行的贷款，更为重要的是对企业自己的经营也有好处。企业最好将贷款比例、资产负债率、现金流量、担保比例、主营业务收入增长率等指标都控制在银行的要求范围内，还有企业的财务制度、财务报表、财务结构等都要根据银行的正规要求作出调整，这些都有利于银行对企业的经营状况进行评估。

除了积极的展示之外，如果有机会，最好邀请银行相关工作人员到企业参观，进一步展现企业良好的经营实力和潜力，正所谓"眼见为实"。而企业的战略、规模、近期发展、长期规划、经营理念，甚至良好工作作风、员工精神面貌，等等，都可能成为为企业加分的因素。企业文化在这里具有特别重要的意义，它展示着一个企业的伟大抱负与情操，表明企业的市场竞争力、赢利水平以及企业对客户、合作伙伴的态度。这些都有助于企业获得银行的认可。

企业还可以在此基础上做更深一步的"引进"，比如在必要时邀请银行参加企业董事会。在企业的董事会上，企业的财务营运、经营状况反映得将更为真实，这无疑体现出企业诚实信用的品质，更容易得到银行的垂青。

企业需要注意的是，尽管按照上述所做，企业与银行打交道的过程中也并非是一帆风顺的，特别是在当今的环境中，微型企业更是面临融资难的问题。正如一位微型企业的董事长所说："企业越小，就越要与银行保持良好沟通，取得银行的支持。"

爱尔眼科医疗集团从一家小医疗机构成长到如今中国最大规模的眼科医疗机构的成长经历就说明了微型企业与银行打交道的艰难之路。

爱尔眼科从一家小医院开始，成长为首批登陆创业板的上市公司，10余年的发展道路并不平坦，其中跑贷融资问题就是创业成长期的一个严峻困难。企业掌门人陈邦曾经谈道："在我们还是微型企业时，去银行跑贷款之类融资的事情大概要牵扯我30%的精力。"

不仅如此，企业想要得到银行的连续贷款是更难的事情。陈邦坦言，有一次公司将一定数额的贷款连本带利还给银行后，想要再从该银行贷款时却遇到了阻力。作为企业老板的陈邦，在半年时间里跑了该银行不下20次，从贷款部门到风控部门等，他全部都跑了一遍，可是贷款依然放不了。可见，即使是公司有了一定的规模，贷款也绝非易事。

尽管目前一些微型企业很难从银行获得贷款，但对于银行这些企业不能采取不闻不问的态度，正如陈邦所说："越是微型企业，越要与银行保持良好的沟通。没有金融支持，企业无法发展壮大。找银行也不要有太大的心理负担，这是企业快速发展壮大的必然一步。"

爱尔眼科也正是采取了"引进来"这一策略，爱尔眼科在与世界银行协商贷款时，公司充分与对方沟通，世界银行派出专人对企业进行长期调研之后，认同了企业的经营模式和品牌价值，贷款800万美元且不要抵押品。

因此，陈邦也建议微型企业主除了与银行保持良好沟通外，还要将有关人员请到他们的企业中去，让这些人看到企业真正的价值。

◇给你一个公司，你能赚钱吗

# 铁律27

## 决策果断，市场反应速度决定企业命运

> 商战之中，"兵贵神速"，当一个企业拥有较为明显的速度与时间"势能"时，这个企业就无疑增加了一项市场核心竞争力。在这个快鱼吃慢鱼的经济时代中，经营者想得早一点、动得早一点，就可能率先抢占巨大的市场份额。而一个经营者的市场快速反应能力其实是综合实力的一种体现，建立在一定的组织基础之上，又要求企业的产品研发、采购、生产、销售、信息处理等各个部门相互配合。

《孙子兵法》中说"兵贵胜，不贵久""其用战也胜，久则钝兵挫锐"，意思是用兵打仗，贵在快速反应，而不宜旷日持久，旷日持久会使军队疲惫、锐气受挫。而这一原则也同样适用于当今经济。如今的行业竞争中，"快"已经成为竞争的重要法宝，当今的市场变换迅速，一个小小的突发性因素，都有可能造成市场份额的重新分配。这对企业来说既是危机也是机遇。因此，经营者需要具有快速反应的能力，能快速合理调整经营思路，及时谋划应对之策，抓住市场变化带来的机会，才能在日趋激烈的市场竞争中把握主动、捷足先登。从这种意义上可以说，经营者对市场反应的速度决定了企业的命运。

经营者如果能敏感地发现市场的潜在需求并果断决策，调整产品定位，则会更为容易地迎合市场需求，分享到市场的这份"蛋糕"。

2001年2月，在海尔举行的全球经理人年会上，海尔美国贸易公司的总裁迈克先生提出建议，说尽管在美国冷柜的销量非常好，但有一个用户难题是传统的冷柜比较深，拿东西尤其是翻找下面的东西非常不方便。他说能不能发明这样一个产品，从上面可以掀盖，下面能够有抽屉分隔，让用户不必探身取物。这时候，就在会议还在进行时，海尔集团的设计人员和制作人员便立即行动，迅速设计出新的产品，第一代样机就这样诞生了。

连迈克都感到震惊，他曾回忆起当时的情景："他们拍拍我的肩膀说给我个惊喜。他们把我带到一个小房间里，我看到一些盒子上蒙着帆布。他们让我闭上眼睛，他们掀开帆布。我睁眼一看，17个小时之前我的一个念头已经变成一个产品，展现在我的眼前了。我简直难以相信，这是我所见过的最神速的反应。"第二天，海尔全球经理人年会闭幕晚宴在青岛海尔国际培训中心举行。一台披着红色绸布的冷柜摆在了宴会厅中。在各国经理人疑惑的目光里，主持人揭开了绸布，当场宣布：这就是迈克先生要求的新式冷柜，它已被命名为"迈克冷柜"。而当天，这款迈克冷柜就被各国经销商订购。而正是这种对于市场需求的迅速反应为海尔集团赢得了经销商们的赞许，并最终占领了美国市场接近40%的份额。

而在医药行业，这种现象更为明显：

黑龙江某制药集团在得知国家明文规定禁用含PPA的感冒药后，果断认为这是一个重要契机，并认定这是抢占感冒药市场的好机遇。集团迅速制订新的产品方案，快速组织生产出以中药板蓝根为主要原料，疗效好、价格低、不含PPA的感冒药，而该药一进入市场就抢占了巨大市场份额，赢得了大量订单。

由此可见，对于变幻莫测的市场，经营者要有一颗敏感心，对身边发生的竞品变化、市场环境、媒介资源等许多动态甚至于相对静态的事物作出自己敏锐的判断，抓住市场的动向；要有一颗防范心，从市调的众多结果中寻找市场未来发展的一些趋势，防止市场的变化让原来的策略失效；需要一颗果断心，能够快速甄别出各种繁杂的信息，找出真正能够影响企业策略的，并能够立即行动起来。

而对于一个企业的经营者来说，对市场的迅速反应与果断决策是建立在一套完整的机制之上的，并且还需要企业的良好执行力。这种执行力是整个企业的各个环节共同组成的，想要达到对市场迅速反应的目的，需要整个企业各个部门的通力配合。具体说来，表现在以下几个方面：

### 1.产品研发的迅速反应

产品是企业分享市场的关键武器，是企业利润的载体，产品能否满足消费者需求并实现销售，能否实现与竞品的差异化或比较优势，关键点在产品的开发上。因此，产品开发者应当及时发现并吸收市场需求的变化与反应，只有这样才能顺应市场的潮流，迎合消费者不断变换的需求。为了达到这种目的，产品研发人员应该做到以下几点：首先，产品研发人员要加强沟通，要经常走向市场，与客户、消费者多沟通，从中发掘潜在需求，并倾听客户或消费者对现有产品的不满以及提出的建议，从尚未满足的需求入手。其次，产品研发人员要多参加一些行业论坛、行业展会或新品发布会。在展会上增强与同行之间的交流，取长补短，明了行业发展的趋势，争取做行业中的领军者，捷足先登抢占市场。另外，将标准化设计与个性化设计相结合，尽管个性化设计会起到意想不到的效果，但是会增加产品原辅料采购的难度，同时也会延长产品的交货期，因此应当适量考虑标准化。最后，还要与营销人员沟通，这一点与第一点是相辅相成的，营销人员往往根据工作经验，对物资和品种、市场的情况都有很深的理解，与之沟通能够避免闭门造车的情况。

### 2.采购的迅速反应

采购部门根据采购单迅速组织采购，并在最短的时间内使原辅料到位，对于产品快速生产并进入市场是十分重要的。对于标准化用料而言，企业应当对常用原辅料设置一个库存警戒，当库存达到警戒线时采购部门要及时安排采购，这样就可以避免采购常用原辅料浪费的时间。而个性化的原辅料的采购安排就相对困难，这就要求研发部门与采购部门就要密切配合，采购部门在产品研发阶段就要参与进去，这样就可以在第一时间去寻找或询价，从而最大化地保障产品的快速生产。同时还要建立起原辅料供应商数据库，这样既可以对供应商货比三家，又可以减少寻找供应商的时间，从而保证货期，不耽误生产。最后，对于供应商的生产情况要实施监督，一旦发现有特殊情况，可以迅速安排补救措施。

### 3.生产的迅速反应

生产部门的迅速反应的重点就是要改变大批量、标准化生产的特点，现代市场的需求正在从大众经济逐渐转向小众经济，消费者的个性化需求更为强烈，如果企业不能满足消费者的个性化需求及小批量生产，就会失去消费者，失去市场。因此，生产部门要从根本上转变生产观念，从生产什么就销售什么的观念中转变为市场需要什么就生产什么上来，要更为积极地合理安排员工工作岗位。另外一个很重要的就是生产部门在安排生产计划时一定要了解每条生产线的产能，注重前后道工序的衔接，防止出现生产线闲置等问题。

### 4.销售的迅速反应

这主要表现在两个方面，一是市场销售人员尽量要求客户在第一时间内提货，并在最短的时间内上市铺架，以最快的速度满足消费者的需求。二是对库存采取严格的管理制度，也就是对经销商仓库中自己企业的产品一定要设置库存警戒，一旦达到或低于库存警戒就要要求经销商补货，避免因为缺货造成双方的机会损失；一旦发现某一产品市场旺销或大部分客户要求补货，企业一定要积极应对，迅速安排加单生产；对于滞销产品，企业一定要迅速想法进行处理，避免滞销产品占据经销商过多资金和库位，为新产品让出资源。

### 5.对信息的迅速反应

企业信息的来源主要有：客户反馈信息、销售时点数据、竞品与竞争对手信息、投资信息、行业预测、行业资料、国家政策等，企业要对收集上来的信息进行充分分析研究，并根据分析结果及时调整销售政策、研发或改良产品、改变企业战略等，发挥信息效益的最大化。在收集、分析信息的过程中，企业要对信息敏感，这样才能趁竞争对手没有反应过来时有效利用信息。同时，对于收集的信息，企业要有甄别信息真伪的判断力，对于真实有价值的信息，企业要敢于果断地利用。

除了企业各个部门的通力配合，企业中人人有快速反应意识之外，企业的组织制度框架上也要建立起快速反应机制，比如可以在市场部与销售部建立《市场问题反馈处理单》限时处理制度，让市场部和销售部建立一线市场和销售人员、各级各类经销商按照《问题反馈处理单》以文字形式处理，并通过监督监察机制保证《市场反馈问题处理单》的有效性，还可以结合考核奖惩机制让快速反应机制成为企业的一部分。

在现在的竞争时代，商业竞争已经不是"大鱼吃小鱼"的模式，大企业往往因为规模庞大难以迅速转变而被小企业超越，因此，现在的商战可以说是"快鱼吃慢鱼"的模式。因此，面对瞬息万变的市场，机会总是稍纵即逝，必须以快节奏、快速度抢占市场"空白点"，一步领先才能步步主动。在众多竞争对手面前，经营者要做到反应快捷，就必须建立灵活、科学的信息收集和处理体系，同时企业决策者应能以敏锐的观察能力和判断能力审视整个市场。

# 铁律28

## 培养情报意识,在市场变化前就采取行动

> 情报,对于企业的发展有重大的作用,它来自于企业的竞争环境、竞争对手和企业内部本身,对企业今后面临的市场趋势以及竞争对手的发展状况起到分析作用。但是,情报本身具有隐蔽性,需要企业的经营者以及员工对于周围事物保持高度敏感并深入思考后才能得到。因此,经营者需要加强情报意识和有意识地培养以及加强情报工作。

情报意识,对于一个经营者来说至关重要,当今的市场风云变换,竞争也愈发激烈,企业不仅要跟上市场的步伐,更要先于市场发现行业的趋势,只有这样才能先于竞争对手打开更为广阔的市场。因此,企业的经营者要培养情报意识。

企业需要的情报具有以下特点:

(1)对抗性和针对性。企业所需的情报是整个处于竞争当中的市场环境中获得的,而情报的最终用途是针对市场需求而言的,因此企业要寻找的情报对于企业的经营来说具有针对性和对抗性。

(2)商业性。取得情报的最终目的是为企业的经营带来更大的经济效益,这些情报的标新形式虽然不同,可能是与专利有关、与产品创新有关,但都具有商业性,能给企业带来更好的收益。

(3)市场预测性。企业获得的情报应当能够帮助企业预测市场的走势,具有一定的预测性。

(4)综合性。所得的情报既有可能是有关产品技术的,又有可能是企业经营管理方面的启示,还有可能是市场未来的发展,并非局限于经营的某一个方面。

（5）隐蔽性。企业所得的情报并非是直观的，需要企业经营者的观察、发现和深入思考，需要思维的加工分析。

（6）时效性。市场是瞬息万变的，尤其在当今这个经济全球化的时代，只有迅速获得准确及时的信息，才能够建立反应灵敏的战略决策支持系统。

（7）长期性。情报的获得和应用不仅是在创业的初期十分重要，研究和发展企业情报工作应当是一项长期的战略任务。

培养情报意识的一个关键就是要提高对市场甚至是周围各种事物的敏感度和观察力。一个企业的老板能否成为成功者的关键，恰恰就在于他对事物是否有感受能力。拥有较强感受能力的人更容易对所见的事物和现象有所印象，而且牢牢地刻印在大脑里，在恰当的时机会将头脑里的东西转化为有利于企业发展的新想法。这种经营者是有心人，会不断寻找新事业发展契机。而与之相反的是，有些人往往对于周遭事物采取麻木不仁的态度，他们观察事物也是漫无目的的或者是仅仅停留在事物表面上的，这样往往什么也感受不到。对于企业的经营者来讲，应当是有目的、有意识地去观察，并且把获得的信息当作是"情报"来接受，并且要由表及里地观察和思索，这样才能得到启示。

那么如何才能更深层次地观察事物呢？对经营者来说应多想想"为什么"。"为什么呢？"这样的疑问，正是一个经营者最必要的感受方法。"为什么"的思考是探究、摸清事物的本质的出发点。只对眼前的事物照原样接受，是不能看穿其本质的。

一位成功经营咖啡店的经营者就有这样的经验。对于顾客来说，在咖啡店喝咖啡，觉得很好喝，很少有人思考"为什么"，即使稍微有心的人，也至多是对朋友或亲人说："那儿的咖啡味道不错。"仅达到这样传播情报的程度。而经营者则就不能仅此而已了，要有"为什么"的思考，这样就会去探究那种咖啡为什么好喝，确认其是用什么煮的，并探究咖啡豆的种类和搅拌方法，有机会时他们会直接询问老板的秘诀。进一步探究的话，还会明白咖啡其本身的味道尽管如此，其实店内的气氛也有相当的影响。就这样，对"为什么"的思考挖掘下去，从感到咖啡好喝入手，自己会得到各种各样的情报。这位成功的咖啡店老板就是这样获取市场情报的，根据这些情报不断改进自己的产品，迎合市场的需求。

事实上，在商场上，深入思考能够带来的巨大不同就是这样的，差异会如实地在之后企业的经营之中凸现出来。有"为什么"的思考的经营者会发现异常现象，并且会力图去抓住其原因。他们更容易识破客户公司的经营危机，也更容易从部下的细微行动察知其生活上的异常。而对事物没有疑问的经营者，对能够给市场带来潜在危机或者机会的事物感觉迟钝，更不会采取先下手的政策，往往被置于被动。这样，便做不了经营者。不管怎么说，生意都是先下手为强。总之，新事业的契机常常缘于"为什么"的思考。

而能够深入思考的前提是能够发现，因此经营者要有一颗敏感的心，要保持对市场现状及变化趋势的强烈嗅觉。经营者要对身边发生的竞品变化、市场环境、媒介资源等许多动态甚至于相对静态的事物做出自己敏锐的判断。只有敏感，你才不会木然；只有敏感，你才不会保守；只有敏感，你才会放弃偏颇。你有一颗对市场敏感的心，你才会拥有对市场敏锐的目光和灵敏的嗅觉，你才能保证自己拥有敏捷的反应和明智的选择。

那么企业的情报工作可以从哪方面进行呢？主要从以下3个方面入手：

**1.企业的竞争环境**

从企业的经营能力发展和目标市场入手，找出影响它们的因素，比如各种社会因素，包括社会文化、经济环境、政治法律、科学技术，等等，以及这些因素之间的联系。企业所处的环境是经营者需要关注的重点，企业所获得的情报将对企业制定或调整适应企业发展的战略规划以及保持和发展企业的竞争优势有很大的参考作用。

**2.企业的竞争对手**

毫无疑问，竞争对手的有关情报在商战之中是经营者关注的焦点，这里的竞争对手既包括主要竞争对手，也包括企业的潜在竞争对手。情报主要是对手在技术研发、生产经营、管理方法以及销售方案的多方面的实力。除此之外，对手的市场反应力以及计划行动也是分析的重点。

### 3.企业的内部分析

事实上，情报不仅是来自企业外部的，企业自身的分析也是一种情报，比如企业在竞争市场上的竞争优势，企业的优势与劣势、机会与威胁，以及现在的资源、战略的发展潜力等方面的研究。内部情报与外部情报一样重要，正如"知己知彼"。

加强情报意识，在市场变化前就采取行动对于企业来讲有重要的意义，企业可以从以下几个方面来建设情报工作：

**1.提高管理层以及员工的情报意识**

正如上面所讲，企业中无论是管理者还是员工都要保持高度敏感与警觉，并且在观察的基础上深入思考，要充分意识到情报工作对于企业的重要辅助作用，认识到其价值所在，不能只关注企业的眼前利益。

**2.有必要时企业可以设立情报部门**

现在大部分的企业没有独立的情报部门，获取情报的渠道和手段也比较单一，企业的情报工作体系不健全，作决策的时候就容易以经验判断为主。情报工作没有系统的规划，决策者的主观意识就比较浓重，缺乏科学性。因此，企业应当在一定基础上设置专门机构或者安排专人来负责情报工作。

**3.培养情报工作人员**

尽管企业无论是管理者还是员工都应当对于市场敏感，但是由于个人禀赋的不同以及工作经历的限制，企业仍需要专门的情报人员，并且这些人员是经过专业的培训和实际锻炼，拥有一定的相关知识和技能，并且要建立一定的员工激励机制等吸引专业人员。

# 铁律29

## 在创业初期，先谈生存再谈发展

> 生存是发展的根基，企业初创时要有愿景，但是具体的伟大战略都是公司在市场上站稳脚跟、已经衣食无忧了之后才开始规划的。在企业初创阶段，让企业生存要比企业发展更重要。在创业之初第一个重要选择就是寻找一个适合自己的创业模式，管理力求简单务实，尽快打开市场，赚到第一桶金。

生存与发展是企业必须面临的两个问题，追求价值的最大化，是企业永恒的主题，中国有句俗话叫"胜者为王"，对于企业来说不如把它改为"剩者为王"更好。生存与发展两件事中，企业首先应当考虑的是生存的问题。只有在确保生存的基础上，才能求得更好的发展，如果生存都出现问题，何来发展？

当前我国的民营企业存在着一个问题，那就是创业者对自己的发展前途通常都非常看好，有的甚至把企业的"五年规划""十年规划"都设计好了，生存的问题还没有解决好，就盲目设计未来，准备进行企业的"大跃进"。有数据表明，中国企业平均寿命为7年，民营企业的平均寿命只有3年，中关村国家自主创新示范区5000家民营企业生存时间超过5年的不到9%。相当多的中小企业"出师未捷身先死"，而它们不是死在激烈搏杀的竞争对手手里，而是由于自身在创业初期没有打好生存基础就盲目发展。

比如，在现实中，一些创业企业常常有这样的计划：一个年投资十几万的餐饮店，却想要达到"星级酒店水平"，这显然对它来说不合适；再如，一个十来个人的微型箱包生产企业，却有着去开拓欧美市场的远大计划，这个打算对于创业期的企业实在不理智；又或者一家年销售十几万元的初创企业，有人建议它"技术领先"，成立"单片机"研究开发部门，去申请ISO国际质量认证，而事实上这个公司目前连个专业技术人员都没有；还有，商业计划书中的市场，10年以后的前景被描述得非常好，确实也不错，实际上企业能否度过初创的几年还是未知数。

比如这两年兴起的团购网站，团购网站烧钱无数，一些团购巨头不惜血本将广告砸向地铁、写字楼、户外媒体、门户网站，甚至电视台。据熟悉内情的内部人士透露，整个团购网站广告投放计划超过10亿元。这些投放到广告市场的钱，都来自不同形式的融资。换句话说，资本市场一旦对团购失去信心，团购网站就面临断粮的困境。不幸的是，这种假设正在成为现实。这些团购网站在创业初期就想上规模、挣大钱。可是，不积跬步何以至千里？企业经营是一个积小胜为大胜的过程，赢利是一个从小到大的过程，小规模地挣钱都做不到，如何大规模地挣钱？

因此，企业在创业的初期，切勿把"发展成行业龙头""在本地区领先""构造有力的销售网络""科技领先""国际化经营""占领市场制高点""多角化经营"这类远大抱负当作目标，应当着眼于当下的生存状况，特别是在经营战略上，应当以保生存为目标，不要盲目套用大企业的经营方法。而在公司经营管理上，企业重点的思考方向应该是公司如何能够赢利，如何能够生存下去，如何能够取得自身独特的竞争优势。

在管理初创企业时，企业管理的首要目标应当是快速实现企业的经营利润，获得生存的资本，为企业的发展奠定基础，注入新鲜血液。为了实现这一目标，企业应当以顾客为导向，快速形成企业赢利的产品和服务、快速促成销售成功，其他工作不一定显得那么紧迫。对于企业管理者而言，不要急于把自己放在"老总"的椅子上，坐在办公室里发号施令，你可能有大量时间、精力要用在具体事务的处理上，比如一笔资金、一次采购、第一个产品、第一个顾客、第一笔交易、技术上的难题，有时哪怕这件事情很小。

另外，创业初期的另一个管理要点就是删繁就简，有条不紊、不断完善。由于创业初始，公司在资金、人才和实力等方面往往都不会具备优势，被大量不确定性事务驱动和疲于应付的状态在所难免，因此此时公司管理就应当有所调整，更加符合创业初期的公司情况。此时在建立初创公司管理条例时不要急于求全、求细，更不要把过多的经历放在管理条例的修订和改善上。对于初创企业来讲，管理制度不完善，有很多初创业者就会用书面上的组织理论、规章制度或者照搬照抄其他企业的规章制度，这无疑会埋下祸根。因此，企业应当坚定不移地着眼于公司的生存。

而在企业战略方面，初创期间的企业也应当采取一定的措施，首先，要转变对于企业战略的看法。现在在许多中小企业以及创业企业眼里，企业战略往往是大企业的法宝，只有大公司才有富余的人力、财力去制定，而小企业因为规模小、产品单一，面临的市场范围较小，影响企业的因素也相对较少，所以不需要什么正式的战略。既然以前的成功依赖某种"洞察"或"直觉"，以后至少在一段时间内也可以依赖这种天赋；而创业企业更是因为具有更多的不确定性，恐怕战略即使制定下来也是"计划赶不上变化"。事实上，这种观念显然是错误的，小企业的成功其实也是归因于当初的某种正确的战略选择。而与大企业的战略决策不同的是，小企业的战略选择并不是按照严格战略设计程序产生的战略，更多的是一种顺势选择。也即是说，它们的这种不同在于战略的侧重点不同。

其次，要确定企业战略目标的核心。对于初创期的企业来说，企业首要的目标是生存，所以其战略的核心应当是企业生存的核心，也就是产品。如何以合适的价格将适合的产品送到目标客户手中是此时企业战略要考虑的中心议题。企业有限的资源都要围绕这个目标来配置，配置的效率和效果决定企业未来的"生存质量"，此时，企业可以将一定的销售额和市场占有率作为衡量标准，将实现它们作为企业战略。

具体而言，企业在战略上制定上可以从以下几个方面出发：

**1. 营销战略**

营销战略应该使企业明白自己面向的"有效客户"和"潜在客户"的范围区域，对市场进行细分，根据产品特点及企业资源划分出目标客户群，理解这些客户的行为方式、购买习惯等，并在此基础上摸索自己的营销渠道和行之有效的销售手段，初步建立起相对稳定的客户群。

**2. 产品战略**

产品战略则主要考虑针对不同的目标客户群应当如何寻求产品定位。在产品基本功能之上，针对不同客户，以各种附加功能及服务的不同组合来满足不同的需求。在此基础上，尚需考虑新产品开发、产品线策略及品牌策略等一系列问题。

**3. 储备资源战略**

这种资源主要包括能力资源和人力资源。能力资源是指企业的创新能力，无论这种创新能力主要体现在企业的哪个方面，产品创新、管理创新或者工艺创新，这种能力都有可能会发展为企业未来的核心专长，所以在能够初步识别的阶段，就应当有意识地予以培养。这种投资必然会在不远的将来为企业的发展增添持久的动力。人力资源作为保障企业达到目标的关键资源，更加需要悉心培养。小企业应当至少有一个3年或5年的发展目标，为了达到这个目标，要有意识地为企业内部的"可造之才"创造各种学习和锻炼的机会，为企业的顺利发展建立战略人才储备。

一个新生的企业，首要任务就是从无到有，把自己的产品或服务卖出去，从而在市场上找到立足点，并赚取初创资金，使自己生存下来。在创业阶段，生存是第一位的，一切围绕生存运作，一切危及生存的做法都应避免。企业在创业阶段需要特别避免的就是盲目扩大企业规模，制定不切实际的目标，其结果只能是："企而不立，跨而不行"。企业在分配资源时，包括人、财、物、信息、技术等资源，首先应用来确保企业生存所需要，在解决了生存问题的基础上再来考虑企业的投资与发展，切莫本末倒置，动摇企业的生存根基，"皮之不存，毛将焉附"？

# 铁律30

## 战略一旦分解成阶段性任务，就要注重落实力

在企业中，有些看似雄心勃勃的计划总是一败涂地，有些好的决策总是一而再、再而三地付诸东流，刚刚做好、做大贯彻就出现了问题，付出比计划多了10倍，结果却不到计划收益的1/10，这是为什么呢？是落实不力！企业要想在市场中站稳脚跟，在竞争中立于不败之地，关键就是增强自己落实力。

很多企业的经营理念和战略大致相同，但绩效大不相同，道理何在？关键是在于落实力！在激烈的市场竞争中，落实力已构成企业管理最重要的组成部分，对一个企业的发展起着至关重要的作用，它将是决定企业发展的重要保障，可以说，没有落实力就没有竞争力，没有落实力，企业的决策就无法实现，企业就没有持续发展的空间。

2000年3月17日晚上，新墨西哥州的一场雷电，引发了飞利浦公司第22号芯片厂发生了一场火灾，能够生产数千个手机的晶元被烧毁，燃烧的烟尘落到了对清洁度要求非常严格的净化间，正在准备生产的数百万个芯片也被烟尘破坏。

当时，诺基亚和爱立信都是飞利浦公司晶片生产厂的客户。在火灾发生后，飞利浦几乎是同时告知了诺基亚和爱立信这个消息。但是，面对火灾，爱立信的管理层都没有把它当作一项紧急事件去处理。管理者认为，这不过是一场简单的火灾，不需要太过费心地去处理，只是采取了一些简单措施。当他们发现手机生产中关键零件供应不足的时候，已经晚了。原来早在20

世纪90年代中期，爱立信为了节省成本简化了供应链，基本上没有后备供应商。于是，在市场需求最旺盛的时候，爱立信却因为缺乏数百万个芯片，一款非常重要的新型手机无法正常推出，结果市场份额被人占领，爱立信只得退出移动电话生产市场。

企业落实不力对公司战略的实施影响有多大，由此可见一斑。而这样的落实力不强的情况远不仅存在于爱立信公司的个案中。落实力低下是企业管理中最大的漏洞，再好的策略也只有成功落实后才能够显示出其价值。

人们常说"说起来容易，做起来难"。在这个世界上，有想法、有创意、有点子的人很多，但是能把一个想法、一个创意或者一个点子真正落实的人却很少，因为落实需要很长的时间、很多的人员，还会遇到很多困难。所以，执行很重要。

阿里巴巴的马云也说过，宁可要一流的执行、三流的点子，也不要一流的点子、三流的执行。"没有执行力，哪有竞争力"，被誉为"世界第一经理人"的杰克·韦尔奇高度重视企业执行力；"微软在未来10年，所面临的挑战就是执行力"，微软集团前总裁比尔·盖茨把企业执行力视为重中之重。从企业的角度来说，好的战略是非常重要的，但若没有强大的执行力去完成它，这个战略也只是一纸空文。

的确如此，在当前急剧变化的市场环境中，落实对于组织的生存与发展至关重要，只有那些能够对市场环境变化反应及时并作出迅速应变的企业才可能在变动的环境中赢得先机。

有位著名企业家说过，中国的市场竞争已经拼过了好几个阶段，胆量、技术、规模、宣传都拼过了，现在该是大家共拼"落实"的时代了。落实就像横阻在计划与结果之间的一道鸿沟，跨过去就成功，跨不过去就失败。

在并购IBM的个人计算机业务之前，联想2004财年营业额为29亿美元，

2007财年金融发生危机之前,营业额达到过169亿美元,杀入世界500强。而利润在4年间从1.4亿美元增加到4.84亿美元,国际市场份额也从2.3%增长到7.6%。

为了在并购IBM后业务上实现平稳过渡,柳传志自任董事长,并将杨元庆推向CEO的位置。杨元庆成立8个人的班子,在每一次会议中,让8人核心团队从务虚开始讨论,然后一步步务实,由于参与讨论者为来自各部门的分管领导,在讨论中将未来的执行也包括在内,极具竞争力。

联想公司2009年11月5日公布的截至2009年9月30日的第二财季业绩显示,净利润5300万美元。联想集团主席柳传志对业绩表示满意,并表示:"这些表现和进步都是执行了预定战略的结果。"

柳传志定战略,杨元庆落实,这种"柳杨配"组合被普遍看成是黄金搭档,就是因为杨元庆超强的落实力。

一般来说,董事长负责决策公司的发展战略方向、公司投资决策等,总经理负责拟定公司的发展战略方向的方案等。董事长想要公司立于不败之地,就必须有一个高效执行的总经理。好战略不能保证公司的成功,执行力才是公司成败最关键的因素,因为只有执行力才是真正直接对结果产生作用的力量。任何事情规划得再好,不如现在就行动起来,重要的是在执行过程中,遇见一个困难解决一个困难,坚定决心、坚持不懈地做下去,最终总能到达目的地。这个时代成功的企业家们,有谁不是这样做出来的呢?

在竞争日趋激烈的市场中,几乎所有的企业都在苦思冥想着一条能够保有持续竞争力的出路,因为有了落实力,好的战略才会转化为真正的生产力。提升企业落实力,应做到以下几点:

**1. 打造一流的执行团队**

海尔总裁张瑞敏曾说:"如果让一个中国人每天擦桌子6次,那么他在第一天可能擦6次,第二天可能擦6次,但到了第三天,可能就会擦5次、4

次、3次，到后来，就不了了之。"

执行力的核心是人。只有拥有了强大执行力的人，组织才能拥有强大的执行力。企业需要执行力，其实需要的就是执行的人，需要不折不扣的优秀执行者。世界上最成功的企业无一不是拥有着不折不扣的执行者，所有优秀的企业都致力于打造一支具有强大执行力的队伍和组织。

### 2.实行双主管制

戴尔通过多种机制对经理人的管理行为进行修正，以保障执行力准确无误地贯彻。在关键岗位采取双重负责制，即重大决策必须由两个主管作出一致决定时方能实施。这种共同决策的方式既可以发挥双方的优势，又可避免各自的不足，并在工作出现失误时共同承担责任。

实行这种双主管制的关键在于：权限虽然重叠，责任却一定分明。经理人员必须一起督促他们所共同管理的员工，也要分摊最后的表现结果。这其实是一种制衡的系统，权责共享不但能成就共荣的态度、鼓励合作，还能使得全公司都能分享不同的观点与创新意识。

总之，落实力是企业走向成功的必备能力之一，更是一种思维方式、行为习惯和企业生存态度。对于企业来说，要想在市场中站稳脚跟，要想在竞争中占有自己的领地，最重要的不是有多么远大的目标，而是向着企业的目标立即行动起来。这种"行动起来"就是落实的能力。只有具备这种落实力，才能把优秀的战略变为现实。

## 铁律31

### 项目一旦定位之后，就不要轻易调整

> 项目的定位一旦确定之后，就不能轻易改来改去、胡乱调整，特别是向截然不同的方向变动。那样不但会使受众觉得定位模糊不清，还会引起原来定位消费群体的误解和反感，造成资源投入的巨大浪费。

创业者选定了项目就要勇往直前，而且要不怕困难。成功的富豪都经过失败的历练，失败教会他们成功。

万向集团总裁鲁冠球儿时家境贫寒，他的父亲在上海一家药厂上班，收入微薄。他和母亲在贫苦的农村相依为命，日子过得十分艰难。初中毕业后，为了减轻父母沉重的生活负担，鲁冠球回家种地，过起了普通农民的生活。十四五岁本来是读书的大好时光，告别学校的鲁冠球内心是很痛苦，他暗下决心，一定要出人头地。

后来，经人帮忙，鲁冠球到萧山县（今杭州市萧山区）铁业社当了个打铁的小学徒。此后，鲁冠球就干起了铁匠。打铁是非常苦的活，一个十五岁的乡下孩子起早贪黑地跟着大师傅抡铁锤，一天到晚大汗淋漓，而工钱却少得可怜。但鲁冠球却非常满足。然而，命运往往捉弄人，就在鲁冠球刚刚学成师满，有望晋升工人时，遇上了3年困难时期，企业、机关精简人员，他家在农村，自然被"下放"回家了。鲁冠球感到自己又一次陷入了失意的境地。他知道，他必须寻找新的突破点。

◇给你一个公司，你能赚钱吗

鲁冠球的3年铁业社学徒生活使他对机械设备产生了一种特殊的情感，那是一种用劳动的汗水凝成的情感。当时宁围乡的农民要走上七八里地到集上磨米面，鲁冠球也不例外。久而久之他竟然不自禁地对轧面机、碾米机"一见钟情"。而且他发现，乡亲们磨米面要跑的路太远了，很不方便，如果在本村办一个米面加工厂，一定很受大家欢迎，而且可赚些钱。如果自己能买机器，既省了磨面的钱，又省了乡亲们的时间。亲友们也很支持他，纷纷回家翻箱倒柜，勒紧裤腰带凑了3000元，买了一台磨面机、一台碾米机，办起了一个米面加工厂。

但因为受当时的政策限制，他的加工厂被迫关闭。

鲁冠球没有消沉，没有埋怨命运，没有抱怨生活，而是重新挑起生活的重担，奋然前行。没过多久，他成立了农机修配组，修理铁锹、镰刀、自行车等。后来，他的农机修配组的生意越做越红火。

机遇永远垂青于有准备的人。1969年，宁围公社的领导找到了鲁冠球，要他接管"宁围公社农机修配厂"。这个农机修配厂其实是一个只有84平方米破厂房的烂摊子。很多人担心鲁冠球会陷进去难以自拔，但鲁冠球以其敏锐的观察力认定可以此作为创业的起点。于是，鲁冠球变卖了全部家当，把所有资金都投到了厂里。虽然这个工厂前程未卜，鲁冠球却把自己的命运完全押在了这个工厂上。

鲁冠球真正的成功是与万向节密不可分的。万向节是汽车传动轴与驱动轴之间的连接器，因其可以在旋转的同时任意调转角度而得名。当鲁冠球开始接触万向节时，全国已有50多家生产厂商，而且产品饱和，唯一有空间的市场是生产进口汽车万向节。一个乡镇小企业想生产工艺复杂的进口汽车万向节，在许多人看来无异于飞蛾扑火。而且，鲁冠球不惜丢掉70多万元产值的其他产品，把所有资源都集中在万向节上，让许多人难以理解。

万向节虽然生产出来了，但是1979年当鲁冠球为刚刚问世不久的产品寻找销路时，却遇到极大的困难。在计划经济体制一统天下的情况下，一个出自乡镇企业的产品很难取得计划经济体制的帮助。万向节必须自己创天下。鲁冠球租了两辆汽车，满载万向节参加山东胶南全国汽车配件订货会，3万名客商，沿街的展销点，却没有鲁冠球的一席之地。3天过后，鲁冠球摸清了各路厂家的价格，毅然提出大降价的决定，市场顷刻之间发生了变化，鲁冠球站在了市场的最前面。

创业者要有坚强的意志和持久战的毅力，把创业路上的坎坷视为当然。一个人能否成为百万甚至千万富翁，可以依靠几年的好运和努力，或者一两次机遇就足够了。但一个人能否成为大生意人、大企业家，成就足以使他人和后人钦佩的事业，则需要持之以恒的努力和付出。一家优秀企业的形成，一份长久事业的形成，甚至一个优秀项目的形成，往往都不是一两年、三五年所能做到的，它更可能需要创业者的毕生心血。创业路上平常心很重要，坚韧的毅力是创业者应该具备的第一素质。

那么，创业者应该选择什么样的项目呢？很多创业者从表面上看，什么热门做什么，最为省心省力，是聪明人所为。但他们几乎都忽略了一个极为重要的现象，那就是每一次新的选择都意味着重新投入，这样极易导致资源的高度分散和浪费。对于资金本来就不太宽裕的创业者而言，不断更换项目，无异于一次次失血，是非常致命的。如果将不同项目上的沉没成本集中起来，继续在原有项目上追加投入，则可能早就度过了导入期，进入了飞速发展阶段。

行百里路而半于九十，固然令人遗憾，但接连不断行百里路而半于九十，更是令人遗憾的事情。这最起码说明你是愿意投入的，同时还是有办法持续投入，只是为了紧急止损，投入到自认为更有前途的项目上，说白了，就是这山望着那山高。

对创业者而言，与其更换项目，还不如集中资源弥补各方面的不足，将原有的定位强化起来，这样效果可能要比大幅调整定位好得多。创业与别的事情不一样，当你在项目运作过程中发现问题之时，切忌乱了阵脚，得病乱求医，慌不择路，东一耙子、西一耙子的，这样会造成资源的极大浪费，使你陷入更加被动的境地。而应当对自己的定位及资源配套情况进行重新审视，如果定位确实存在严重问题，即使坚持下去都没有发展起来的希望，我们就要有壮士断腕的勇气，当机立断；如果现有定位与发展趋势相吻合，可以通过调整和加强各种配套资源解决现存的一些问题，我们还是应当坚持下去，而不是一遇到问题就临阵脱逃。即使再好的项目，都有一个导入期，再准确的定位，都与市场之间有一个磨合期，存在问题是必然的。如果一遇到问题，就认为定位需要调整，恐怕永远也不能将定位确定下来。

试图通过不断更换项目来取得创业成功，不但容易造成资金上的极大浪费，无效投入倍增，还会使得创业者的能力无法得到真正提升，老处于"半罐子醋"的低水平状态之中，而自己却浑然不觉。这样历经沧桑倒是真的，但未必干练老到。这又是其事业发展道路之上的一大杀手。

特别应当提到的是，不随意跟风，其内涵有两个方面的意思，既包括不随意跟风进入某些项目，同时也包括不随意推出某些项目。即使当初确系跟风进入，但只要整个行业市场比较成熟，仍具发展空间，就有坚持下去的必要。因为一阵疯狂之后，大多数进入者由于种种原因会选择退出，而只要你熬过寒冬，春天就会向你招手，此时竞争环境相对宽松，同时你也积累了丰富的行业经验，这些都为项目真正成功创造了条件。

## 铁律32

## 在导入期，
## 控制住成本就算一种赢利

> 对于中小企业来说，越是在外部经营环境困难、企业利润大幅下滑的情况下，成本控制的重要性越突出。比如遇到原材料上涨、市场萎缩的情况，成本控制的好坏往往会决定中小企业的生死存亡。

经营一家公司的目的应该是获利。而你知道今天、本月、本季的利润有多少？当项目产生30万元的月营业额时，为何会有2万、5万、8万的不同利润结果？"营业额-成本-费用=利润"是一家公司获利的基本公式，营业额的增加是开源面的探究，成本与费用是节流面的探讨，有了开源的极大化效应与节流的合理性控制，二体并存才可谓是经营永续的达成。

为了降低成本，各企业各出奇招：

（1）通过集中采购招标降低采购成本：中国移动搭建B2B电子商务平台，上半年集中采购金额为272亿元，比上年直接降低采购成本97亿元。

（2）通过强化资金管理降低财务费用：中航工业清理"内部三角债"近60亿元，节约财务费用3亿元。

（3）中国石化、保利集团等企业调整融资策略，充分利用发行债券、中期票据等融资渠道，优化融资结构，降低资金成本。

（4）中国五矿转变经营模式，调减资金支出预算，严控库存和预付款规模，年末存货、预付款同比减少52亿元。

（5）通过精益管理压缩可控费用。神华集团采取5700多项措施落实双增双节,上半年增收节支49亿元。中国华电推进全面预算管理,上半年可控费用比预算进度减少4.8亿元。兵器装备集团本部带头压缩费用,经费预算压缩10%,实际降低30%。

(6)通过技术创新、节能降耗降低生产费用。中国化工集团实施"零排放"管理,从源头上加强节能减排,上半年万元产值耗标煤同比下降7.55%,废水排放量同比下降15.8%。

家底丰厚的大企业尚且将成本控制到了"一点一滴"的程度。中小企业甚或刚刚创业的经营者又怎么能不精打细算呢?

在创业导入期的时候,我们最容易做到的就是控制成本,能不花的钱尽量不花,能省下的钱绝对要省,省就是赚,将宝贵的资金节约下来,以便用在更为需要的地方。在市场经济环境下,企业应树立成本系统管理的理念,将企业的成本管理工作视为一项系统工程,强调整体与全局,对企业成本管理的对象、内容、方法进行全方位的分析研究,从而达到降低成本、提高效益的目的。

美国钢铁大王安德鲁·卡内基说过:"密切注意成本,你就不用担心利润。"对任何企业来说,节约成本开支、降低产品售价,都是提高竞争力、改善经营效益的关键所在。

低成本一直是戴尔公司的生存法则,也是"戴尔模式"的核心,但是戴尔的低成本是一项全方位的工作。戴尔公司的一切都围绕力求降低产品成本这个最高宗旨来运转。

戴尔公司的生产和销售流程以其精确管理、流水般顺畅和超高效率而著称,这也大幅度降低了成本,创造了产品低价。戴尔实现的零库存政策中,产品库存时间是不超过两小时的。相对来说,其他公司的库存时间则在80天左右。

为提高利润,戴尔还精于计算,将量化管理渗透到公司所有业务流程中。戴尔每种新产品在推出的各个环节上都需要严格计算成本,将成本始终控制在最低程度上。戴尔公司首席技术官兰迪·格道夫斯表示，戴尔公司通过零库存和直售平均比对手降低了10%的成本。也就是说，戴尔同类计算机会比对方便宜50美元。

那么，创业者在导入期如何有效地降低企业的生产成本呢？具体举措有以下几个方面：

### 1.第一次就把事情做好

在我国，有许多企业常常使用相当于总营业额15%～20%的费用，用在测试、检验、变更设计、整修、售后保证、售后服务、退货处理以及其他与质量有关的成本上，所以真正费钱、费精力、费时间的是生产低劣的产品。如果企业第一次就把事情做好，那些浪费在补救工作上的时间、金钱和精力就完全可以避免。

基于此，为了减少次品、强化质量，把产品一次性做到最好，生产部门的工作人员可以采取如下措施：

（1）做好事前控制，不合格的原材料不准投产，不熟练的工人不得上岗，不符合要求的机器设备不得运转。

（2）建立原材料标准、半成品标准、备件标准、工艺标准和检验方法标准等一整套标准，并严格贯彻执行。

（3）在企业内，必须普遍树立起"质量第一"的思想，要求全体员工都来关心产品质量，严格把住产品质量关。

### 2.不要盲目地开发产品

有人认为开发出人无我有的产品，能够显示出企业强大的技术和经济实力，是抢占市场的独特优势。但企业在开发新产品时，切勿盲目。

技术领先并不意味着产品与市场需求合拍。当产品过于领先市场、领先消费趋势时，再先进的产品也难以成为畅销品；开发新产品先期投入高、风险大，失败后损失巨大。

譬如，铱星公司作为卫星手机开路先锋，推出了卫星手机，技术领先，人无我有，但由于价格昂贵，购者寥寥，致使企业资金链断裂，无法维持经营。

### 3.多看、多听、多比较

所谓货比三家不吃亏，更何况经营者本身不应该盲目地身陷战场，而不知外面早已群雄环生、虎视眈眈。"出走管理"是当下盛行的经营模式，善用此法，将特价、折价品等适量适物地挪用在自己的店内，成本自然可降低。

### 4.导入奖惩制度

当发现公司内从业人员大都朝"被动性"的属性走时，此制度就得顺势推出（事先可先完善备用），达到制定标准就施以奖励（如奖金、礼券、休假……），未达成（需明了原因）则给予薄惩（如减薪、记缺点……）。恩威并施可收较好效益。

### 5.同业可以为师

此法较适用于连锁加盟行业，可利用会议、联谊活动及总部的资讯来源（当然必须是总部经营数字透明化的条件下），如此则可清楚知道同样经营形态的店铺是如何合理控制成本，进而取长补短地让自己获取更大的利益。

# 铁律33

## 品牌要有一个长期规划

> 初创企业要想建立自己的品牌，除了做好产品和服务外，一定要沉下心，对品牌有长远的规划。在战略规划的指引下，将自己的品牌树立起来，让消费者产生信任感，从而带动企业的进一步发展。

中国的老字号恒源祥多年来一直禁止为恒源祥的某个产品做广告，它做的都是品牌广告，只为"恒源祥"3个字做广告。经销商总希望恒源祥的广告一打出去，马上就有大量的人去购买，而这样做的短期效果是让恒源祥的经销商十分焦急，因为他们想象的广告一上，销售成果就立竿见影的局面没有出现。但是，恒源祥集团董事长刘瑞旗却顶住压力，坚持这么做。

他曾说："做品牌是需要耐心的，必须让用于做广告的钱全部用于打造恒源祥品牌上。"于是，坚持只为"恒源祥"3个字做广告成为他一贯的品牌策略，恒源祥坚持拒绝为旗下的各类产品做广告——做到这一点相当困难，因为恒源祥必须不断地说服经销商，同时还要对很多大牌的广告公司的建议视而不见。而刘瑞旗多年坚持的结果是，恒源祥品牌的知晓率在中国市场上达到93.9%。

在一项对世界100个最著名的品牌所进行的研究中，研究者发现其中有84个是花了超过50年的时间打造成功的。仅有16个品牌花了不到50年时间就成为世界品牌，而这些品牌中一种是由于产生了全新的技术变革，另外一种是连锁经营模式的发展造就了世界品牌。除此之外，其他品牌都花了50

年以上的时间,这是需要耐心的。

从建立品牌、发展品牌、推广品牌到巩固品牌,是一项长期而艰巨的工作,建立卓越的品牌并非一朝一夕之功,也不是仅凭大笔金钱投入和短期广告轰炸就能实现的,需要恰当的定位、长远的规划和耐心的坚持,需要专注和执着,更需要贴心的设计和优质的服务。

中国另一百年老店同仁堂的历史见证了真正的品牌是如何炼成的。

北京同仁堂是中国医药界的一块"金字招牌"。350多年来,虽然经历风雨沧桑,但同仁堂一直生生不息,在今天仍然不断扩大自己的经营规模。同仁堂有什么奥秘使自己的"金字招牌"越擦越亮呢?

"吃同仁堂的药放心。"年过八旬的王大爷对此深有感触,"2003年北京爆发'非典',我来这儿配一副增强免疫力的中药。等了老半天都拿不到,开始大伙都埋怨,还以为是他们要留着涨价。后来才知道人家是为了等到合格的原料到货后才给抓药。"王大爷又接着说,"就仗着这份仁义,同仁堂就能做天大的生意!"

而同仁堂的这份"仁义"是自古就有的。北京同仁堂是全国中药行业著名的老字号,创建于清康熙八年(1669年),自1723年开始供奉御药,历经8代皇帝,共188年。在300多年的风雨历程中,历代同仁堂人始终恪守"炮制虽繁必不敢省人工,品味虽贵必不敢减物力"的古训,树立"修合无人见,存心有天知"的自律意识,造就了制药过程中兢兢业业、精益求精的严细精神,其产品以"配方独特、选料上乘、工艺精湛、疗效显著"而享誉海内外。

百年老店就是在这样对质量和服务的执着追求中一步一步走过来的。只有这样才能产生真正的世界品牌。

全球很多知名品牌,都是在长期发展、进化的过程当中形成的。中国企业在打造全球品牌的时候,要有雄心壮志,但是不能太急,太急的话,打造出来的可能是一个很快就会被淘汰的品牌。

品牌也是一个管理的问题，既与企业的短期赢利行为有关，比如说与企业具体产品的营销，营销策略的制定、营销的执行，比如说产品的定位，同时也与企业长远的发展，比如企业的战略、企业产品的战略有关。

品牌是一个产品形象，也是企业形象，它不仅是市场行为，也是一种文化积累。树立起一个知名品牌，往往比缔造一个企业难得多。国内外许多知名品牌，都是经过了几十年乃至几百年的努力才树立起来的。

品牌就是效益。凭着敏锐的商业感觉，温州商人如今也意识到，自己靠着千辛万苦地创业，靠着挖空心思地经营，打造出了优质产品，可他们又发现了一个问题：自己批发上百上千套服装所带来的收益，还不抵一套国际名牌西装零售带来的回报。这种场景的确令人尴尬，经过冷静反思后的温州商人总结出，在保质保量的基础上，只有走品牌之路。对此，全国五一劳动奖章获得者、温州市永嘉县企业家王振滔有着深刻的认识。

创办于1988年的温州奥康集团，就是以品牌赢得市场的。如今，奥康皮鞋连锁专卖店遍布全国各大中城市。

当初，奥康集团的老总王振滔在各地推销皮鞋时，所有大商场都只认"上海货"，因为顾客认可"上海货"。有些精明的温州皮鞋企业与上海"联营"，同样的皮鞋，贴上上海厂家的商标，就畅通无阻。因此，王振滔对"牌子"这一市场的通行证有了新的认识，也产生了创自己的"牌子"的念头。

后来，他又见到不少报道说中国的产品出口到国外，明明质量与世界名牌差不多，可只能卖到人家价格的1/10。而消费者还是宁可出高价买名牌，也不图便宜买无名商品。名牌的魅力是多么神奇、多么不可思议啊！

王振滔对品牌产生了浓厚的兴趣，不断搜集品牌方面的信息，吸取一些企业在品牌运作上的经验，开始了自己的品牌战略。

首先是从生产方式上，彻底改变家庭作坊的粗放生产初级模式，走规模化、集约化、现代化企业的发展之路。想法是正确的，实现却是困难的。盖厂房、进设备、引人才，样样都需要钱，钱从哪里来呢？他想到了搞股份合作制。1991年，他以个人的信誉和企业发展的前景，说服了一些亲属及小企业主，以股份合作形式，开始了第一次上规模、上档次的生产扩建。当年产值就突破了100万元。1992年，又进行了建新厂房的二次扩建，并在招收员工上，以招有文化的年轻人为主，这次又招股200万元，完成了新厂房扩建和老厂房改建。

1993年，"奥康"跨上了一个新台阶，与外商合资建立了中外合资奥康鞋业有限公司，厂房、设备、人员已初具现代化企业规模。王振滔的作为，也引起了社会各界的广泛关注，他被评为温州市劳动模范。

1995年，雄心勃勃的王振滔又联合10多家中小企业，组成了集团公司，成了名副其实的国内皮鞋领军人物之一。1997年，该集团产值高达18亿元，企业拥有2000多名员工，下属分支机构20多家，并荣膺国家级无区域性大型集团公司。

借着企业进步发展的良好势头，王振滔专程赴意大利考察取经，世界著名鞋业王国的先进技术和先进管理手段更坚定了王振滔开拓进取的信心。正是由于这种信心作用力，1999年底，一座占地4万平方米、建筑面积达45万平方米的具有现代化整套制鞋先进设备的厂房投入使用。"奥康鞋业"至此已经在国内国际上形成了一个真正的品牌。

回顾自己追求产品质量、打造品牌的艰苦努力，王振滔感触良多。这一回顾自然使他想到了早在1990年，他推出"奥康"品牌，一炮打响的战略。

他注册商标"奥康"，重新杀回武汉等地，并挑战性地标明产地"温州"。他这一举措，并非盲动、斗气，而是经过深思熟虑后的斗勇、斗智。当时，一些粗制滥造的厂家，慑于形势已退出市场，这正是难得的商机。他自信自己皮鞋的质量和款式会得到消费者的认可。"真金不怕火炼"，在这种形势下，正是打出品牌的好时机。果然，他这一奇招，在武汉大获全胜。消费者从试买到竞相选购，"奥康"之名不胫而走……

王振滔的这一谋略，正暗合了《孙子兵法》所言"凡善战者，以正合，以奇胜。故善出奇者，无穷如天地，不竭如江河"。一个品牌的建立不仅需要策略，需要长时间的锻造，更需要胆识和非凡的勇气。

当然，品牌塑造的目的是为了更好地实现销售，达成企业的经营目标，不是为了塑造而塑造。塑造一个品牌的真正意义不仅仅在于企业能通过品牌取得较大的经济利益，其社会效益也是深远的，例如解决就业问题、增加国家税收、刺激消费，等等。

每一个品牌的建立无不是企业通过其过硬的产品质量、完善的售后服务、良好的产品形象、美好的文化价值、优秀的管理结果等因素来实现的。企业经营者和管理者需要投入巨大的人力、物力甚至几代人长期辛勤耕耘，从而使消费者对其形成一种评价和认知。

品牌是需要规划的，比如公司计划推出若干新产品，是用现在的品牌还是用新的品牌，新的品牌和现有的品牌是什么关系，这些都是需要规划的；如果市场发生变化，如果消费者的偏好、消费者环境发生了变化，产品的品牌是否需要调整，公司的品牌是否调整，这都需要规划。

品牌规划要基于将来的趋势，要着眼于未来，要具有前瞻性。品牌战略的决策主要是由高层做出并且向下传递，品牌战略的规划要结合现在的情况，结合现有的情况、企业的实力做出系统分析，根据这种情况做出品牌战略规划，为组织提供清晰、完整的发展方向，保证品牌的培育和使用效益的最大化。

◇给你一个公司，你能赚钱吗

# 铁律34

## 建立品牌形象，
## 再小的公司也要树立品牌

> 对于企业而言，品牌就是竞争力。"品牌"（brand）一词来源于古挪威文字brandr，意思是"烙印"，它非常形象地表达出了品牌的含义——"如何在消费者心中刻下烙印？"品牌是一个在消费者生活中，通过认知、体验、信任、感受，建立关系，并占得一席之地的消费者感受的总和。

作为经营者，再小的公司也要有品牌意识，要为自己的公司创建一个真正成功的品牌传播信号，并清晰地了解利用顾客体验的哪些方面才可有力地影响消费者对品牌的感知。通过这些方面，你可以创建有效的品牌传播信号，让你的品牌深深地印在消费者的脑海中。

很多人发现，每次去超市，随手从货架上取下一堆东西塞进购物车里，结账时发现，从日用品到食品，没有叫不出名字的，××品牌的纸、××品牌的洗发水、××品牌的酸奶、××品牌的冰激凌，就连鸡蛋还是××品牌的。这就是现代很多人的消费习惯，在不知不觉中被各种品牌影响着。

随着产品的不断丰富，消费者对品牌的依赖也会随之加强。为什么说品牌集中了一切？我们从3个角度来分析。

### 1.从消费者角度看

从消费者角度看，品牌具有5大功能，如图所示。

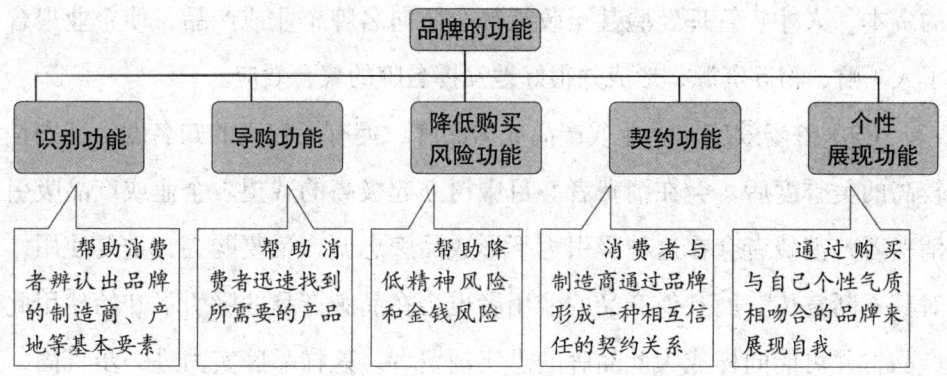

### 2.从企业角度看

从企业角度看，品牌具有如下作用：

（1）品牌是产品竞争的有力武器。品牌与产品形象、企业形象密切相关。一个好的品牌是能提高企业声望、扩大产品销路的"开路先锋"，是参与市场竞争的好帮手。

（2）品牌有助于产品促销。好的品牌，会稳定并逐步扩大企业产品销路。另外，品牌对新产品上市有极大帮助作用，消费者更容易接受已有良好声誉的品牌。

（3）品牌有助于保护企业的利益。经过注册的商标具有严格的排他性，注册者有专用权。一旦在市场上发现假冒商品，注册企业可依法追究、索赔，保护本企业利益不受侵犯。

（4）品牌有助于监督、提高产品质量。企业创立一个品牌，要经过长期不懈的努力，才能在消费者心目中树立牢固的信誉；要维护品牌形象，必须不断巩固和提高产品质量。因此，品牌是企业自我监督的一种重要手段。

（5）品牌资产形成。好的品牌是企业宝贵的无形资产，具有极高的价值。在企业内部，品牌对于提高员工的凝聚力、增加其自豪感、调动员工的创造性和工作热情有着不可估量的作用。

### 3.品牌的社会效应

（1）聚合效应。名牌企业或产品在资源方面会获得社会的认可，社会的资本、人才、管理经验甚至政策都会倾向名牌企业或产品，使企业聚合了人、财、物等资源，形成并很好地发挥名牌的聚合效应。

（2）磁场效应。企业或产品成为品牌，拥有了较高的知名度，特别是较高的美誉度后，会在消费者心目中树立起极高的威望。企业或产品吸引消费者，消费者会在这种吸引力下形成品牌忠诚，反复购买、重复使用，对其不断宣传，而其他产品的使用者也会在品牌产品的吸引下开始使用此产品，并可能同样成为此品牌的忠实消费者。这样品牌实力进一步巩固，形成了品牌的良性循环。

（3）衍生效应。品牌积累、聚合了足够的资源，就会不断衍生出新的产品和服务，品牌的衍生效应使企业快速地发展，并不断开拓市场、占有市场，形成新的品牌。

（4）内敛效应。品牌会增强企业的凝聚力。名牌的内敛效应聚合了员工的精力、才力、智力、体力甚至财力，会使企业得到提升。

（5）宣传效应。品牌形成后，就可以利用名牌的知名度、美誉度传播企业名声，宣传地区形象，甚至宣传国家形象。

（6）带动效应。名牌的带动效应是指名牌产品对企业发展的拉动，名牌企业对城市经济、地区经济甚至国家经济具有强大的带动作用。另外，品牌对产品销售、企业经营、企业扩张都有一种带动效应，这也是国际上所谓的"品牌带动论"。

（7）稳定效应。当一个地区的经济出现波动时，品牌的稳定发展一方面可以拉动地区经济，另一方面起到了稳定军心的作用，使人、才、物等社会资源不至于流走。

由此可见，品牌意味着高质量、高信誉、高效益、低成本。搞企业要有自己的品牌，知名品牌既是企业的无形资产，又是企业形象的代表，更是一笔巨大的财富。它包含着知识产权、企业文化，以及由此形成的商品和信誉。一般来说，有了品牌也就容易塑造企业的形象，反过来说如果在品牌的基础上进一步推行企业的整体形象战略，也就更有利于品牌的扩展和延伸。

品牌优势在竞争中的有利地位正逐步被业内人士所认识，中小企业如果没有技术上的精益求精和工艺上的专业特色，在未来竞争中很难站住脚跟。如今企业间的竞争越来越表现为产品的竞争、品牌的竞争。

可以毫不夸张地说，一个品牌能够改变人们对世界的看法，它能改变消费者对产品的感知、选择以及优先程度。一个强健的信号可以有效地传达出品牌形象，它是人们看待及体验品牌的决定因素。

2004年9月，欧洲最大的电子消费品制造商飞利浦，决意改变自己"小家电巨头"的形象，将国人熟知的"让我们做得更好"的广告语变为"精于心、简于形"。飞利浦计划为此举付出8000万欧元。飞利浦总裁兼首席执行官柯慈雷宣布这8000万欧元将用于在包括中国、美国、法国在内的全球7个重点地区发动一场广告公关营销推广大战，要通过对这些地区的广播、电视、平面媒体和网络等全方位的"轰炸"，将新的品牌定位传达给全世界的消费者。

如同许多百年老店一样，欧洲"老绅士"飞利浦这家老牌的欧洲跨国电子巨头在盛名之下，其实难副，前进的步伐已经开始力不从心：从它的财报上看，飞利浦已经连续7个季度出现亏损。

"我们期待通过这个新的品牌定位，改变飞利浦在消费者心目中仅仅是一个消费类电子企业的形象。我们希望消费者能联想起'便利'或者类似的生活方式，确保消费者轻松简便地使用这种技术或享受生活。"飞利浦首席市场官芮安卓表示。飞利浦用8000万欧元实现了华丽的转身。2004年，飞利浦的品牌价值仅为35亿欧元，2006年已经达到了65亿欧元。

飞利浦花8000万欧元得到的品牌价值的实现和提升是不可估量的，中国企业家要改变过去那种只重短期效应而不重长期效应的短视行为。中小企业如何才能有效地建起强势品牌呢？首先要端正认识，走出误区。认识决定行为。在品牌建设的认识上，许多中小企业还存在误区，使它们裹足不前。

**1.以销量代替品牌**

认为品牌太虚，看不见摸不着，"我把销量做大了还不是一样？"甚至有人说："销量这么好这不是品牌的力量是什么？"他不知道这是建品牌的大好时机，占领市场无疑是重要的，但这不够，更重要的是要占领消费者的心。只有建立消费者忠诚，让你的品牌在消费者心中拥有地位，才能使自己未雨绸缪。产品无论多么相似，只有品牌使它变得不一样，否则，过不了多久模仿者来了，怎么办？到那时再惊呼就有些晚了。

**2.做空壳品牌**

与上面相反的是，有人把品牌当成了筐，设想先做响一个品牌（筐），然后往筐里放什么产品，什么产品准好卖。他们认为，只要把"筐"做出了名，在品牌（筐）的作用下，做一个成一个那是顺理成章的事。他们把做品牌当成了老母鸡孵小鸡，简单化、庸俗化，不知道品牌与产品的关系，不懂品牌需要灵魂、要有个性。

在销量中做出了品牌，在品牌中做出了销量，谁在先后的情况都有，重要的是让两者相得益彰，而不是两张皮，两股道上跑车。

建设品牌是理性的、科学的过程。一个品牌的塑造过程，就是一个企业的提升过程。一个品牌被市场、被消费者认可的过程，也就是一个企业由小变大、由弱变强的过程。端正认识，走出误区，树立正确的品牌观念，再小的企业都会走向飞跃！

**3.做品牌投入高、风险大**

许多人认为做品牌就是拼命打广告，做知名度。他们眼看着一个个广告巨人速生速灭，于是以此为鉴，认为这烧钱的事可不能干。他们不知道做品牌还有其他办法，结果品牌成了无辜，就像倒洗澡水，把孩子也给泼出去了。

**4.打造品牌是个漫长的过程，快速建立起来的不是品牌**

这又是极其害人的歪调！最有价值的品牌有很多是在历史的长河中沉淀

下来的老品牌甚至是百年品牌，但是没有任何证据证明这些老品牌当年是缓慢成长的，更没有人否认新兴品牌如"三星""微软"不是品牌。我国搞市场经济才几十年，难道你能够说"海尔""联想"在创业之初不是做品牌，百年之后它们才有资格称作品牌吗？

品牌之路不是成长的漫长、人们接受的漫长，而是方法不正确和不尽正确而走了许多弯路导致的漫长，品牌竖立起来之后坚持和维护的漫长。相反，大多数情况是，如今的大品牌如果当年不是快速建立起品牌，早被对手打死了，方法和定力不够早夭折了。

快速建立品牌没有什么不对的，做品牌不是快点慢点的问题，问题的关键是我们的企业在快速建立了品牌知名度和快速达成了销售量之后做了些什么、怎样做的。

许多人把品牌当成了奢侈品，以为是大企业的专利。其实，建设品牌从来就是一个渐进的、与企业从始至终相伴相生、共同成长的东西，有谁听说哪个企业做大后才说："好了，现在我们开始建一个品牌吧。"海尔在当年产量不高、名气尚无，抡起大锤砸不合格冰箱的时候，就已经开始做品牌了。大品牌哪个不是从小品牌发展而来的，所以，中小企业不必人人自危，要有自信。"革命"不分先后，建强势品牌，就从现在做起！

**1.中小企业要始终保证产品的品质**

众所周知，20世纪80年代初的海尔只是一个资不抵债、濒临倒闭的小厂子，是得过且过、缺乏品牌竞争力和危机意识的企业。后来，张瑞敏用一把普通的大锤，硬是在众多职工面前将76台不合格冰箱砸成了垃圾。可以说正是这种品牌意识激活了海尔人的产品质量危机感，保证了市场。因此，要让企业的产品成为品牌的标志，那么中小企业的负责人们不论在什么情况下都应该关注产品质量，这是中小企业长远影响与长期利益的需要。当产品赢得了消费者的信任与支持后，品牌自然就会潜移默化地形成。

**2.中小企业在发展的初期就应该制定长期的品牌战略目标**

品牌建设是长期规划与努力的结果，任何大企业都是从曾经的中小企业做起的，任何品牌也是从名不见经传的积累而形成的，所以说中小企业应该充分地意识到：创建品牌不是一朝一夕的事，只有长期不懈地努力，才能获得最终的成功。

**3.中小企业创建品牌应注重"5个统一"**

5个统一即统一的理念、统一的个性、统一的视觉语言、统一的传播信息和统一的企业形象。当今时代是个信息膨胀的时代，企业的产品和形象要引起消费者的注意，必须具有独特的个性。而要使消费者在众多个性化的信息中单独对你的产品留下深刻的印象，必须要不间断地以统一的方式加以强化传达。

**4.中小企业创建品牌切记要量力而行**

只有根据企业自身的现状，在保证品质的前提下进行适量适当地投入与规划，经过持久不懈的努力，中小企业才可能获得丰硕的回报。

## 铁律35

### 找准定位，确定你的客户源

> 在创业过程中，确定客户源是极其重要的任务之一。简而言之，就是要确定产品的服务对象是谁。在创业之前，你必须准确定位自己的产品，详细分析消费者的年龄、性别、职业、收入以及文化背景等，随即根据这些调查结果确定你的客户源。

萝卜青菜，各有所爱。同理，并非所有的产品都适合所有的消费者，因此，若能找对客户源，则为自己的产品找到了相对固定的销路，创业者可以针对这些客户销售产品。

很多创业者在找到合适的项目后就立马开发产品，一门心思等着发财，压根不去了解市场形势和竞争对手，也不去调查自己具体的客户群，还妄想着能够把所有人当作是自己的客户源。例如，你想开家女性鞋店。目标顾客或许是白领丽人，或许是家庭主妇，也有可能是时尚少女。由于受众的不同，则鞋子的款式、店面的格调等肯定是有所不同的。要确定客户源，就必须对顾客进行细分。不同的标准，有不同的分法。按职业特点可分为：学生、普通上班族、政府工作人员、自由职业者等。按年龄可分为：老、中、青。不同的产品，有不同的受众群，对顾客进行了细分以后，就要根据自己的创业项目来确定主要的目标顾客。任何创业项目在经营时都要细分客户群、找准定位，这也是创业成功的重要因素之一。

林静开了一家颇具藏族文化特色的民族服装店，店里的每一件民族服装都是纯手工成品，都是她亲自走访村寨联络定制的，因此每件衣服的价格自然不便宜，而且还只此一件。她把自己店里的客户源确定为对民族服装有很大兴趣并且具备一定购买能力的人。确定了目标受众后，林静着重向每一位去过西藏或对民族文化有深厚感情的客人宣传当地的服饰文化，并向顾客展示手工刺绣的精妙与灿烂，以及向他们传授如何将民族服饰与现代服装结合穿着的诀窍，等等。

由于小店的货源不完全稳定，客源又十分有限，因此，林静觉得一定要与顾客保持频繁的联系。林静对于光顾小店两次以上的顾客都作了认真记录，留下了她们的联系方式，还细心留意每个顾客购买的服装风格。由于服装店的定位非常准确，加之服务热情周到，所以小店的生意一直红红火火。

故事中的林静，之所以可以将小店经营得风生水起，主要是因为她找准了小店的定位，确定了有效的客户源，并在经营过程还牢牢抓住了这些目标受众。

要确定客户源，一定的准备工作是少不了的，而且要掌握好方法，采取有效地措施才能精确客户源，有效积累客户群。

那么要如何确定客户源呢？

下面介绍几种行之有效的寻找客户源的方法，以供参考：

### 1.普遍寻找法

其方法的要点是，业务员在特定的市场区域范围内针对特定的群体，用上门、邮件或者电话、电子邮件等方式对该范围内的组织、家庭或者个人无遗漏地进行寻找与确认的方法。比如，将某市某个居民新村的所有家庭作为普遍寻找的对象，将上海地区所有的宾馆、饭店作为地毯式寻找的对象等。普遍寻找法可以采用业务员亲自上门、邮件发送、电话、与其他促销活动结合进行的方式展开。

### 2.广告寻找法

这种方法的基本步骤是：

（1）向目标顾客群发送广告。

（2）吸引顾客上门展开业务活动或者接受反馈。例如，通过媒体发送某个减肥器具的广告，介绍其功能、购买方式、地点、代理和经销办法等，然后在目标区域展开活动。

### 3.介绍寻找法

这种方法是业务员通过他人的直接介绍或者提供的信息进行顾客寻找，可以通过业务员的熟人、朋友等社会关系，也可以通过企业的合作伙伴、客户等。主要方式有电话介绍、口头介绍、信函介绍、名片介绍、口碑效应等。

### 4.资料查阅寻找法

我们一直认为，业务员要有很强的信息处理能力，通过资料查阅寻找客户既能保证一定的可靠性，也能减小工作量、提高工作效率，同时也可以最大限度减少业务工作的盲目性和客户的抵触情绪，更重要的是，可以展开先期的客户研究，了解客户的特点、状况，提出适当的客户活动针对性策略等。

### 5.委托助手寻找法

这种方法在国外用得比较多，一般是业务员在自己的业务地区或者客户群中，通过有偿的方式委托特定的人为自己收集信息，了解有关客户和市场、地区的情报资料，等等。也有业务员在企业的中间商中间委托相关人员定期或者不定期提供一些关于产品、销售的信息。

### 6.交易会寻找法

国际国内每年都有不少交易会，如广交会、高交会、中小企业博览会，等等，这是一个绝好的商机，要充分利用。交易会不仅能实现交易，更是寻找客户、联络感情、沟通了解的重要渠道。

### 7.咨询寻找法

一些组织，特别是行业组织、技术服务组织、咨询单位等，它们手中往往集中了大量的客户资料、资源以及相关行业和市场信息，通过咨询的方式寻找客户不仅是一个有效的途径，有时还能够获得这些组织的服务、帮助和支持，比如在客户联系、介绍、市场进入方案建议等方面。

**8.企业各类活动寻找法**

企业在公共关系活动、市场调研活动、促销活动、技术支持和售后服务活动中一般都会直接接触客户，这个过程中对客户的观察、了解、深入的沟通都非常有力，也是一个寻找客户的好方法。

确定客户源对一个公司的成功运营至关重要，因此公司要通过各种合理途径找准客户源。

## 铁律36

## 必须要拥有引以为傲的技术和优势

> 营销大师科特勒说过:"每一种品牌应该在其选择的利益方面成为第一名。"在利润越来越透明的市场环境中,企业要想成为"第一名",则必须拥有引以为傲的技术和优势,不断的技术创新支持的差异优势是企业保持长久市场竞争优势的重要途径。因此,企业应把发展核心的竞争力——技术领先,放在最重要的位置。

创新是现代企业获得持续竞争力的源泉,是企业发展战略的核心。企业要想在日趋激烈的市场竞争中占有一席之地,必须从知识经济的要求出发,从市场环境的变化出发,不断进行技术、管理、制度、市场、战略等诸多方面的创新,其中又以技术创新为核心。

只有不断进行技术创新,企业才能不断向市场推出新产品,不断提高产品的知识含量和科技含量,改进生产技术,降低成本,进而提高顾客价值,提高产品的市场竞争力和市场占有率,并适时开拓新的市场领域。

2007年,乔布斯在Macworld上向世界介绍第一代iPhone。他说:"今天我们要推出三款革命性产品:第一个,带有触控的宽屏的iPod,第二个是一台具有革命性的电话,第三个是一个具有突破性技术的上网设备。"其实,这三个都是一个设备,也许这是单独看上去三个常见的技术可以实现的功能,但之前从来没有人想过要合而为一。对比当时已有的智能手机,包括诺基亚、摩托罗拉和黑莓等产品,它们拥有的是小屏幕、塑料键盘,一般来说是全键盘的手机,将电话、邮件和上网整合到一个设备中,iPhone

完全抛弃了这些传统智能手机的特征。

而今天,"苹果"将重新发明电话,苹果公司开发出了灵敏度极高的温度感应的触摸屏,而同时期的产品都是压力感应,苹果公司确实在这方面做出了很大的改进,它认为,最好的操作是我们的手指,因此,不需要手写笔,必须要键盘,只要你有手,通过多触点控制技术,就能操控你的电话。它独特的外观以及操作系统在技术上根本不存在难度,并且苹果公司在其计算机上曾经开发使用过这套系统,它的与众不同之处就是把大家没想到的事情想到了并且成功在手机上做到了。回顾iPhone1、iPhone3G、iPhone3GS、iPhone4和iPhone4S,技术的一点点进步,都让人们尤其是"果粉"兴奋不已。"苹果"是一个兼做软件和硬件的公司,它敏锐地捕捉到了市场的需求,引领市场潮流,开发的appstore让人们可以开发软件、购买下载自己需要的软件,每一台看上去一模一样的iPhone,打开之后都是独一无二的,而它们全触屏加home键的设计以及注册了专利的多触点控制技术更是改变了智能手机的格局,从此之后,全触屏手机风靡全球。

近几年来诺基亚的研发跟不上市场的脚步,高层基本都是硬件部门背景的,软件越来越不受重视,而在手机普及的今天,消费者越来越重视手机的功能和应用感受,诺基亚的新产品在技术上的革新没有什么大变化,让人感觉都是外壳在变,而内在一直都守着塞班系统这个已经让大众失望连连的手机系统一成不变。反观"苹果",在优秀的营销技术下是手机软硬件技术的革新。不论是前文中提到的第一代iPhone的技术革新,还是后面几代图像处理技术的提升、数据管理与提取和记忆的运行方式也在大幅提升,软件的提升也是一代比一代强,最新的第五代虽然外观上没什么区别,但是其Siri语音功能之强大是其他智能手机无法比拟的。应该说现在的苹果,是改变、引领手机潮流者,它对于"重新发明手机"之誉当之无愧。

"苹果"正是在技术上不断创新,不断保持其技术上的优势,大大提高了其市场占有率和市场竞争力。

　　卓越的技术技能和产品的创新，有利于提高企业的影响力；有利于增加市场竞争力、扩大市场覆盖面、创造稳定的市场和客户关系；有利于品牌认知度的提高，也利于企业声誉的提高，成为公认的市场领导者，拥有与竞争对手相比更好的产品质量，拥有富有吸引力的客户群体；具有价值优越性，即能按用户愿意支付的价格为用户提供根本性的好处或效用；具有战略价值，它能为顾客带来长期的关键性利益，为企业创造长期性的竞争主动权，为企业创造超过同业平均利润水平的超值利润。而且这类技术可以重复使用，在使用过程中价值不但不减少，而且能够增加，具有连续增长、报酬递增的特征。因此，核心技术是企业在市场中取得超额利润的主要原因。一个企业即使没有整体竞争优势，也可以通过少数几个关键技术或少数几个关键能力大获成功，这种竞争对手难以超越的关键技术和能力就是核心竞争力。

　　公司要拥有引以为傲的技术和优势，首先需要对公司进行定位。通俗地说，定位就是确定公司或产品在顾客或消费者心目中的形象和地位，这个形象和地位应该是与众不同的。随着市场的不断发展，如今越来越多的营销竞争实践表明，公司定位需要解决两个问题：第一个：找位，即选择目标市场的过程。在市场分化的今天，任何一家公司和任何一种产品的目标顾客都不可能是所有的人，同时也不是每位顾客都能为我们带来正价值。因此，我们没有必要在不会带来价值的顾客身上浪费太多的资金和人力。第二个：定位，即产品定位的过程，是细分目标市场并进行子市场选择的过程；对选择后的目标市场进行细分，再选择一个或几个目标子市场的过程。

　　公司定好位之后，对自己产品的技术和优势也有了明确的认识，接下来则应该利用公司或产品的技术和优势吸引顾客、扩大市场、不断创新，保持该技术和优势的独特和领先地位。总之公司应把发展核心的竞争力，即技术领先，放在最重要的位置。

# 铁律37

## 创新体系要能为市场发展服务

> 创新体系是知识创新、技术创新、知识传播和知识运用的结合，在当今全球一体化、信息化的趋势下，每一个公司都应当努力建立合适的创新体系。但是创新不是一切，管理大师德鲁克说："企业的创新必须永远盯在市场需求上。"

创业者必须充分认识市场对创新的重要影响作用，甚至是决定作用，只有这样，才能提高创新的成功概率。因此，公司在建立创新体系时必须考虑到创新体系要能为市场发展服务。

并非所有的创新都能产生正面效果，创新并不是企业永远的制胜法宝，创新成果只有物化为受消费者欢迎、让消费者满意的新产品，才能够稳固并拓展更大的市场。创新不能超越或滞后市场需求的实际水平，不能忽视市场购买者的承受能力及其未来趋势。在创新中必须体现市场导向。创新成果最终需要在市场上检验，创新成本和收益完全由市场来埋单。企业创新体系说到底是为产品的市场竞争力服务的。在市场经济条件下，企业仅靠技术水平的先进是不能确保其在竞争中取胜的。如果创新忽视市场的变化，必然遭到失败。

评判企业市场反应机制、技术提升水平和协调管理能力等"综合素质"高低的一个重要指标，就是看其创新体系能不能为市场发展服务、创新成果能不能及时转化为产品的市场竞争力。特别是对于创业者来说，如果企业的产品不能适销对路，服务不能为市场接受，那么即使初创企业的科研实力再强，产品和服务再好，最终也会被淘汰。著名空调企业春兰集团在创新与市场对接方面曾有过教训。

20世纪90年代初，春兰研制出了国内第一台变频空调，但考虑到当时市场对这种高端产品的需求不大，因而没有全面推向市场。实际上，这种高端产品的市场空间还是不小的，由于春兰当时没有全面推出，以致让后来的其他品牌的空调抢了先机。正是因为有了这样深刻的教训，春兰在此后的发展进程中加大了创新与市场对接的力度，把创新放在了十分突出的位置，并采取了3种对接策略。

一是市场需要什么就研发什么。市场需要节能环保空调，春兰就开发达到国家新能效标准、对环境无任何污染的节能环保空调；市场需要健康、静音空调，春兰就研发具备长效灭菌功能、最静音的"静博士"空调，做到始终与市场需求同步。

二是市场何时需要就何时提供。由于做到了预期研制和技术储备，因而，市场无论何时需要相关产品，春兰都能做到及时推出，确保供应。

三是加大技术创新，提高春兰空调的品质。开发高能动力镍氢电池，引导汽车、电动机械和工具等产品市场向节能环保方向发展；开发移动式与卡式空调，以及镶有触摸屏的水晶彩色面板豪华和超豪华空调，引导消费者向往具有时尚和个性化特征的新生活。

正是坚持"以我为主"的发展模式，始终把自主创新作为立业的根本，在掌握产品核心技术的前提下推动产业扩张，春兰从一个年产值不足300万元的小厂，发展成集科研、制造、投资、贸易于一体的大型现代公司。一项项世界科技前沿的课题，蕴藏着一个个呼之欲出的新兴产业，必将带来一个个巨大商机。随着动力镍氢电池研制成功、批量投产，今日的春兰集团，已"由量的扩张转变为质的飞跃"。

客户服务就是一个最能发现隐形需求的部门。很多公司的客户服务都做得非常不好，生怕顾客来找麻烦。但是一些聪明的大公司却恰恰利用客服这个途径来寻找更多的创新灵感，创造出全新的市场利润空间。

安徽省每年的5月，是当地特产龙虾上市的季节，龙虾是许多人喜爱的美味。每到这个季节，合肥各龙虾店、大小排档生意异常火暴，大小龙虾店就有上千家，每天要吃掉龙虾近2.5万千克。但是龙虾好吃清洗难的问题一直困扰着当地龙虾店的经营者。因为龙虾生长在泥湾里，捕捞时浑身是泥，清洗异常麻烦，一般的龙虾店一天要用2~3人专门手工刷洗龙虾，但常常一天洗的虾，几个小时就被顾客买完了，并且人工洗刷费时又费力，这样又增加了人工成本。海尔针对这一潜在的市场需求，迅速研制开发，没多久就推出了一款采用全塑一体桶、宽电压设计的可以洗龙虾的"洗虾机"，不但省时省力、洗涤效果非常好，而且价格定位也较合理，只要800多元，极大地满足了当地龙虾经营者的需求。过去洗两公斤龙虾一个人需要10~15分钟，现在用"龙虾机"只需3分钟就可以了。

就在2002年安徽合肥举办的第一届"龙虾节"上，海尔推出的这一款"洗虾机"马上引发了抢购热潮，上百台"洗虾机"不到一天就被当地消费者抢购一空，更有许多龙虾店经营者纷纷交订金预约购买。这款海尔"洗虾机"因其巨大的市场潜力获得安徽卫视"市场前景奖"。

海尔根据消费者洗龙虾难，造出了洗虾机；海尔还曾为农民兄弟设计了洗地瓜机。正如张瑞敏所说："中国企业不能用时间来赢市场，唯一能做的就是创新。"

在洗衣机市场，一般来讲，每年的6~8月是洗衣机销售的淡季。每到这段时间，很多厂家就把洗衣机的促销员从商场里撤回去了。张瑞敏很奇怪：难道天气越热、出汗越多，消费者越不洗衣裳？后来经过调查发现：不是消费者不洗衣裳，而是夏天里5千克的洗衣机不实用，既浪费水又浪费电。于是，张瑞敏马上命令海尔的科研人员设计出一种洗衣量只有1.5千克的洗衣机——小小神童洗衣机。小小神童洗衣机投产后先在上海试销。结果，精明的上海人马上认可了这种洗衣机。该产品在上海热销之后，很快又风靡全国。在不到两年的时间里，海尔的小小神童在全国卖了100多万台，并出口到日本和韩国。

张瑞敏曾说："我想任何一个企业做的产品，你卖的肯定不是这个产品，换句话说，用户要的绝对不是你这个产品，要的是一种解决方案……"张瑞敏是这样说的，也是这样做的，他总是根据用户的意见，从根本上把握消费者的真正需求，"永远不是为产品找用户，而是为用户找产品，真诚到永远"。

创新不是凭空而生的，新思想大多来自顾客。顾客的需求是多样化的，有些是显性的，我们看得见；有些是隐性的，我们看不见。很多产品之所以同质化，是因为厂商都盯着显性需求，而忽略了隐性需求。显性需求好比浮出水面的冰山，只是冰山一角，而真正庞大的那部分却在水下，需要靠创新去挖掘。

如果一个公司能够更快地贴近它的客户，能够更快地敏锐反应客户的需求，很多的创新就由此而来。之后的创新，更多的是一种行动，是一种实践，也是一种循环。没有行动的话，它就是一个创意，谈不上创新。

## 铁律38

### 质量不好企业难以生存，质量过剩同样致命

> 质量是公司的生命，这是众多公司的共识。质量不好难以生存，甚至很容易被淘汰。但是，如果不看市场情况、不顾企业实际一味追求高质量，造成"质量过剩"，不仅增加了公司的成本投入，使产品在市场上失去竞争力并制约了公司的发展，而且对消费者来说，并不是所有的高质量产品都适合其需求，因而这些"质量过剩"的产品往往受到冷遇。提高质量是必要，但公司一定要掌握好度。

质量不合格的产品会给用户带来生产生活的不便和浪费，同样，产品"质量过剩"无论对企业还是对消费者来说都意味着无谓的浪费。所谓质量过剩，就是指一些"质量很高"的产品在消费者手中无法被有效利用，从而造成了质量浪费。质量过剩一般来说分成几种情况：

（1）功能配置的过剩。但增加的功能如果所带来的成本和价格增加是客户所乐于接受的范围内就不叫质量过剩。只有在增加的功能配置的价格增幅超出客户的期望的情况下，才叫质量过剩。

（2）功能的可靠性或寿命超出了客户的期望，没有给客户带来感知价值提升。例如企业标榜可以在零下50摄氏度还能顺利启动的汽车，而客户仅在温带地区使用，这时就是质量过剩。但这样的汽车对极地探险的人来说是受欢迎的，这时就不叫质量过剩。例如50年都用不烂的手机，手机功能配置也许3~5年就落伍而变得不时尚，或者像BP机那样成为淘汰产品，因而没人愿意为多出来的寿命期付出额外的费用。这时就是质量过剩。

（3）整个产品的各个部件的可靠性或寿命不均衡。部件A的寿命只有

3年，而部件B的寿命要10年，那么整个产品的寿命就是按照寿命最短的部件确定的。这里不考虑例如打印机墨盒等易损配件更换的情况。当然部件B如果按照3年寿命期设计可以节约成本的话，多出来的7年寿命就是质量过剩。

（4）批量零件的制造公差设置过于严格，超出了功能需要。例如10丝的公差就能满足配合要求，工程设计人员为保守起见，设计成2丝的公差。从而需要设备和控制手段上面的成本提高。

（5）过程控制的方法超过要求。例如加热温度控制在120到140摄氏度都能满足产品的要求，而工艺人员一定要精确到130±5度的范围，从而带来设备成本的提高。

质量过剩一方面增加了公司的成本，削弱了公司的竞争力；一方面使消费者对公司的满意度降低。高质量产品的研发和生产一般都伴随着设备和人员的投入，需要使用更高材质的物料，因而提高了成本，成本的增加导致价格上涨，在价格上削弱了产品的竞争力。对消费者来说，也并不是所有的高质量产品都被消费者青睐。某些产品质量虽然较差，但能符合用户的需求，同样也能被相当一部分消费者所喜爱；反而有些高质量的产品，虽然在质量上略胜一筹，但往往因为价格而令消费者望而却步。

两家零部件加工企业，都生产设备易损件，一家生产的设备零部件质量过硬，使用寿命长达两年之久。另一家生产的使用期仅为半年时间，而成本只是前一家的1/3，价格自然也低得多。

市场销售的结果是，使用寿命短的畅销，寿命长的反而销售不畅。质优寿长的企业老板到用户单位回访，顿时明白了其中奥妙。原来本来加工的就是易损件，需要与其他配件配套使用，其他配件半年左右该换下"退休"了，而你加工的配件虽然仍可使用，但与其他配件的配合已不协调，只好被弃用，变为废物。因此，需方当然不愿意花高价买能用两年的零部件了。

对于上述企业，片面追求高质量意味着要求使用更昂贵的材料，需要更高的加工精度和更熟练的操作人员，从而投入过高的成本，市场竞争力差也就显而易见了。以上事例说明，有些产品不一定非要有"金刚不坏之身"，要因时、因地、因人而异。因此，在当今个性化产品的大量问世中，企业的质量观要有转变，要由单一提高产品的"使用质量"向"适度质量"转变。

其实，有很多产品，对用户来说只需要合格即可，并不一定要"优级品""一级品"。因为，"优级品"就意味着要投入过高的成本，产品价格也自然会更高。这时候，以高价格获得的"高质量"的产品对用户来说就成了一种浪费了。因此，企业在谋求市场开发的策略时，不要再将思路局限在片面追求质量"最好"上，而应放在追求"适度、适用"上。

某国有企业主营化工产品，在行业内属于佼佼者，一年有上百亿的营业额，地位相当稳固。2002年前后，受多元化思潮的影响，开始进入汽车养护品领域，产品包括玻璃水、车用蜡、燃油添加剂、轮胎护理剂和光触媒等大类。初期项目整体规划定位很高，产品质量存在严重过剩问题，结果市场开发难度超乎想象。以档次最低的玻璃水为例，2L玻璃水的零售价为16元/瓶，当时玻璃水在市场上已经有标杆品牌——蓝星，是该细分市场最为强势的品牌。蓝星2L同类玻璃水的零售价为7~8元/瓶，其他同类品牌的价格参照蓝星确定，大多零售价为6~9元/瓶，个别低档的价格大致为4元/瓶。

当然，该企业玻璃水价格高有高的理由，它选用的是环保型乙醇，无公害无污染，酒精浓度要远远高于市场主流品牌，塑料瓶包装采用环保可降解原料，韧度和光泽好，瓶盖也采取了相应的高附加值技术。单从产品本身来看，堪称玻璃水中的艺术品。在他们的市场推广过程中，受公司主营产品名气响亮的影响，大部分商家第一反应往往是很感兴趣，但看完价格体系并进行一定程度的市场调研后就望而却步。

在现在的工业生产中，我们的产品质量是以满足客户的需要为主。太好了就会造成质量过剩的情况，增加无谓的成本。为了更好地满足消费者的需要而改进产品是公司正常的行为，但是这需要建立在理智的基础上，要考虑到消费者的承受能力，把握好"度"，既提高产品的质量，又令消费者满意而增加对该产品的消费。

因此，对于产品质量问题应该理性对待。凡事都有一个度参照物。有的领域，人们对质量的需求基本不会发生太大的变化，稳定程度很高；而有的领域，人们对质量的需求升级很快。创业者在公司谋求市场开发的策略时，不要将思路局限在追求"过剩"质量上，而应将思路放在如何能取得更好的市场效果上。换个角度说，在企业的产品开发思路上，应紧跟市场变化，适时推出"有分寸"的产品，而不应迷恋"质量过剩"的产品。可以说，创业者只有正确处理好质量、成本、性价比、市场之间的关系，才能提高市场竞争力，使产品在激烈的市场竞争中站稳脚跟。

# 铁律39

## 自主研发才有产品创新的主导权

> 企业的自主创新，是企业可持续发展的内在推动力和竞争关键，而关键技术和核心技术的自主研发是自主创新的突破关键。企业只有通过自主研发才能牢牢掌握产品创新的主导权。

当今商战中，创新可以说是热点主题。商业模式的创新可以改变整个行业格局，让市场重新洗牌，从1998年到2007年，成功晋级《财富》500强的企业有27家，其中有11家都将他们成功的关键归功于商业模式的创新。而一些大企业，如沃尔玛、西南航空、亚马逊也是商业模式创新的典范。实际上，创新并非只限于商业模式的创新，技术创新在企业的发展中也是至关重要的，而研发作为自主创新的源头和基础，自然绝对不能忽视，对于企业而言，搞好自主研发才有产品创新的主导权。

一个企业要想可持续发展，就必须掌握作为发展动力和支撑的核心的竞争力，而可持续的核心竞争力须以技术创新为主导，而技术创新往往与自主研发联系起来。企业如果没有自主研发的能力，缺乏技术创新的主导，企业的竞争力，甚至整个行业的竞争力就难以长期维持。

例如，我国东南沿海的许多服装厂，尽管已经进入了国际市场，但是并不是靠着先进的技术，而是依靠低成本生产。而这些服装厂的赢利模式也只是承担加工或组装业务，工厂几乎没有任何技术创新，其核心竞争力是这些工厂的低成本制造能力。其经营模式就是通过原料和库存的不断周转，保证生产线不停运转；而在企业人才方面，并没有专业人才引入，只是通过快速培训，使任何人几乎都能在短时间内胜任其岗位等。但这样的核心竞争力缺乏独特性和持久性，因为技术不变条件下的成本控制是有限的。随着行业竞争的不断激烈与进出口环境的变化，这样靠低价取胜的策略难以维持企业的生存，更不可能进一步壮大发展。

举个例子来说：一只中国生产的鼠标，在美国市场的价格是24美元，其中品牌商能赚10美元，渠道商能赚8美元，而我国的制造厂商只能赚取0.3美元的利润。我们生产出口一台DVD售价32美元，要交给外国人的专利费是18美元，而制造成本为13美元，中国企业只能赚取1美元的血汗钱。全球最有价值的100个品牌，每一个品牌的价值都超过10亿美元，而这100个品牌中却没有我们中国企业的身影。一位浙商说："出口一件小家电赚不到10美元，而国外企业光专利使用费一年就能坐收几百万美元。"从上面这组数据中我们看到，一个企业如果没有自己的核心竞争力，也就无法树立自主品牌，这迫使产品总是处于国际市场价值链的低端。即使制造能力不断地增强，最终还是无法取得高额利润。

由此可见，没有自主创新的企业只能充当别人的"产品组装车间"。许多产品的核心技术部件尽管企业能够制造得出，却创造不出，只能将一笔笔高额的专利费拱手送出，自己只获得少量的利润提成。

因此，企业的一大任务就是要加强自主创新的力度，而自主创新的突破口是关键技术和核心技术的自主研发。这是因为，关键技术或核心技术在整个产品系统中起决定性作用，它们直接制约着产品的整体设计，对实现产品功能影响最大，它们决定企业产品的附加值的高低。如果没有关键技术和核心技术的支撑，只有产品方案和外围技术，企业就等于将产品的命脉交到了别人的手中，就会丧失产品创新的完全自主权，随时可能受制于人。同时，对于一个企业的产品而言，只有经历了整个研发过程，才能获得对产品系统的整体认识，更好地把握产品创新。所以，只有通过自主研发，在核心技术和关键技术上有所创新和突破，才能实现企业的可持续发展。企业的一大任务就是加强自主研发，而在这个过程中要注意以下几个问题，以免走入误区：

### 1. 要从产品模式的创新出发

产品的研发不能只停留于模仿、跟随、改变规格或外形、降低成本等表面层次上。要扭转产品一个一个规划和开发出来的模式，采取产品平台和通用化设计，提高重用率，提升产品开发效率。同时对于研发的投入和要求要更加提高，以提升产品的附加值。

### 2. 要克服核心技术的限制

企业应该加大研发部门的建设。在技术战略及规划的牵引下，把技术开发从产品开发中分离出来，建立专门的机构或团队专注于关键技术研发，以缩短核心技术差距。而适当引进技术、购买专利、合作研发、引进人才也是十分有帮助的。

### 3. 产品创新应当以质量作为关键

无论产品怎样创新，质量都是第一要务，没有产品质量的保证，再有新意的产品也只能是空中楼阁。所以，企业在自主研发的过程中要加强产品测试、技术评审、可靠性工程、中试验证、质量分析及预防、流程审计等质量控制及保证方面的工作。

### 4. 加强研发过程中的部门协调

职能化壁垒是制约产品研发效率的一大因素。尽管很多企业经常用项目组这一方式来改善这一问题，但最终还是治标不治本，各职能部门经理比较强势，项目经理往往有责无权或有责少权，只能起到有限的协调作用。一些公司试图建立矩阵结构来协同各职能领域，但未能采取综合的配套措施，结果也是收效甚微。而为了打破职能化壁垒，实施产品管理和产品经理制，建立以产品线为导向的矩阵式组织结构及运行机制是关键。为了有效运行矩阵结构，要求企业员工建立全流程意识和角色责任意识，产品研发团队必须对产品的市场成功负责，职能部门需要蜕变为能力中心，并采取相应的绩效评价及激励机制。

### 5. 自主研发要去依赖性

也就是说，产品的自主研发不能仅靠个别高人或者能手，否则企业将不得不迁就于人，产生一定的依赖性。这会制约公司推出更多成功的产品，同时也会影响企业研发管理体系的建设和研发人才的培养，对研发能力的持续提升产生很大的负面作用。企业要扭转这种带有依赖性的研发，关键在于建立研发管理体系，尤其是结构化的研发流程体系，并不断优化流程，实现从依赖个别能人到依靠流程的转变，通过跨部门的主干流程整合各职能领域的活动。

### 6. 注重自主研发团队的建设

创造出色的产品，先创造出色的人。建立起职业化的研发人才队伍，尤其是拥有复合性的产品经营型人才是企业迫切的任务。自主研发队伍的人才，应当是既注重技术又看重管理，对于产品兼顾功能与性能，并且有强烈的商品化意识，以客户为中心，而不是盲目创新，质量意识与成本概念淡薄。研发人员的职业化素质是制约企业自主研发的大问题。打造职业化的研发人才队伍，不仅要重视专业能力的培养，更要关注职业化素质的塑造。通过抓好研发人员的绩效管理、激励机制、任职资格管理、团队建设等关键环节，使研发人员的动力和活力焕发出来。

### 7. 调整自主研发投入

当今市场上的大企业，大多是拥有自己的领先技术为后盾的拳头产品和服务手段，进而在很大程度上拥有以创新争得市场竞争的主导权。因此，自主研发投入就需要更多的投入。一个能够生存下去的企业，研发费用平均约占其销售额的2%；要想获得更强势的竞争力，就应该提高到5%以上，甚至超过10%。而我国大中型企业的研发经费占其销售额的比重仅为0.5%，与之相比远远不足。大量的研发费用自然需要资金的不断流入，企业在创业阶段，资金有限，需要有政府的支持和推动，后来就要学会与科研部门合作，但更多的是靠企业自己。只有企业真正认识到自己在研发中的关键作用之后有了自觉行为，才能真正成为研发的投资主体，自主创新才能进入成熟的良性循环。

**8.在企业内部形成创新意识,为自主研发提供思路**

要提高全体职工,尤其是专业人才对自主创新重要意义的认识,从而才会有自觉行动,才会有可能出现创新。因此,开拓创新的企业文化,才是推动企业成为自主创新主体的根本之道。

美国3M公司就以创新型企业文化著称。3M公司拥有强大的技术开发队伍,在全球共拥有70多个实验室、7350位研发人员,年营收总额的7%用于研发费用。3M的创新源泉其实是"视革新为成长方式,视新产品为生命"的企业战略和文化,并在公司运作的每一方面得到落实。3M有一个著名的"15%规则",是指团队中的任何人都可以用15%的工作时间去做与职责无关的任何事情来激发创意。与此同时,它又是始终鼓励创新、容忍失败的典型案例,3M公司一向鼓励职工在岗位上提出改进工作的建议和行动,即使真的失败了,付出代价也不会追究个人责任,仍鼓励并支持其继续努力。反之,要是谁在其任职的3年期间"做一天和尚撞一天钟",提不出任何改进工作的意见和行动,"不求有功,但求无过",则在裁员时将成为首选对象。

总之,与发达国家企业相比,我国企业在自主研发上存在诸多不足,要从各方面全方位改善。创业者要大力发挥自主研发在企业产品创新中的巨大作用,从以上8个方面入手,加大企业自主研发力度,掌握产品创新的主导权。

# 铁律40

## 任何时候都不能以牺牲质量为前提，对次品要毫不留情

> 在质量面前，暂时的利益应当退后；在信誉面前，一时的损失是获取信誉的代价；在品牌面前，一切造假行为终究逃脱不了市场法则的惩罚。质量是企业取得市场的根本，没有质量的保证，企业的一切都只是空中楼阁，经不起市场的考验。降价绝不能以牺牲质量为前提，要对次品毫不留情，否则只能换来短暂的利益，而失去长久发展的动力。

质量是企业的根本，不管一个企业的产品、商业模式有怎样的创新，都是建立在产品质量的基础之上的，否则，企业的经营就是舍本逐末。质量就是企业的生命，在竞争激烈的商场上，质量是赢得客户信任的基本砝码，有了质量，才能占有市场份额、实施名牌战略、占有优势地位。当今竞争激烈的市场上，很多商家不得不打价格战，但是，价格并不是赢得消费者认可的最根本，降价绝不能以牺牲质量为前提，要对次品毫不留情。

保证产品质量，对一个企业的可持续发展至关重要。这是因为，质量是建立起品牌信誉与客户黏性的根本因素。一个注重质量、信誉、品牌的优秀创业人，最终获得的不是小利而是大利，不是眼前的利益而是长远的利益，获得的是整个事业的长久发展。因此，企业应当放弃眼前的蝇头小利，将目光放长远，以质量为核心建立起品牌信誉，只有这样才能经得起市场的考验。

著名的长城电器集团在1988年成立伊始，就确定了质量第一的发展理念，得到用户们的欢迎，市场销售一直较好，来自全国各地的代理商常在车间外面等货，只要产品一下线，就马上装车。有一天临近下班时，工作人员突然发现当天生产的产品出现一些不影响使用的瑕疵，但这时该批货物已被装运上路了，而且是被广西、江西等不同地方的多个客户提走的。

该公司总裁叶祥桃得知此事后，立即让员工找出这批客户的电话号码，由他亲自逐个打电话向客户致歉，并请客户将这批货如数退回，由此产生的运费等一切损失均由他们来承担。客户在接到电话后非常惊讶，因为他们并没有验过货，不知道这批产品存在小瑕疵，更想不到长城集团会主动在小瑕疵上较真，因此对长城集团这种诚信负责的态度交口称赞。

在本例中可以看到，正是长城电器集团上上下下对于产品质量的高度责任感与对客户负责的态度，赢得了客户的满意，也打出了自己的品牌。尽管企业也因换货遭受了损失，但是牺牲的眼前利益却换来了信誉这项无形的资产，这才是聪明的企业家所为。

从小处而言，产品质量关乎一个企业自身的前途，事实上，产品质量关乎的是整个行业甚至是国家的经济。出口是拉动我国经济的一大重要因素，同时在经济全球化的今天，企业也都希望能通过与外商合作进一步展开市场，这就要求企业在产品的质量方面更有保障。而出口产品质量一直是一个敏感的话题，单个的企业不仅承担着自身的信誉与前途，也关乎整个行业的命脉。如果每个企业都能严把质量关，那么整个行业也就得到重视，单个的企业反而更会"沾光"。

2001年9月初，在茗熔集团的生产车间里，经过广大职工加班加点，一批出口意大利的产品终于包装完毕，等待发运。职工们也长长地吁了一口气，等待着老板们的口头表扬，然而他们却不知道此时的老板正在认真听取检验员的报告。

"这批产品通过检验，你认为质量过关吗？"董事长黄春芳问。

"我们通过认真检验，发现产品的整体质量是过关的，但在焊接方面有点小小的误差，不过对出口没什么影响。"检验员说。

"不行，有一点误差也不行，必须全部重新开箱，全部拆掉！"

"董事长，如果推倒重来的话，我们不仅赚不到钱，外国公司还会提出索赔的。"检验员提醒。

"质量事关企业信誉，事关企业生命，绝不能有半点含糊，延迟交货我可以同外商说说。如果他们坚持要索赔，我们也给赔，赔掉的是经济，换来的是信誉，是更大的业务呀！"

黄春芳决心已定，检验员也只好点头同意。

不久，需方意大利著名的ISF公司派代表来了。当他在车间看到工人们拆装时，他显得有些不解和紧张了，说："黄董事长，你们现在还没有装配好产品，交货期可赶不上了！你们一向很守信用，这次到底怎么啦？"

"对不起，对不起。我们的产品本来已全部安装完毕，但检验中我们发现有一个部件在焊接方面存在一点点误差，决定全部开箱，重新装配。"

"但是这次产品看起来质量不错呀！"外商拿起了几只未拆掉的成品说。

"质量是大事，如果出现一点闪失，我们企业就会失去信誉，更关键的是你们这家大公司也要跟着倒霉呀！延期交货，我们愿意按合同规定赔偿。"

"你们这么重视质量，在国外也不多见。迟几天没关系，我向总公司说明一下。"黄春芳没有想到，对方也是这样理解他。

又是加班加点，茗熔厂以最快的速度和最高的要求完成了装配工作，向外商交上了一份满意的质量答卷。然而有谁知道，这次开箱重装，意味着茗熔集团自身要损失几十万元呢！

质量、信誉、品牌、承诺、订单等往往是联系在一起的。在市场经济轨道上，想走得好、跑得快，全靠你的"商品列车"，"商品列车"想要不翻车，全靠诚心来支撑。黄春芳深知此理：治理企业之道在于质量与信誉。客户不管国内还是国外，不管是大还是小，一视同仁，以诚待人，以质取胜，这是黄春芳和全体茗熔人的一种共识。

在这里，茗熔集团对待产品质量一丝不苟，尽管企业因为重新装配损失了不少，但是得到了外商的肯定。如果每个企业都能够以这种态度来对待产品，那么整个行业必将有所进步，每个企业家都应当有这种社会责任感。即使仅就企业自身利益而言，这种态度也是十分重要的，这正如一位知名企业家曾经说过的：“质量不仅是免费的，它还是一棵货真价实的摇钱树。由于工作一开始就做对了，因没有返工而节省下的每一分钱，都会列入会计报表'利润'这一栏。"

但是，现在仍有很多企业不能保证产品的质量，原因出在哪里呢？企业如何防范出现质量问题呢？

我们可以发现，产品质量问题的出现，主要有以下几个原因：

（1）企业的员工本身没能树立起高度的产品质量责任感，或者其本身在日常生活中就对自身要求不严格，也就是人们平常说的"差不多先生"和"马虎小姐"。将这种模棱两可的态度带到产品的生产过程中去，必然会对企业造成巨大损失。

（2）有些企业家会错误地认为高品质会带来成本的增加，从而允许偷工减料行为的发生。丰田汽车就是最好的例子，过度追求成本的降低却是在杀鸡取卵，一次次召回为企业带来了信任危机。盲目追求低成本甚至是企业的灭顶之灾。

（3）企业部门之间互相推诿。很多企业高管会轻易地将责任推卸给一线员工，或者认为质量是质管部门的事，出了事情应由质管部门负责。

（4）企业盲目追求"市场第一，销量第一"，认为质量虽然重要，但远不及市场重要，只要不出问题就行；改进质量太浪费时间，不如多花些心思将次品销售出去。

（5）管理缺乏体系，质管技术落后。管理作为一门科学被企业主和员工接受的程度很低，企业管理还是以人治为主，没有系统科学的管理思想，对质量管理的认识还停留在事后检验的水平。有些企业虽然重视质量管理，由于缺乏系统思想和对质量的正确认识，往往对流行的质管方法、技巧盲目跟风，生搬硬套，结果流于形式，并未产生预期的效果。

实际上，这些问题很多都来自于企业的产品质量安全意识不够，没有树立起对次品毫不留情的态度。只有从观念上根本转变才能避免这些问题的发生。我国温州的民营企业正是经过了沉痛的质量教训之后转变治理原则：正泰视产品质量为企业的生命，精益求精地打造企业的品牌，当别人造假受到重罚时，正泰却因把好了质量关而受到国家的相关扶持，从而在柳市低压电器行业中脱颖而出，铸就了正泰事业的辉煌。康泉提出"质量立厂、名牌兴业"的治厂方针，将质量观念变成全体员工的共识，他们建立严格的质量管理制度，进行各种形式的教育与培训，通过广泛的宣传建立注重质量的企业文化，使"质量是企业的生命，消费者是企业的上帝"这句话不仅仅写在了公司的墙上，还铭记在每位员工的心里，贯穿于企业经营管理的各个方面，这为其获得"中国驰名商标"称号奠定了坚实的基础。

当前形势下，中国正面临一场愈演愈烈的产品质量危机，众多企业被推向了道德声讨的风口浪尖。产品安全性低下、产品稳定性差、寿命短、科技含量低、质次价廉，假冒伪劣产品泛滥使越来越多的民营企业面对前所未有的信任危机，此时价格已经不完全是吸引消费者的全部，质量成为企业开拓市场的基石、企业技术进步的动力和标准、企业利润的来源以及企业战略实现的保障。企业应当以长远利益为重，绝不能以牺牲产品质量获得眼前利益。

# 铁律41

薄利多销并不是定价的有效途径,薄利有可能换来薄情

> 薄利多销一直是中国企业信奉的金科玉律,而在市场风云变幻、消费者需求不断增长的今天,薄利多销越来越多地表现出它的局限性和负面作用,是时候要重新审视这种定价策略了。薄利多销并不是定价的有效途径,它会束缚企业和行业的可持续发展,薄利有可能换来市场的薄情。

"薄利多销"简单来说就是商家为了扩大销售量而降低价格,以便于招徕顾客,加强市场渗透力,提高市场占有率,最终目的是增加企业的总利润,实际上是降低了单位产品的获利空间。"薄利多销"一向被商界视为灵丹妙药,如今依然受到众商家的热烈追捧,特别是我国的中小企业,更是将薄利多销视为占领市场的制胜法宝。值得肯定的是,薄利多销在特定的时期、特定的项目背景之下的确不失为一种合理的定价策略,也的确能为企业带来较大的利润总额,但是薄利多销并不总是定价的有效途径,这种定价策略的一大弊端就是抗风险能力差。如今不管是消费市场还是生产模式都已经有重大改变,多种新型业态蓬勃兴起,市场进入了超竞争时代,薄利多销这一传统的商业金科玉律也应当重新审视。

薄利多销是我国沿海地区的数以万计的加工企业的基本模式。这令企业看到了外单批量大、相对稳定的好处,试图通过更大的海外订货量来赚钱。于是他们拼命压低各种成本,人员、采购等方面自然是大头。在这个时候,企业往往就掉入了薄利多销的陷阱。

薄利多销首先表现出的一个缺点就是企业如果按照这个策略运行,不但利润低，而且依附性太强，会丧失战略回旋的余地。比如，如果对方给了企业更多的订单，自然也会在价格上索要更多的优惠，而企业本来就不多的纯利润率也被进一步压缩，如果此时企业又没有开发到新的客户，则不得不完全依赖对方，虽然心中一百个不乐意，但最后还只得忍气吞声。

薄利多销的另外一个缺点就是抗风险力差。比如2008年全球金融危机爆发，消费者和贸易商的预期和信心受到了很大冲击，像沿海地区这种接单加工模式下的企业自然受到很大冲击，订单不仅大量减少，纯利润率也被对方进一步强压，最终致使很多企业不得不倒闭关张。

再有一点，薄利多销的企业往往是低端劳动密集型企业，很多企业员工月薪不到1000元，而这些企业的员工工资一旦有所上调，即使是上调幅度很少，也可能已经击穿了成本线，导致企业出现亏损。企业面临"用工荒"的时候，更是会陷入两难的境地，不加薪，企业无法运作下去；加薪，企业就可能出现亏损。

总结起来，薄利多销对于企业的伤害主要表现在：

（1）薄利多销是一种以量取胜的经营模式，生产企业由于单件产品利薄，就要扩大生产规模，增加产品产量，而一旦市场风云变幻，就会造成大量产品积压，原来为多销而配置的生产能力被闲置，致使企业蒙受经济损失，甚至造成全行业亏损。

（2）在企业的可持续发展上面，企业由于利润低下导致资金难以有所保障，造成生产条件处于良好状态，却无力投入科研开发，无暇进行产品创新和升级换代，生产只能在低水平上进行重复扩张。产品质量和科技含量无法实现迅速提高，不仅企业的发展难以更进一步，还会与消费者日益增长的需求脱节。

（3）薄利多销是一种靠拼资金、拼资源、拼环境的粗放经济增长方式，往往会带来过多的资源消耗、环境破坏、收入下降、劳动条件恶化等负面作用。

（4）薄利多销最终会影响到企业自身的信誉。在这种经营模式中，商品的价格以打折、让利、返还等形式一降再降，不禁使消费者对商品原定价格的真实性产生疑问。在这个过程中，低价出售的不仅是商品，企业的市场信誉也随之被贬损贱卖。

这就提醒企业决策者，如果你选择的是超低利润空间的商业模式，尽管可能会在某一阶段发展得很快，而且容易成功，但企业会一直处于不稳定的状态之中，随时都有可能猝死，自己的事业会突然间被中断。

事实上，从现代市场的特征变化角度看会发现，薄利多销已经被现代市场竞争所淘汰，这表现在以下两个方面：

（1）现在的市场已经从一个单纯的卖场概念转变为一个时尚概念和一种引领现代生活的窗口。品牌文化日益兴起，消费者更追求购物的享受和乐趣，更着意于领略时尚消费潮流，更关注产品的质量和新鲜度，因此价格不再是最主要的购买决定因素，"薄利"销售的实际意义在减小，建立在"薄利"基础上的"多销"只能使企业损失本应获得的正常利润。

（2）"薄利多销"并不适用于所有消费群体。消费者的细分程度更高，他们对市场有着不同的选择，对价格的敏感程度也不一样，甚至有一部分消费者专门钟情于价格远高于同类的名牌商品。现实中，一些价位十分高的名牌商品，由于受到消费者的推崇同样畅销，所取得的销售利润非同类一般商品能比。这种情况下，"薄利多销"的铁律就不能成立了。

由此看来，"薄利"换来的不一定是"多销"，"薄利"很可能换来市场的"薄情"。企业的战略决策者，首先要突破的就是这种被"薄利多销"束缚住的营销思想，其实我们可以看到，高定价并不一定没有市场，反而会有出乎意料的效果。

美国的威尔逊在20世纪40年代继承父业时，塞洛克斯公司只是一个不知名的经营杂货的小公司。1946年，威尔逊瞄准商机，向市场推出了"塞洛斯914型干式复印机"，进而发了大财。其实最初定价时，威尔逊曾主张将利润定为零，即用成本价向用户推出，以期开拓市场。可是，他的律师尼诺威提醒了他，向他说明，这是"抛售"或者叫"倾销"，是美国法律禁止的。威尔逊沉思良久，最后决定将卖价定为29500美元一台。干式复印机的成本只有2400美元，威尔逊却喊出了超出10多倍的高价，所以"塞洛斯914型干式复印机"推向市场后，连续14年无人问津。就在这期间，塞洛克斯公司为它耗去了7500万美元的巨款。可是即使在这样捉襟见肘的时刻，威尔逊仍不愿放弃自己制定的高价，他坚信，"干式复印机"一定会取代旧有的"湿式复印机"。

终于，在濒临破产的1960年，奇迹发生了！干式复印机由于性能稳定，受到了高消费顾客群的青睐，猛然成了抢手货，在美国、在全世界，对它的需求变得越来越迫切，仅1960年一年，塞洛克斯公司的营业额就高达3300万美元。干式复印机的市场占有率达到了15%。1966年，营业额跃升到53000万美元！这一年，塞洛克斯公司在美国的"500家最大公司排名录"上占据第145位，威尔逊振兴公司的愿望终于实现了！塞洛克斯公司被美国《财富》杂志誉为"10年中发展最快的20家公司之一"。

从中我们可以看到，成就企业成功的并不是价格，而是他们的商品真正切合消费者的需求，如果当初企业定价也采取成本价的模式，尽管可能无须经过漫长的等待就能有一些市场，但是不会达到之后如此高的销售额与市场占有率。

这其实就是犹太人所秉承的"厚利适销"的营销策略。为什么当其他的商家表示"要把降价进行到底"的时候，犹太人却要反其道而行之呢？他们说，同行之间开展薄利战争，总是把自己的价格定得比别的同行低一些，这样大家互相压低价格，那么商品的利润在哪里呢？薄利虽然多销了一些，但是市场的容量就是那么一点，大量廉价商品进入市场，最后市场也饱和了，无法容纳更多的商品，那以后生产出来的商品怎么办呢？薄利竞争的结果就是，厂家大批大批地倒闭，并且大家的生存会越来越艰难。简单说来，就是薄利以后的效果就是卖3件商品所得的利润只是1件商品的利润，这样不是事倍功半吗？上策是经营出售1件商品，应得1件商品的利润，甚至是两三件的利润。这样可以节省出各种经营费用，还可以保持市场的稳定性，并很快可以按高价卖出另外两件商品。

需要注意的是，不论是"厚利适销"还是"薄利多销"，都是与目标市场群体的需求密切联系的。具体而言，"厚利适销"主要适用于名牌、质量绝对过硬、市场需求量看好的商品，对于这类商品，宁可不卖，也不可以削价，能获厚利者，绝不薄利多销。这一点正如"薄利多销"有其适用限制和缺点一样，"厚利适销"也是建立在一定的品牌名气、过硬技术之上的。同理，如果"薄利多销"真的对企业来说是一种短时期的合理策略，那么也不是不可以采用，但是在应用时要注意以下几点：

（1）把薄利多销策略的运用同提高产品质量紧密结合起来。质量是产品的生命，质量是企业的生存之本。在同质的基础上，价廉当然备受欢迎，企业只有在提高产品质量的前提下才能吸引更多顾客，实现薄利多销。

（2）把薄利多销策略的运用与目标市场的选择结合起来。理想的目标市场首先要具备一定的销售潜量，也只有具备一定销售潜量的市场，方可采用薄利多销策略。如果一个市场的需求有限，再薄利也无法达到多销的目的。

（3）薄利多销策略的运用必须结合企业的生产经营能力，尤其是生产经营的潜在能力。要求企业要有一定的现实生产能力和潜在生产能力源源不断地提供这么多的产品与之对应。如果企业的生产能力满足不了这种要求，则在一定程度上给竞争者留出了空间，提供了迎头赶上的机会，从而影响了企业自身的长远发展，预期的目标并不能实现。

# 铁律42

## 了解消费者对价格的习惯，让价格反映真正价值

> 价值规律这支"看不见的手"告诉我们，产品的价格由买卖双方的相互作用来决定，也就是供给与需求，相对应的则是企业与客户，这里的需求便是客户的接受程度。企业的定价策略应当以客户的需求为导向，企业应当在充分了解消费者对价格习惯的基础之上，通过定价，让产品的价格契合消费者心中对产品的价值判断。

定价策略是一个企业战略的核心，尽管现在的竞争中非价格因素越来越多，但价格仍然是产品竞争不可缺少的利器，好的定价策略是企业占领市场的必备条件。什么样的价格体系才能更好地帮助企业呢？自然是以消费者为导向的价格体系。这是因为市场导向是市场经济的游戏规则，再好的产品如果不能为市场和客户接受，也注定要以失败告终。定价也当"以人为本"，企业需要锁定目标消费者，深入了解消费者对价格的习惯，据此定价。

价格应该制定在客户乐意接受、公司又能赢利的交汇点上。产品的定价要遵循市场规律，讲究定价策略，不同的价格水平会对企业的利润、销售额和市场占有率产生不同的影响。企业对产品的定价，不仅要考虑产品的成本费用，还要考虑到市场对该产品的供求变化，能够为客户所接受。否则企业产品的价格会陷入一厢情愿的境地。

与此同时，消费者其实是制定价格的合理与否的最终判断标准。即消费者愿意支付的价格高低取决于产品满足消费者欲望程度的高低，及企业产品提供的效用的大小。产品效用的大小，不仅取决于该产品本身的物理属性，而且还取决于消费者的感知和评价。由此可见，从消费者出发，是定价的关键。而企业在实际调查中可以发现，消费者对于价格有着十分复杂的心理，如果能够破解和掌握他们对于价格的习惯，必然大有裨益的，常见的消费者对于价格的习惯有以下几种，分别对应不同的定价策略：

### 1.声望定价策略

消费者往往对于名牌商品或名店的声望产生这样心理，即这些产品必定含更好的效用与更高的价值，所以宁愿以昂贵的价格买下产品。对于这类产品，他们的目标群体一般是高地位、高收入的消费阶层，比如：

苹果公司的iPod产品是最近4年来最成功的消费类数码产品，一推出就获得成功，第一款iPod零售价高达399美元，即使对于美国人来说，也是属于高价位产品，但是有很多"苹果迷"既有钱又愿意花钱，所以还是纷纷购买。苹果的撇脂定价取得了成功。但是苹果认为还可以"撇到更多的脂"，于是不到半年又推出了一款容量更大的iPod，当然价格也更高，定价499美元，仍然卖得很好。

采取声望定价时切忌将这种定价策略滥用到一般的商品和服务上或一般商店中。同时价格也并非越高越好，一定要有质量与服务上的保障。

### 2.习惯定价策略

习惯定价策略即按消费者的习惯心理制定价格。消费者在长期的购买实践中，对一些经常购买的商品，心目中已形成习惯性的价格标准。有这样一个案例充分说明了这个心理：

美国亚利桑那一家珠宝店采购到一批漂亮的绿宝石。此次采购数量很大，老板很怕短期内销不出去，影响资金周转，便决定按通常惯用的方法，减价销售，以达到薄利多销的目的。但事与愿违，原以为会一抢而光的商品，好几天过去，购买者却寥寥无几。老板感觉很奇怪，是不是价格定得还高，应再降低一些？就在这时，外地有一笔生意急需老板前去洽谈，已来不及仔细研究那批货降价多少，老板临行前只好匆匆地写了一张纸条留给店员："我走后绿宝石如仍销售不畅，可按1/2的价格卖掉。"由于着急，关键的字体1/2没有写清楚，店员将其读成"1～2倍的价格"。店员们将绿宝石的价格先提高一倍，没想到购买者越来越多；又将价格提高一倍，结果大出所料，宝石在几天之内便被一抢而空。老板从外地回来，见宝石销售一空，一问价格，不由得大吃一惊，当知道原委后，店员、老板同时开怀大笑，这可真是歪打正着了。

为什么提高价格反而会让销售量增加呢？这是因为绿宝石的价格在消费者的心里已经形成一种习惯，老板按照低价出售绿宝石，比消费者对绿宝石一直以来的认知价格低出很多，消费者便不由自主地怀疑绿宝石的质量，因此也就不敢买进。

### 3. 尾数定价策略

指商品的价格处于整数和零头的分界线时会给消费者这样的心理暗示：商品价格非常精确，并且是以价格偏低出售或者是商家已经将价格下调过。尾数定价技巧只适用于价值小、数量大、销售面广、购买次数频繁的日用消费品，且价格宜低不宜高。如一双鞋子100元和99元，它们给消费者的单位价格概念不一样，一个是百，一个是十，使后者给人一种便宜的感觉。

### 4. 招徕定价策略

消费者总是具有求新、求廉等心理，通过各种各样的"优惠大酬宾""特价商品""一价店"形式推出，目的在于吸引顾客经常光顾，同时也会吸引顾客选购其他正常价格的商品。

北京地铁有家每日商场，每逢节假日都要举办"1元拍卖活动"，所有拍卖商品均以1元起价，报价每次增加5元，直至最后定夺。但这种由每日商场举办的拍卖活动由于基价定得过低，最后的成交价就比市场价低得多，因此会给人们产生一种"卖得越多，赔得越多"的感觉。岂不知，该商场用的是招徕定价术，它以低廉的拍卖品活跃商场气氛，增大客流量，带动了整个商场的销售额上升。

招徕定价需要注意的是：降价的商品应是消费者常用的，最好是适合于每一个家庭应用的物品，否则没有吸引力；实行招徕定价的商品，经营的品种要多，以便使顾客有较多的选购机会；降价商品的降低幅度要大，一般应接近成本或者低于成本。只有这样，才能引起消费者的注意和兴趣，才能激起消费者的购买动机；降价品的数量要适当，太多商店亏损太大，太少容易引起消费者的反感；降价品应与因伤残而削价的商品明显区别开来。

**5.文化因素**

不同国家和地区的文化也会对定价有所影响。在我国大多数地区，人们认为"8、6"是发财、吉祥的数字，很多商品定价为888、666或以8、6为零头。在西方人们则普遍忌讳5、13这样的数字。所以定价必要时要考虑到这些数字。美国、加拿大等国的消费者普遍认为单数比双数少，奇数比偶数显得便宜，所以在北美地区，零售价为49美分的商品，其销量远远大于价格为50美分的商品，甚至比48美分的商品也要多一些。而在日本企业却多以偶数，特别是"零"作结尾，这是因为偶数在日本体现着对称、和谐、吉祥、平衡和圆满。

当然，定价方法不局限于这几种，每个消费者都具有不同的消费心理，这就要求企业充分认识消费心理价格的形成，从而针对不同消费心理选择合适的定价策略。了解和掌握消费者心理，还要从更为根本的因素出发，也就是企业目标群体的构成，只有锁定目标群体特征，才能发挥消费者心理定价策略。也就是以客户的消费能力为基本依据，确定或调整企业营销价格的定价方法。

具体说就是在产品的供给成本相同或基本相同的情况下，利用产品物质属性的差别和不同客户对同一产品的不同偏好及评价和接受程度来进行差别定价。这种差别定价的目的是要在客户满意的基础上，使得一定量的产品销售利润最大化。

事实上，小小的一碗面条也能千差万别，经营者不同，做法也完全不同。首先是考虑是机制面还是手拉面，放牛肉还是红烧肉，等等。然后考虑面馆开在什么地方、营业时间，是开在闹市区还是对准年轻人？这些都确定后再决定定价。如果开在学生街，就要把价格定低，薄利多销；而如果开在闹市区，不妨做高档美味拉面，定价可以稍高，即使是卖的少，照样可以赢利。

总之，产品的定价要以客户对产品的价值为基础，让价格来反映出这个价值。客户基于自身需求的迫切程度、支付能力以及对市场供求状况的认知等，对其所想购买的产品都有一个价值判断，这个判断通常就是消费者对该产品认知程度的反映，是通过对产品的偏好程度、对产品功能的评价与同类产品比较得出的。当产品价格与消费者对其价值的理解和认知水平相同时，就会被消费者所接受，反之，则消费者难以接受或不接受。

# 铁律43

## 向采购要利润：用谈判降低采购成本

> 采购人员几乎每天都在面对谈判，主战场是跟供应商之间就价格、成本、交期、质量、技术和其他的合同交易问题进行谈判；另外一个副战场是跟内部客户之间的大量谈判。从某种程度来说，拥有高超的谈判技巧是采购专家的最大技能和利器。但实际情况是，大多数采购员谈判技巧非常欠缺，在供应商面前非常不自信，严重影响个人、部门和公司绩效。

同样的销售商，同样的商品，一个斤斤计较的老阿婆所得到的购买价格通常要比别人低一些。这是为什么？因为老阿婆不怕没面子，她想要得到的就是最低价格，销售商面对这样的人通常会有所退缩。而一般人呢，大多会不好意思谈论价格，即使要求降价，也是小心翼翼的，生怕丢了自己的身份。

与供应商谈价格也是如此，诸如买菜老阿婆之类的人很可能就能拿到一个较为理想甚至是最低的价格。当然，企业采购谈判里的"老阿婆"可不比买菜的老阿婆，除了同样难缠之外，他们更懂得谈判技巧。

不懂谈判技巧的采购是不能给公司带来最大的利润的。借鉴成功的谈判案例，对采购人员积累谈判技巧来说十分重要，从以下的几个案例中，我们看到常见的几个谈判技巧：

### 1.拖延谈判时间

谈判的漫长过程考验谈判双方的耐力，而瞬息万变的市场也很有可能在谈判的过程中转换形式。拖延战术，不仅可以让备受煎熬的对手最后丧失耐心，也可以利用市场变换让形势向对自己有利的一方发展。

## 2.实施"逼迫"策略

你是把供应商当作菩萨一样供着,还是主动出击掌握控制权?

如果你把供应商当菩萨供着,你就会失去对他的掌控力,这也意味着他会降低你的利润。所以,你不但不能把他当菩萨,还应在恰当的时机施以"逼迫"策略,逼他让步。

如果感觉近期供应商想要提价,那好,先发一封信,发给所有的供应商,告诉他们,"在半年内,公司不接受任何涨价"。不要害怕,最终的结果通常是,一半的供应商冻结价格,停止涨价计划;即使是对你的"逼迫"不予理睬的那部分供应商,只要你再进一步紧逼,可能还会有一半供应商选择退缩。

感觉目前采购价格已经偏高的话,还是发一封信,要求所有供应商在现有价格上降价2%。最后的结果,仍然是有一部分供应商屈服于你的"逼迫",即使不能完全达到目的,你的"逼迫"也会让自己在采购谈判中占据主动,因为采购员同样会在你的"逼迫"基础上再次对供应商形成"逼迫"。

## 3.充分了解对方情况

在谈判前,对对手的一切情况做详细的了解,不光是与谈判主题有关的情报,信息应当是全方位的,比如对方企业的情况、行业情况、对方产品,甚至是市场上其他竞争对手的信息、市场的动态信息,等等,一旦意外地得到了强而有力的王牌情报,就能达到一举扭转局势的机会。

## 4.摸清对方的底

在谈判的时候,最关键的问题就是要知道对方心中最在乎的问题,一旦这个问题解决了,就可以直接击中要点。常见的揣摩对方想法的策略有以下几种:

探路法:开出一个奇低的报价看看对方反应,然后根据对方的表情分析其底价。

发问法:比如对方报价每个15元,你就可以直接问10元卖不卖?由此直接观察对方的神情。

换位法：比如告诉对方，我与某个顾客谈判时，该顾客的条件是怎样怎样的。假如对方说"换了是我也会成交的"，就能够知道对方的底线。

搭配法：比如买房子，问对方如果连带家具一起买的话多少钱？如果对方回答了，扣除家具的价值，就可以估算出对方房子的底价了。

买法：比如对方的布料开价每米30元，那么就说，将你布料全部买下的话，是否可以便宜到每米20元。借此探明卖方的成本大约是多少。

谈判的技巧远不止这些，而能在谈判时游刃有余的一个关键就是，谈判之前要做充足的准备。一般来说，谈判的程序大致可以划分为3个阶段：计划与准备阶段、面谈阶段、后续收尾阶段。一说到谈判，大多数人总是只联想到面谈，但计划与准备阶段是这3个阶段最关键的，至少，要知道一个典型的谈判其结果如何，其实有50%在你和客户见面之前就已经决定了。专家在介绍经验时说，60%~70%谈判时间是花在准备工作中，真正花在谈判桌上的时间只不过占总时间的30%~40%，由此可见准备工作之重要。

计划与准备阶段如此之重要，但大多数人因为不知道谈判的技巧，在谈判时仍是仓促上阵，由于事先没有做好充分的准备，使得谈判结果不能尽如人意。因此，在每一次谈判之前做好充分的计划与准备，是取得良好谈判结果的基石。

有效进行谈判准备，这是取得谈判胜利的关键。比如，犹太商人常常会在商务谈判前了解顾客的基本需要，然后针对顾客的需要而努力设法满足它。对广大顾客来说，生活上的需要、工作上的需要、精神上的需要，是基本的需要，是必不可少的需要。当然，不同的顾客在这三方面的基本需要又有轻重缓急之分。犹太人善于针对顾客的基本需要，对顾客表示出关心。他们不光谈商品、交易，还根据洽谈气氛，适时地谈谈顾客生活上的爱好，精神上的追求，工作上的兴趣、志向及成就，等等。如果他们了解到顾客对这些内容感兴趣，就会顺水推舟地同其侃谈，这样使得气氛融洽了，也就容易与交易联系起来。

## 铁律44

### 优化资源配置来降本增效

众所周知,成本领先战略是管理学上著名的波特教授的三大战略之一。在学界和企业界都受到高度重视,关于有效控制成本的研究和探索从没有停止过。在资源有限的条件下实现优化资源配置则是经济学所要追求的目标。优化资源配置来降本增效涉及了管理学和经济学的问题,可见其重要性不容小觑。

任何一家公司如果赢得了总成本领先的地位,就可以获得更强的竞争力、更大的利润空间,以及赢得那些对价格敏感的顾客的青睐。在微利竞争时代,实现有效的资源配置,遵循"绝不多花一分钱,绝不多浪费一分钟,绝不多雇用一名员工"的节约行政管理成本理念,已经成了企业获得竞争优势的撒手锏。

不管是对个人还是对一个企业来说,所拥有的资源总是有限的。如何用有限的资源实现有效甚至高效的配置是企业生存和发展的目标。

英国人在节约行政成本方面耍了一个非常实用的"小聪明"——把垃圾桶"请"出办公室。在把形形色色、大大小小的垃圾桶移出办公室后,人们要是想扔张纸,就要绕上好远的道儿,跑到唯一仅存的"中央垃圾桶"去扔。看似折腾公务人员的"小智谋",其中却折射出见微知著的行政智慧。这个办法起作用的原因很简单:要是不愿意为扔张纸就折腾一番跑远道儿,您最好是把这张纸接着用,一直用到纸上没有空白为止。

世界上经济发展比较成熟的英国企业在行政成本方面的细小举动给我国的公司经营管理者上了严肃的一课。不管是由于管理文化的差异还是民族性格的不同,我国企业在行政成本管理方面的表现向来不那么令人满意,甚至遭到诟病,造成了许多资源的不合理配置甚至浪费。这应该引起企业经营管理者的高度重视和深刻反思。

行政成本的一般结构与功能可以分为4个层次来做如下描述:

第一层是"维持成本"。

这部分成本在整个行政成本结构中处于核心地位,功能是维持行政机构存在,基本构成包括人员的工资、津贴、福利等。

第二层是"组织成本"。

这部分成本是行政机构所谓的"开门费",基本功能是适应行政机构内部需要,在组织建设、人员培训、物质技术手段配制上给以经费支持,包括办公费、组织活动费、人员培训费等。

第三层是"公务成本"。

这部分成本的主要项目有会议费、差旅费、通信费、交通工具使用费以及用于各种专门项目的费用等。

第四层是"业务成本"。

主要指属于上述事务之外的、行政机构介入经济活动的成本。

这4个层次的成本又可以归类为两大成本项目:即由第一层的维持成本和第二层的组织成本组成的"生理成本",第三层的公务成本和第四层的业务成本组成的"功能成本"或者称"有效成本",或者称"产出成本"。

"节流"对一个企业来说那么重要,那么如何着手优化资源配置,达到降本增效的目标呢?

(1)压缩生理成本、提高功能成本的产出率无疑是降低成本、有效节约的直接的重要途径。整个行政成本中的生理成本是一个企业要正常运转必不可少的,维持在必要的水平则可以了,过多的生理成本会造成企业资源的浪费。而整个成本中的功能成本直接关系到一个企业的核心收入来源，这部分资源的投入将直接带来企业生产的产品或者服务，因此提高功能成本的产出率至关重要。

（2）公司应该形成提高资源利用率是全公司上下、领导层和员工的事，不要以为提高资源利用率只是领导们的事。很多人认为要"提高资源利用率"就必须引进更先进的机器设备、高质量的管理软件，单凭员工自己是无法办到的。事实上，正是这种错误的观念导致了企业极大的浪费。每个员工在工作过程中都掌握并使用着相当数量的资源，生产工人管理着机器、原材料，行政人员手中也握着多种办公资源。只要每一个员工都认真对待自己手中的资源，并能想尽一切办法提高这些资源的利用率，就可在保证工作质量的同时减少对资源的消耗，实现利润的最大化。

对于员工来说，节俭并不仅仅是节省一张纸、一度电的问题，更重要的是要提高自己所掌握和所使用的各种资源的利用率，用最少的资源创造出最大的效益，从而实现降本增效。

浙江正泰集团是一个生产低压电器的企业，员工在产品组装时，如果碰到一个零件稍微有一点变形，都会自觉地调整一下再把它安装上，从而极大地节约了资源。而在其他同行企业看不到这样的状况，在那些企业的流水线上，零件只要稍微变形，就算完全无碍也会被员工马上淘汰掉。这样一天下来，淘汰的零件就堆积如山了，而其中有很多零件只要稍微改变一下角度，就能安装上去，且不影响产品质量。但是在那些企业中，因为员工缺乏节俭意识，所以他们从来没有想过要去利用那些"次品"。这无形中提高了废品率，同时材料消耗也随之大幅上升。

另外，正泰集团的员工们将原材料进行分级处理，充分利用人力和机器的不同特点实现原材料最大限度的利用。如果碰上一些有附加要求的客户的特殊产品，正泰的员工会在生产线中间加工序。由于订单的多样性，如果使用固定的自动流水线生产将会耗费更多的资源，不经济。在正泰集团，全自动生产线只有12条，终端装配仍由员工手工完成。能用手做的，绝不用电力机械完成，正泰的员工们自觉地把资源——时间、原材料、电力、人力等的利用率提到最高。

正泰集团在2004年生产低压电器所必需的硅钢片的价格涨了200%的情况下，没有提高售价，质量还没有缩水。这些都依赖于员工的节约资源的品质，这构成了正泰集团最大的竞争资本。

从正泰集团的案例中我们可以看出，企业的节俭要靠每一个员工在工作的各个环节、领域的努力，需要处处践行用最少的资源创造最大的价值，从而为公司的发展作出应有的贡献。只有这样，才能为企业创造出最大的竞争力。

（3）优化资源配置效率绝无"小事"，要引起经营管理者的高度重视，转变员工以为只有一万元以上的资源才值得去提高其利用率的观念。事实上，每个员工每天在做的每一件事，在举手之劳中就能提高很多现有资源的利用效率。比如，随手关灯、不占用公物办私事、在出差时自觉为公司节省差旅费，等等。所有这些举动，看似微不足道，但如果持之以恒并形成了企业文化，那么节省下来的资源是相当可观的。

一项来自权威调查机构的调查结果表明，在同等规模产品的生产成本中，日本企业的能耗是世界最低的，只有中国企业的1/5；德国企业的能源利用率排在第二位，只有中国企业的1/3；即使被称作"大手大脚"的美国企业所使用的资源也比中国企业少了30%；中国企业排在最后，能源利用率很低。这一结果多少会让我们中国的企业经营管理者惭愧。

那这背后的原因到底是什么呢？调查者认为，员工的能源意识差异是导致最终结果迥然不同的关键因素之一。日本企业的员工会自觉地开动脑筋，尽可能重复利用同一种资源，以提高资源的利用率。而相比之下，中国企业的员工则通常认为，一种资源用一次就无用了，结果浪费了大量的资源。因此，让每一位员工形成提高资源利用率的观念，是摆在管理者面前最重要的任务之一。

这是一个讲究效率的时代，哪个企业如果在行业内效率低下，在市场经济优胜劣汰的作用机制下，最终必然遭到市场和消费者的唾弃。只有从企业上到领导层下到员工都树立强烈的忧患意识，精益求精，将提高资源的配置效率融入到自己的工作中去，才能最终实现整个企业的降本增效，最终实现企业利润的快速提升，实现竞争力的不断增强，实现企业的可持续发展。

## 铁律45

### 砍掉固定成本的诀窍——虚拟化经营

> 作为一个企业的经营管理者,购买固定资产,罪过大了。一般性建议是有钱别买固定资产,宁愿去做市场、做品牌、做客户!没钱更不能借钱买固定资产,宁愿去租别人的!有多余的固定资产,马上砍掉!而砍掉固定成本的诀窍就是虚拟化经营。

很多企业家都是把钱花到了固定资产上面去。他们忽略了一个问题,固定资产不是增加企业的利润,而是侵吞企业的利润。因为固定资产购买以后,你要承担"七宗罪":一是你的资产占用了大量的资金,这些资金不能用来做别的投资,机会成本的耗费太大了;二是不管使用不使用,它都要产生大量折旧,每天都在发生;三是固定资产不像其他资产,它要产生大量的磨损;四是一旦转产或者使用不足导致的损失,根本无法估量;五是固定资产本身在建造当中,比如说盖厂房、建生产流水线,还是需要大量的成本,同时还要耗费大量的时间;六是固定资产购买以后,若经常闲置会产生浪费;七是随着技术的影响,固定资产要不断更新,产生不断维护、修理的相关费用。7种浪费,就是你的"七宗罪"!

以下我们用简单的数字来说明。如果你的企业收入是10,成本是9,收入减成本等于利润,那么利润就是1。我们要增加固定资产,比如说要增加一辆汽车,我们从什么地方买?当然是到商场的汽车销售展示厅里买,而对于企业来说,就是要从利润里面买,现金流里面买。假如这辆车是100万,那这100万的现金就变成了固定资产。所以本来利润是1,但是你买了一辆车，变成了0。你花了100万，拿到了心爱的车，这100万已经贬值了，你不可能再以100万的价再卖出去。然而，噩梦才刚刚开始。你买车以后，你开始缴税，开始装饰，开始支付过路费、养路费，同时你还要请专职司机，于是你要养人，你就要有桌子、有办公场地，甚至还要有一个人去管他。这些养路费、修理费、维修费、折旧费，等等，会让你应接不暇。

想一想，为什么很多国际大公司，他们不买车，他们宁愿打车。租车，给人感觉是贵的，但实质不是，因为它是一次性开销，比起把固定资产变成了负债要好得多。

我们企业里的固定资产安置在什么地方不影响自己的企业发展？聪明的回答是：安置在别人的厂房里！我们知道，企业要降低成本，要扩大规模，但是实现规模经济，你首先要增加投资、扩大产能、加大投资固定资产。而一旦你购买了固定资产，你要承担各种费用，假使销售出现问题，固定资产会成为你的拖累，这样的问题很令人头疼。

广东有家生产微波炉很有名的企业，叫格兰仕，他们也遇到了这样的困惑，但是，与扩大生产线相反，格兰仕走的是虚拟联合、规模扩张的路子，不仅没有动用一分自有资金投资固定资产，还把别人的生产线一个个地搬到了内地，而且建这些厂用的还是别人的钱。

以微波炉的变压器为例，格兰仕开始时分别向日本和欧洲进口，从日本的进口价为23美元，从欧洲的进口价为30美元。格兰仕对欧洲的企业说："你把生产线搬过来，我们帮你干，然后8美元给你供货。"日本的企业在成本的挤压下倍感煎熬，这时，格兰仕对日本企业说，"你把生产线搬过来，我们帮你干，然后5美元给你供货。"于是，一条条先进的生产线都逐渐搬过来了，规模大了，专业化、集约化程度高了，成本也大幅度降下来。

与此同时，格兰仕每天实行三班倒24小时工作，使得格兰仕的一条生产线创造出相当于欧美企业的6~7条生产线的产能。不分昼夜狂奔的格兰仕，将对手远远地抛在了后面。

成本降低了，市场风险小了，没有了固定资产的拖累，让企业轻车熟路！过去的公司很不容易，必须成为"多面手"，就是说设计、研发、生产、销售等"技能"全得会。而如今情况要好得多，一个公司可以集中精力做自己的优势部分，将其他的工作外包给商业伙伴和"贴牌"生产者去做，因为他们具有既快速又便宜地进行生产的规模和专业能力。将产品外包的方式已经应用得越来越广泛，因为这种做法大大降低了生产产品所耗费的精力和成本，使企业能迅速投入新的市场，并建立竞争优势。

　　在一般人看来，企业要发展，资金、渠道、人才、技术都是不可缺少的要素，只有这5个要素都具备的时候，企业才能发展壮大。缺乏资源并不是发展的障碍，可以借助外部的资源来弥补自身的不足，只要自己有核心竞争力，努力维持自己的强项，把自己不擅长做的事情交给擅长做的人，就能达到大家都赚钱的目的，因此出现了外包这一模式。

　　在讲究专业分工的20世纪末，企业为维持组织竞争核心能力，且因组织人力不足的困境，可将组织的非核心业务委托给外部的专业公司，以降低营运成本、提高品质，集中人力资源，提高顾客满意度。虚拟经营是新的经营模式，它给企业带来了新的活力。

　　"虚拟经营"是西方常见的一种现代经营模式，它的特征是，产品设计、生产网络及广告宣传等由专业公司掌握，而将生产环节省略，委托给其他企业生产。按照这种模式，一个公司可以避免许多人、财、物方面的资源浪费，避免重复建设，从而可以最大限度地利用社会上其他生产单位的能力，使其最大限度地发挥企业的实力，也使自己的实力得以集中体现。

　　在以实力生产为风尚的温州，这一模式虽然一开始曾招致非议，但一位名叫周成建的青田人还是将这种现代经营方式引进了温州，创建了"美特斯·邦威制衣有限公司"。

　　创建于1994年的美特斯·邦威是一个做服装的企业。1995年，美特斯·邦威的销售额只有500多万元；2000年销售额达5.1亿元；2001年，美特斯·邦威的销售额达8.7亿元；2002年，销售额已经突破15亿元；2003年，则已经接近20亿元了。在不到10年的发展中，美特斯·邦威的销售额增长了近400倍，发展速度近乎直线式，销售网络则扩展到全国26个省（市、区）的100多个城市。但是，你能想象美特斯·邦威是一家没有工厂的服装公司吗？

集团董事长周成建说："美特斯·邦威已有好几百家企业为他们公司生产加工，每年支付给生产厂家就有一二十个亿。"像美特斯·邦威能在短短的这几年迅速地发展起来，主要就是用了虚拟经营的生产方式。这种生产方式的特点是能避开大而全、小而全的这种重复建设，走专业化之路，是企业突破资金、设备、技术等限制，实现快速发展的有效途径。

其实虚拟经营也是一种借力，周成建说："作为个体工商户，在积累的资本非常有限的情况下，如果不采用虚拟运营这种方式，有可能就走不到今天这样的规模。这么多工厂都要自己去建的话，起码需要好几年的时间，更何况还有近千家专卖店呢？而且即便不算时间，每家生产企业至少要几千万元的投资，我们旗下有100多家生产企业，这算下来也是一个天文数字。"

目前，美特斯·邦威的所有产品均不是自己生产，而是外包给广东、江苏等地的20多家企业加工制造，仅此一项，公司就节约了2亿多元的生产基建投资和设备购置费用。

在销售方面，美特斯·邦威则采取了特许连锁经营的方式，通过契约将特许权转让给加盟店。加盟店在使用美特斯·邦威公司统一的商标、商号、服务方式的同时，要根据区域的不同情况分别向美特斯·邦威公司缴纳5万到35万元的特许费。目前，企业已经拥有800余家专卖店，除了约2%的直营店以外，全部都是特许连锁专卖店。

如果这些专卖店都是由企业自己投资建立的话，一方面需要较长的时间；另一方面也需要2亿多元的资金。通过这一项，公司不但节省了投资，而且还通过特许费的方式筹集到一大笔无息发展资金。

把生产和销售外包出去后,美特斯·邦威把精力主要用在了产品设计、市场管理和品牌经营方面。1998年,美特斯·邦威就在上海设立了设计中心,并与法国、意大利的知名设计师开展长期合作,把握流行趋势,形成了"设计师+消费者"的独特设计理念,每年推出约1000个新款式,其中约有50%正式投产上市,取得了良好的经济效益。他们还在"中华第一街"上海南京路开设了近2000平方米的旗舰店,堪称国内服装品牌专卖店之最。"不走寻常路"的广告语成为家喻户晓的口号。

通过虚拟经营,这些企业,尤其是温州的服装企业的产量占全国服饰产量的十分之一。诸如"庄吉""报喜鸟""美特斯·邦威""拜丽德""森马""雪歌""好日子"等服饰,都站到了国内服装行业的前列,服装业销售额增长超过100%。由此可见,虚拟化经营带给温州企业的不仅仅是发展,更是财富。

虚拟化经营的好处主要体现在:

(1)避免组织过度膨胀,集中人力资源降低成本。

(2)利润提升,成本有效降低,资金利用效率大大提升。

(3)投资致力企业竞争力,提升效益与客户满意度。

(4)不受限既有的专业知识技能,企业运作更加灵活。

那么怎样把虚拟化经营做好呢?

**1.树立全新的企业经营理念**

我国大多数中小企业在经营观念上存在目光短浅、思路狭窄等问题,成为影响企业发展战略的主要因素。要想利用虚拟化这一新的组织方式,就要树立全新的企业经营理念。虚拟企业的经营是超常规的经营模式,企业进行虚拟经营就要树立面向知识经济时代的全新的理念,使有关人员切实理解、坚持虚拟企业的战略和精神。首先,树立"以顾客为中心"的经营观念,即改变传统大批量、定制化模式下,企业以低成本、高质量为中心的经营理念，主动分析市场需求，从用户立场出发，以顾客为经营中心，整合多个伙伴企业的资源，围绕客户这个中心服务。要善于找准客户需求、挖掘客户潜在需求、引导客户创造需求。其次，树立"双赢"的企业合作观念，即克服传统的竞争观念，建立务实的合作观念，营造一种坦诚的"虚拟文化"，强调企业成员间的互惠互利，通过多层次、多角度的合作，谋求共同的发展，实现"双赢"。最后，树立"终身学习"观念，保持良好的学习氛围，要用互动的组织化学习取代孤立的个体化学习，通过内外部相互交流提高职工队伍的素质，增强组织竞争力。

**2. 积极培育并不断增强自身的核心竞争力**

中小企业能否在这场虚拟革命中取胜，关键看它是否有自身赖以存在的核心竞争力。虚拟企业之所以能实现联合，是因为彼此核心能力的互补和共享。中小企业要着力培育自身特有的、竞争对手难以模仿的核心能力，并重点予以保护。这种核心能力是企业的专有资源，它可以是企业拥有的品牌、技术、销售网络、人才等。技术进步和创新的快速发展使企业没有足够的能力在整个产品上拥有垄断优势，成员企业具有能够协调互补的核心能力是构建虚拟企业的必要条件，也是决定其成败的首要因素。每个合作企业的核心竞争力都会使整个虚拟企业更具有竞争力，并且通过把自己处于弱势的职能虚拟化，借助外部资源实现优势互补，从而获得更大的发展。

**3. 培养学习型管理人才**

虚拟企业之间没有领导与被领导的关系，只有共同的利益均衡点。虚拟企业的经理不再是命令的发布者，而是彼此的协调者，这种新的角色需要新型的领导者。他要以聪明智慧和人格魅力赢得虚拟企业的共识。许多成功的大型企业不乏领袖型领导人才，但对于广大中小企业领导层来说，自身素质的提高、人格魅力的养成就显得格外重要。对于中小企业管理人员来说，他们应该勇于创新，敢冒风险，具有自我奉献和牺牲精神；善于创建组织的共同未来远景，能通过组织内环境的创造性变革改变组织外部生存环境；善于沟通和激励，能清楚地向下属阐明目标与要求，鼓励下属为顺利开展工作提供建议、协助，为达到目标而努力。中层管理人员在虚拟企业中由考评、监督者的角色转变为教练的角色，为其所领导的小组顺利开展工作提供建议、协助、鼓舞和激励。虚拟企业是各合作企业核心竞争力的联盟，要求企业的所有员工应具有更多的知识和更强的适应能力。因此，中小企业建立学习型组织，营造终身学习的企业氛围是十分必要和有效的。

**4.构建好虚拟企业的信息系统**

虚拟企业作为由不同企业组成的动态联盟组织，顺畅、高效、快捷、低成本的信息流是它顺利运作的基本保证。它的信息系统方面要适应业务流程不断变化的要求，满足成员企业动态变化的要求。因此，虚拟企业的管理系统必须具备开放性、兼容性、弹性、安全可靠等特点。对于中小型企业来讲，信息化建设是其实现事半功倍的必然途径。因此，中小企业一定要舍得在信息系统建设上投资，建立全方位的信息交互网络系统。

总之，在经济全球化、竞争激烈化的条件下，中小企业实现虚拟化经营是企业发挥后发优势，以小搏大、以弱胜强的制胜法宝。

# 铁律46

## 科学管理库存，减少无形耗费

> 库存是企业为满足市场需求、保证生产的连续性而进行的一项必要投资，但库存管理不善却会带来较严重的经营问题，造成无形耗费。因此，科学管理库存是创业者要面对的一个关键问题。

一般生产企业的物料成本往往占整个生产成本的60%左右，但这只是有形成本。至于隐形成本，则指物料的储存管理成本。物料储存管理成本是指从物料被送到公司开始，到成为成品卖出去之前，为它们所投入的各种相关管理成本，如仓库管理人员的薪资、仓库的资金和折旧、仓库内的水电费、利息、管理不当所造成的损耗等。

因此，采用科学的库存管理策略，尽可能减少库存，甚至消除库存，对企业降低成本、提高适应现代市场能力、树立现代企业形象，最终提高经济效益有十分重要的意义。"零库存"这个概念便应运而生。

零库存的含义是以仓库储存形式的某种或某些物品的储存数量很低的一个概念，甚至可以为"零"，即不保持库存。零库存可追溯到20世纪六七十年代，当时的一家汽车生产商实行准时制（Just In Time，简称JIT）生产，在管理手段上采用了看板管理，以单元化生产等技术实行拉式生产，以实现在生产过程中基本没有积压的原材料和半成品。这种前者按后者需求生产的制造流程不但大大降低了生产过程中库存和资金的积压，而且在实现JIT的过程中，也相应地提高了相当于生产活动的管理效率。而生产零库存在操作层面上的意义，则是指物料（包括原材料、半成品和产成品）在采购、生产、销售等一个或几个经营环节中，不以仓库储存的形式存在，而均是处于周转的状态。也就是说零库存的关键不在于适当不适当，这和是否拥有库存没有关系，问题的关键在于是产品的存储还是周转的状态。零库存追求的就是节俭在库存方面的理想状态，这也正是众多企业追求的目标。

戴尔的零库存直销模式享誉全球。

戴尔的营运方式是直销，在业界号称"零库存高周转"。在直销模式下，公司接到订单后，将计算机部件组装成整机，而不是像很多企业那样，根据对市场预测制订生产计划，批量制成成品。真正按顾客需求定制生产，这需要在极短的时间内完成，速度和精度就是考验戴尔的两大难题。戴尔的做法是，利用信息技术全面管理生产过程。通过互联网，戴尔公司和其上游配件制造商能迅速对客户订单做出反应：当订单传至戴尔的控制中心，控制中心把订单分解为子任务，并通过网络分派给各独立配件制造商进行排产。各制造商按戴尔的电子订单进行生产组装，并按戴尔控制中心的时间表来供货。戴尔所需要做的只是在成品车间完成组装和系统测试，剩下的就是客户服务中心的事情了。通过各种途径获得的订单被汇总后，供应链系统软件会自动地分析出所需原材料，同时比较公司现有库存和供应商库存，创建一个供应商材料清单。而戴尔的供应商仅需要90分钟的时间用来准备所需要的原材料并将它们运送到戴尔的工厂，戴尔再花30分钟时间卸载货物，并严格按照订单的要求将原材料放到组装线上。由于戴尔仅需要准备手头订单所需要的原材料，因此工厂的库存时间仅有7个小时，而这7个小时的库存在某种程度上可看作是处于周转过程中的产品。

零库存管理具体要求主要体现在这几个方面：

（1）对整个供应链系统的存货进行控制；

（2）强调对质量和生产时机的管理；

（3）采购批量为小批量、送货频率高；

（4）供应商选择长期合作，单源供应。

而要真正实现"零库存"，需要以下几个必要条件：一是整条供应链的上下游协同配合，仅靠某个企业是绝对不可能的；二是供应链上下游企业的信息化水平相当，并且足够高，因为零库存是与JIT精益生产相伴而生的，这样才能顺其自然地实现供应链伙伴间的"零库存"；三是要有强大的物流系统作支撑。

所以，"零库存"不是某个企业一厢情愿的事情，它不仅依托于整个供应链上下游企业的信息化程度，还需要有合适的产业环境、社会环境等。盲目追求形式上的"零库存"，只会使强势环节欺压弱势环节，最终破坏整个供应链的平衡。从现实需求和长远发展看，实现整条供应链的信息化联动，才能达到真正的零库存，从而实现减少耗费，做到有效节约。

这个时代，能生产出产品不算英雄，能卖得出去才是英雄！对生产型企业来说，库存的费用是巨大的，存货保险、仓库租金、管理员工资、库存合理损耗，等等，每一笔都足以让企业经营管理者头痛。而且，还占用了企业宝贵的现金。那么应该怎么处理这样的困境呢？

**1. 做到零库存，将所向披靡**

在产品过剩的时代，任何一种产品都是过剩的，所以，任何时候有库存都是愚蠢的。2005年的IT业界，有一件为国人津津乐道的事情。蓝色巨人——IBM，这个在全球不可一世的计算机制造商，居然把它的笔记本业务这一块卖给了中国的联想！这场"蛇吞象"大戏的上演可并不是IBM对联想的施舍，而是它的笔记本业务在举步维艰的情况下，不得已而忍痛割爱。IBM遇到了行业里最大的一个竞争者——戴尔计算机。在戴尔的攻击下，IBM缴械投降。可有人说，IBM的失败没有败在别的地方，而是败在库存上。

戴尔计算机叫板IBM，最有力的武器就在于零库存。所谓零库存，是戴尔公司采用的一种新型营销模式：先市场，后产品。我们常规的方法都是先做产品，产品出来再卖给消费者，而今天已经不是了。今天的时代，已经是以客户为核心的时代，产品早就过剩了。所以，戴尔自己不生产任何计算机，不加工任何计算机，不供应任何计算机元件，计算机外部的、内部的零配件都不做，它把精力、时间聚焦在一件事情上，以客户为核心。

网络，电话，直邮，戴尔只做三件事。了解客户，预测客户的需求，为客户量身定制，然后把客户的需求信息传递给它的供应商、制造商，制造商按照戴尔电脑公司发的指令制造出产品。之后，由供应商再传递给经销商，通过经销商再传递给客户。整个流程都在戴尔的控制下，但它不接手任何有形的产品，于是它做到了零库存，击败了IBM，所向披靡，无懈可击。

### 2.要市场不要工厂

砍掉库存的最高境界是不要工厂。没有了工厂，自然你有可能连仓库都不需要。那么，不要工厂，我们要什么？还有很多的企业说起自己的实力，就是企业的产能有多大、员工有多少、厂区占地面积有多广，这些不是你值得骄傲和效仿的。

从目前的状况来看，从原材料产业，到产品加工，到整个销售，在这一产业链中，谁付出最多，谁挣钱最少？加工企业挣钱最少，付出最多！商贸企业和为销售作服务的企业，利润点都要大于加工业。明智的企业不会被厂房和生产线捆住自己的手脚和智慧！把投资厂房生产产品的资金投向市场，建立品牌渠道，带来品牌的增值市场的扩大，可谓上兵乏谋，打没有硝烟的战争，没有产品的战争。

耐克没有自己的工厂，所有的运动鞋、运动服都由劳动力成本低的企业生产，一双鞋子的成本也就百把元，但耐克的设计费用、广告费用、体育赞助费却多得惊人，这些在市场上的投入虽然看不见摸不着，但是变成了品牌价值，鞋子卖七八百元也不乏青睐者。

今天制造产品的公司多得很。可是，客户却在不制造产品的公司手中，大的知名公司通过它们的品牌、它们的研发、它们的服务、市场调研，把客户资源牢牢掌握着，它们不做生产，不用前店后厂、前店后仓，把库存砍到零，把成本降到了最低。

### 3.要么客户买单，要么你买单

并不是每个企业都能像戴尔那么潇洒。如果你管理着一个生产型的企业，你必须面对库存的烦扰，你该怎么办？12字原则是"先客户，后产品；先感应，后回应"。

同时，要把库存和管理者的奖金利益挂钩，一个是营销副总，一个是生产副总，一个是库房管理员，库存和他们的奖金成反比。会产生有益的结果：他们之间沟通非常密切，相互配合，相互协同。

营销和生产两个部门，要定期召开产品说明会。生产部门先分析产品、产品的特点、成本、销售对象、市场状况，以及竞争对手的产品；销售部门针对产品发表意见，提供客户反馈的信息、利润，以及现在经销商的状况。这样，生产方面的人可以改进、完善产品，满足客户需要，销售方面的人也就更多地去了解产品、熟悉产品。他们沟通的重要成果是：生产部门只生产能销售出去的产品。

21世纪经济叫客户经济，客户等于利润。记住，你生产出的产品要么到客户身边去，要么就是我们自己留下来；要么客户买单，要么你买单。如果你想买单的不是自己，那就在为你买单的人身上多打主意吧。

### 4.告诉你一个最低的存货标准

有一个问题我们不能避免，就是我们在原材料采购方面的存货不是产品的存货，怎么样管理。产品的存货越低越好，只要能保证供应，而原材料的存货就不是越低越好了。

你总要有一定的原材料在手边，才能去做产品。怎么样做到既保证了企业生产经营的正常进行，又要保证尽可能少占用企业的资金，减少储存成本？你要确定一个安全的存货量和一个最低的存货量。确定这两个数字的计算公式很简单，就是：

安全存货量=（预计每天最大耗用量－预计平均每天正常耗用量）×预

计订货提前期

订货提前期就是订货需要提前的天数,你提前多少天和供应商打招呼,他能保证给你送到货。

**5.降低企业库存的细则**

从1977年到现在,高科技公司的库存绩效成倍增长,周转次数从2.5次增加到了5次。某些公司,如苹果公司,现今库存的运作时间甚至只有6~8天。那他们是怎么做到的呢?

(1)直接送到生产线。如果你的一些原材料是本地供应商所生产的,让他们根据生产的要求,在指定的时间直接送到生产线上去生产。这样,因为不进入原材料库,所以保持了很低或接近于"零"的库存,省去大量的资金占用。

(2)循环取货。对于供货量比较小而供应商较多的情况,将他们在运输过程中加以整合。让你的运货车每天早晨从厂家出发。到第一个供应商那里装上准备的原材料,然后到第二家、第三家,以此类推,直到装上所有的材料,然后再返回。

(3)聘请第三方物流。不同供应商的送货缺乏统一的标准化管理,在信息交流、运输安全等方面,都会带来各种各样的问题。还是那句话,用专业的人做这件事,聘请第三方物流。

(4)与供应商时刻保持信息沟通。让供应商看到你的计划。根据你的计划安排自己的存货和生产计划。如果供应商在供应上出现问题,你也要让他提前给你提供预警。

(5)通过与供应商建立良好关系,确保优先送货,从而缩短了等待购买的时间。

(6)供应商也会为某些库存付费,应该探索这种可能性。比如说,卖不出去退货,为了换取长期或优先考虑的承诺,他们往往愿意商讨类似的建议。

(7)订货时间尽量接近需求时间,订货量尽量接近需求量。改善需求预测；缩短订货周期与生产周期；减少供应的不稳定性；增加设备、人员的柔性，这种方法通过生产运作能力的缓冲、培养多面手人员等来实现。

（8）采取互惠政策，与其他非本地区的竞争对手共享库存（也就是遇到紧急情况时，把货卖给外地的同行，在成本价上稍微加一点儿并支付处理费用）。

（9）转移库存。对于那种有季节性特别是持续时间比较短暂的产品，在旺季来临时往往需要有大量的存货以应对骤增的销量，这就会对库存产生极大的压力，同时占用大笔流动资金。曾经有一个内衣企业，其解决办法就是：要求各经销商在旺季来临前如果提前两个月提货付款，内衣按原出厂价的70%计算；如果提前一个月提货付款，按原出厂价的85%计算；如果到了旺季时再提货，就必须按原出厂价的全价付款。这种办法只要折扣收益低于库存成本和资金成本，就有利可图，而且还一同解决了应收账款的难题，加快了资金周转。

# 铁律47

## 改善企业人力成本，提高企业获利能力

"21世纪什么最贵？人才。"从这句电影台词的流行度来看，人力资源对于一个企业的重要性可见一斑。也由于人力资源的重要性，企业花在人力资源上的成本也是日益攀升，越来越成为企业的一大成本。如何改善企业的成本、提高企业获利能力越来越值得企业经营管理者关注。

著名的经济学家舒尔茨认为，人力资本是促进现代经济增长的第一位因素。他指出，在美国，1909~1929年间物力资本对经济增长的贡献几乎是学校教育对经济增长的贡献的两倍，但在1929~1957年间，学校教育的贡献却超过物力资本。现代企业之所以还保持对劳动力的需要，已经不在于它是一种传统意义上的生产要素，而在于它是一种贡献越来越大的人力资本的物质载体。如果说传统企业是资本在支配劳动，那么在现代企业则应当是劳动（特别是知识劳动）在管理与支配资本。

什么是人力资源成本呢？人力资源成本是指组织为取得或重置人力资源而发生的成本，包括人力资源的取得成本（历史成本）和人力资源的重置成本。

人力资源成本是企业构建和实施人力资源管理体系过程中的所有资源投入。人力资源管理把"人"作为一种资源，通过培训等手段使其经验和价值得到增值，从而带给企业预期的回报和效益。人力资源成本按照其管理过程由6个部分组成：人力资源管理体系构建成本，人力资源引进成本，人力资源培训成本，人力资源评价成本，人力资源服务成本，人力资源遣散成本。

具体解释如下：

（1）人力资源管理体系构建成本是指企业设计、规划和改善人力资源管理体系所消耗的资源总和，包括设计和规划人员的工资、对外咨询费、资料费、培训费、差旅费等。

（2）人力资源引进成本是指企业从外部获得人力资源管理体系要求的人力资源所消耗的资源总和，包括人员的招聘费用（广告费、设摊费、面试费、资料费、中介费等）、选拔费用（面谈、测试、体检等）、录用及安置费（录取手续费及调动补偿费等）。

（3）人力资源培训成本是指企业对员工进行培训所消耗的资源总和，以达到人力资源管理体系所要求的标准（如工作岗位要求、工作技能要求等），包括员工上岗教育费用、岗位培训及脱产学习费用等。

（4）人力资源评价成本指企业根据人力资源管理体系要求对所使用的人力资源进行考核和评估所消耗的资源总和，包括考核和评估人员工资、对外咨询费、其他考核和评估费用等。

（5）人力资源服务成本指企业根据人力资源管理体系要求对所使用的人力资源提供后勤服务消耗的资源总和，包括交通费、办证费、文具费、医疗费、办公费用、保险费等。

（6）人力资源遣散成本指企业根据人力资源管理体系要求对不合格的人力资源进行遣散所消耗的资源总和，包括遣散费、诉讼费、遣散造成损失费等。

下面是一个改善人力成本小组如何进行工作的具体例子：

史尼卡仪器表公司是一家家用电器制造厂，生产机电和电器控制产品。该公司坐落在纽约北部地区，它是位于加拿大多伦多市的北美控制器有限公司的子公司。史尼卡仪器表公司有职工900人，其中755人是计时工人，125人拿免税或非免税固定工资。由于史尼卡公司的工作效率低、经营成本高，生产经理豪得决定制定一套有效的降低人力成本的方案。

豪得和他的高级助手举行了一个预备会议后，顾问们建议，进行一次形势分析，以搜集保证方案成功所需要的信息，并确定这一创造的成本降低计划在史尼卡内是否实际可行。然后成立一个高级方案委员会配合顾问们的工作，以后这个委员会就变成降低成本指导小组。这个委员会与顾问们一起，决定哪些资料有必要收集，使用哪些方法来收集这些资料。上层管理部门特别担心职工和管理部门之间的关系是否融洽，是否足以保证职工参与计划的成功。

豪得和他的高级助手们决定，在着手实行计划时，至少在初期，要把参加降低成本小组的人员限制在管理部门、监督部门和其他有固定薪水的人员范围内。

顾问们和项目委员会的委员们一起工作，修改了试行后的降低成本的总计划，使其符合史尼卡公司的具体情况。计划提出建立降低成本指导小组（由项目委员会的成员组成），建立两个降低成本试验小组，任命一个降低成本小组协调人（仅兼职一年），建立一个降低成本咨询小组（由财务部门、产品开发部门、数据处理部门和销售部门的代表组成）。这些部门的人员都是将来降低成本小组的成员，并确定10名今后的小组的组长。然后他们确定，1979会计年度的成本降低目标为60万美元，同时还制订了详细的激励和沟通计划。

降低成本小组中所有有关的职位任命后，史尼卡公司开始进行一项有关如何运用创造性的方法来降低成本的集中训练。在训练初期，有30名职工参加，包括上述各有关机构人员和未来的组长。他们被编成两个班，每班15人，进行24小时的课堂教学。在培训期间，把已经过批准的活动计划做了进一步的补充，明确规定公司到1979年底节约材料处理费用10万美元。

到1979年底，史尼卡公司不仅达到了降低成本60万美元的计划目标，而且还多降低了15万美元，总成本降低额达到75万美元。这项计划在1980年继续进行，并获得进一步的扩大。

企业经营管理者往往有这么一个认识的误区：企业的人力成本常常被认为是工资或是工资福利等的支出，其实不然。

（1）人力成本不等于工资。人力成本是指企业在一定的时期内，在生产、经营和提供劳务活动中，因使用劳动者而支付的所有直接费用与间接费用的总和。如果企业给员工支付1000元的工资，那么人力成本绝不会是这直接的1000元，还有其他的间接费用。

（2）人力成本不等于工资总额。有人说，既然工资不等于人力成本，那是不是工资总额就等于人力成本呢？当然不是。按照劳动部（现劳动和社会保障部）1997年"261号文件"规定，人力成本包括工资总额、社会保险费用、福利费用、教育经费、住房费用以及其他人工成本。

（3）人力成本不等于使用成本。从人力资源的分类来看，人力成本可分为获得成本、使用成本、开发成本、离职成本，可见"使用成本"只是人力成本的一部分而已。有人常把人力成本管控当成劳资双方的"零和博弈"，其实不然。

简单来讲，人力成本的改善不是要减少人力成本的绝对值，因为绝对值必然随社会的进步逐步提高。因此，对人力成本的改善是要降低人力成本在总体成本中的比重，增强产品或服务的竞争力；对人力成本的改善要降低人力成本在销售收入中的比重，增强员工成本的支付能力；对人力成本的改善是要降低人力成本在企业增加值中的比重，即降低劳动分配率，增强人力资源的开发能力。只有这样，才能有效改善企业的人力成本，提高企业的获利能力。

理念上的与时俱进加之有效的改善人力成本的措施，必将很大幅度地提高企业的获利能力。

◇给你一个公司，你能赚钱吗

# 铁律48

## 在合理避税上找回一些利润

> 对于任何企业来说，资金都是企业生存的根本。如果能够利用税收政策合理避税，减轻企业资金压力，利用有限的资金进行壮大发展，是很有实际意义的。

合理避税是指在尊重税法、依法纳税的前提下，在现行的制度、法律框架内，纳税人合理地利用有关政策，采取适当的手段对纳税义务的规避，减少税务上的支出。

合理避税并不是逃税漏税，它是一种正常合法的活动。合理的避税可以使企业创造的利润有更多的部分合法留归企业，也能大大增加企业的赢利能力。江中药业的土地收购就是合理避税的典型案例。

作为国内OTC领域"老大级"公司，为进一步完善上市公司资产、业务的独立性，江中药业股份有限公司确定了向控股股东江西江中制药（集团）有限责任公司（以下简称"江中集团"）收购租赁使用的湾里生产区土地有关事项，确定收购价格为人民币3亿元。

江中药业自2003年以来一直安稳地租赁使用着湾里生产区作为公司的药品生产基地，而这块地又是江中药业的控股母公司江中集团所有。为何此时江中药业会拿出3亿元购入这块土地呢？

江中药业的此次收购有两种可供选择的方式：直接受让土地，或者受让该土地使用权对外投资成立的公司的全部股权。

而最终，江中药业选择了后者，并分三步走，首先，江中集团先注册成立全资子公司"南昌江中资产管理有限公司"；其次，江中集团将湾里的生产用地以增加注册资本的方式置入南昌江中资产管理有限公司，并完成土地使用权转让手续及公司注册资本变更手续；最后，江中药业与江中集团签订股权转让协议，受让南昌江中资产管理有限公司的全部股权，完成股权变更登记手续。至此，江中药业成功购得该片土地。

江中药业选择这样一个如此复杂烦琐的方式，而没有采取直接收购的方式，很大程度上来讲，就是因为这样的购买方式可以避开高昂的税费！土地属于公司的无形资产，转让费用一般较高。而股权转让却不然，虽然步骤烦琐，但其后只需缴纳不高的营业税即可。如果是直接受让湾里用地的话，可能江中药业将付出高达一个亿的税费。

企业处于自身的实际考虑，这样的避税方式也在合法范围之内，故而也是一条企业的合法避税路径。

所谓"愚昧者偷税，糊涂者漏税，野蛮者抗税，精明者避税"，成功的商人告诉我们要利用好国家政策和相关法规，使企业既依法纳税又合法避税，这才是生意人真正掌控企业税收的体现。合法避税不是偷税漏税，是一种正常合法的活动。

避税的方法有很多，在避税的过程中，生意人始终要牢记一个原则，那就是避税的合法与合理性。否则，不仅违背了企业的最初目的，更违反了国家的法律法规。

成功的商人认为，纳税是商人和国家之间神圣的"契约"，无论发生什么问题，自己都要履行契约。而这种契约观是十分严肃认真的，谁偷税、逃税、漏税，那就是违背了和国家所签的契约，是不可容忍的。

不过，"绝不漏税"的意识并不表明创业者对税收的不闻不问。优秀的创业者在做每一笔生意之前，总会反复计算这笔生意是否能挣钱，尤其是计算扣除各项费用和税金之后的有多少钱能装入自己的口袋。但是他们为了多赚点利润,也在税收上想了不少点子,最后的答案是两个字:避税。

曾经有一个法国人在海外旅行。归国时,他暗带了一些钻石,企图通过不纳税入境,结果被海关查出扣留,并且罚了很重的税金,几乎遭受到没收的损失。同行中的一个犹太人听说之后非常惊奇,就对法国人说:"你为何不依法纳税,堂堂正正入境呢?钻石的输出费最多不会超过7%,如果照章纳税,堂堂正正地进入国境,然后在国内卖钻石的时候,设法把这7%提价就可以了。"

"对啊。这样简单的数学计算谁不会?可是当初我怎么没想到呢?"法国人豁然开朗,由衷地欣赏犹太人,并认为依法纳税实在是一个明智之举。

事实上,犹太人表现出来的并不仅仅是明智。他们知道,依法纳税需要一笔数额很大的税款,要是可能,谁不愿意自己多赚点钱,少交点税。

"纳税天经地义,避税合理合法。"犹太人的《财箴》早就有过类似的表述。他们在做到合法避税的同时又做到绝不漏税,从根本上来说是得益于由犹太圣典所承载下来的智慧。合法避税又绝不漏税,使犹太商人在世界各地有了生存的土壤和发展的根基,也为这个苦难的民族带来了丰富的财富。为了减轻"税金",犹太人不像那些自作聪明的人去逃税,而是想出其他绝妙的避税的办法。

其实,在长期的商场历练中犹太人已经总结出了一套合法避税的办法,如他们把经营活动与财务活动有机结合来进行合法避税或者通过经营时间、地点、方式等的精巧安排来合法避税。他们会使避税行为发生在国家税收法律法规许可的限度内,做到合理合法。有时他们也会巧妙安排经营活动,努力使避税行为兼具灵活性和原则性。他们还会充分研究有关税收的各种法律法规,努力做到在某些方面比国家征税人员更懂税收。

其实犹太商人在世界各地苦心经营各自的一方天地,并没有多少时间运用他们高超的智慧去思考如何避税。避税不应是从商者的根本目的，即使是个天才避税者也不能够通过避税迈入富人的行列。它的根本目的应在于促使管理者对管理决策进行更加细致的思考，进一步提高经营管理水平。

避税是为了使企业实现利润最大化和税负最低化。合理避税是一种合法行为，因此很多外资企业采取各种招数，以达到合理避税的目的。

在长期的商业活动中，成功的商人总结出了很多合情合理的避税方法。常见的避税方法有以下几种：

**1.转换企业资产构成性质**

每到一国做生意，事先详细了解该国的投资环境和该国的一些优惠政策。如有些国家为了吸引外资，对外商投资企业一直实行税收优惠政策，这其中就包括外商独资企业、中外合资企业。这是因为，国内企业所有者如果不能以外商身份进行注册，应想方设法将自己的企业转换为中外合资、合作经营企业，以便能够合理、有效地获取享受减税、免税或缓税的方法。

**2.企业注册地的选择**

每个国家在制定本国经济政策的过程中，对一些亟待发展的地区的确都会有一些政策上的倾斜，所以在企业注册地的选择上，要尽量利用相关的政策优惠。如在我国相关法律有规定，凡在经济特区、沿海经济开发区和经济技术开发区所在城市的老市区以及国家认定的高新技术产业区、保税区设立的生产、经营、服务型企业和从事高新技术开发的企业，均可享受较大程度的税收优惠。因此注册公司的时候尽量要选择这些地区作为注册地。

**3.选择合适的行业**

为了照顾弱势群体和特殊群体，为弱势群体和特殊群体谋取福利，国家对一些特殊行业有免税规定，这其中就包括托儿所、幼儿园、养老院、残疾人福利机构、婚姻介绍、殡葬服务、医院、诊所和其他医疗机构等，都免缴营业税。

### 4.安置"四残人员"

为了照顾残疾人群,鼓励企业多用残疾人群,国家相关政策规定,占企业生产人员35%以上的民政福利企业,其经营属于营业税"服务业"税目范围内(广告业除外)的业务,免缴营业税。残疾人员个人提供的劳务,免缴营业税。

### 5.充分利用税收优惠政策

全国各地对不同的企业都会有不同的税收政策,会对一些当地支持的行业进行税收优惠。例如,有些高新技术开发区的高新技术企业减按15%的税率征收所得税;利用"三废"作为主要原料的企业可在5年内减征或免征所得税等。

### 6.借贷筹资

企业资金来源于三个方面:自我积累、借贷、股票发行。自我积累是企业税后分配的利润,股票发行支付的股利也是税后利润分配的一种方式,二者都不足以抵减应交纳的所得税。而借贷的利息支出是从税前利润中扣减,可以冲减利润而最终避税,所以经理人可选择借贷的方式为企业筹集资金。

合理避税还需要企业精通税法。企业不管要降低纳税成本还是降低风险成本,都要涉及税收。因此,创业者或公司相关人员不仅要看税法政策,而且要看懂,更重要的是会活学活用。如此看来,一个企业拥有精通税法、善于筹划的税务经理,不是可有可无,而是大有必要的。

从某种意义上说,企业只有了解了自己的商业模式,才知道公司为什么会作为一个独立的企业而存在。每个企业在设计的时候都要从自己企业的实际出发,结合具体的情况,综合考察各方面的影响,从解决本企业的发展瓶颈着手,整体考虑,整体安排,从而找到一条适合本企业发展的商业模式,而合适的商业模式对企业经营产生的巨大效益无疑是难以估量的。

# 铁律49

## 确保资金链健康、有效——先进钱后花钱

> 每个企业在发展期，资金链可能都会存在这样那样的问题，但与企业存在的其他问题相比较，在企业中呈现的影响不大，管理者没有重视这个方面的问题；当企业发展到一定程度，问题就会暴露出来。

资金链短缺曾经让许多中国知名企业或轰然倒下，或受重创放缓脚步，令人叹息。例如，曾经名噪一时的地产黑马——顺驰地产，鼎盛的时候其老总甚至叫板王石的万科地产，后来因为大面积购地，遭遇地产"寒冬"，无资金支撑新开发的楼盘而土崩瓦解；"三九胃泰"曾经传遍大江南北，却因盲目多元化导致资金危机，连立在纽约曼哈顿广场的巨幅广告牌都被悄然拆除；巨人集团因为高估当时企业和市场的大好形势盖巨人大厦，结果因资金不足，不仅让大厦没有树立起来，还拖垮了其他业务。警钟长鸣，企业经营管理者应该引以为戒。

事实上，任何一个经济组织的生存和发展都需要一条健康、有效的资金链来维系和支撑。近年来，英语培训行业因为需求增加，增长速度飞快，引来了众多企业经营者的目光，使得竞争更为激烈，淘汰率也非常高。

赫赫有名的南洋集团是从太原起家的，后来经过快速扩张，成为中国民办教育的翘楚。南洋的发迹应该归结为该公司的"教育储备金"这一历史产物。其内容是如果学生家长一次性交一笔8万～20万元不等的储备金，此后就不需要交纳任何学费和伙食费等费用。等学生毕业之后，储备金将全额不加利息如数返还家长。所收取的储备金，学校则用来继续扩大规模，开设新学校，快速发展。

可是，世事难料。1998年亚洲金融危机爆发。受其影响，我国内需严重不足，央行为了鼓励消费连续8次降息，这使得靠"教育储备金"的集资方式运作的民办教育成为高危险群体。到2005年秋季，南洋到期的各校教育储备金无法兑现，各地形成挤兑风潮。2006年，南洋集团由于储备金问题全面崩盘。除南洋外，双月园、金山桥也因同样的原因相继垮掉。

同样是民营培训学校，新东方的资金链问题也引起了社会的关注，尤其是2006年新东方的上市，让人们有这样的猜测：新东方上市是不是因为缺钱呢？俞敏洪就这些问题发表了自己的看法，他说，新东方不缺钱，也无须圈钱。为什么还要上市？真实原因之一是上述问题的延续。他希望用严厉的美国上市公司管理规则来规范内部，以制度说话，避免前面出现的人情和利益纠葛。

他还说，那些学校垮掉有两个原因：一是资金链问题，一是模式的问题。比如南洋采取的储备金模式，学校收取学生高额储备金，承诺学生毕业时返还，只收取利息用来办学。这在早些年利息高达10%以上的环境下还行，但后来国家降息，低到只有3个多百分点，学校就难以为继，不得不动用学生的储备金，最后出了问题。

这番话是俞敏洪在2006年新东方在美国纽约证券交易所上市的时候说的，虽然有"马后炮"的嫌疑，但分析是一针见血的。当时受这些学校的影响，人们还猜测新东方的上市是不是遇到资金瓶颈问题。对此俞敏洪给予坚决、自信的回答：新东方上市，坦率地说是个例外，因为新东方从来没有缺过钱，新东方的账上加起来，原则上一般都不会少于2亿人民币，所以从来没有缺过钱。

新东方的任何投资都没有超过现金流的警戒线，新东方已经形成了自己的投资原则，其中有一条就是"30%原则"——新东方付出去的钱不能超过储存现金的30%。"30%原则"是大多数国际公司所实施的财务安全原则，这一做法新东方是咨询过许多财务顾问公司和专家才最终确定下来的。俞敏洪进一步解释新东方的财务原则：尽管新东方的商业模式非常好——先进钱后花钱、基本没有应收账款，但是新东方一定不要把应收账款都当成公司的现金流，所以也应该恪守这个原则。

资金链优良，企业才是真的优良。一些资金链的断裂导致企业失败，表面看是问题的直接反映，其核心是企业缺乏管理财务风险和控制现金流的能力。就如南洋集团，其崩溃的祸根从一开始就已经埋下了。因为它的资金运行模式本身就是非常不安全的，一旦外部环境发生变化，崩溃肯定是必然的。

资金链，是一个企业的鲜血，几乎所有的企业稍做大一点，就会违背企业经营效率这个根本，因此，如何保证资金链的连续性发展，可以说是企业经营的根本。当一个企业核心业务趋于成熟，或者转向其他领域的时候，以资金链为主的财务风险会陡然增大，管理者必须谨慎对待。

迅速成为中国最大印染企业又迅速陨落的浙江江龙控股集团有限公司就是死在资金链断裂的典型。

江龙印染由陶寿龙夫妇创办于2003年，是一家集研发、生产、加工和销售于一体的大型印染企业。2006年4月，新加坡淡马锡投资控股与日本软银合资设立的新宏远创基金签约江龙印染，以700万美元现金换取其20%的股份。同年9月7日，江龙印染（上市名为"中国印染"）正式在新加坡主板挂牌交易，陶寿龙因此一夜成名，迅速成为绍兴印染行业的龙头老大。

大好形势之下，陶氏夫妇的"印染王国"迅速膨胀——在短短几年间，江龙控股总资产达22亿元，旗下拥有江龙印染、浙江南方科技有限公司、浙江方圆纺织超市有限公司、浙江红岩科技有限公司、浙江方圆织造有限公司、浙江百福服饰有限公司、浙江百福进出口有限公司、浙江春源针织有限公司等多家经济实体及贸易公司，业务范围极广。

2007年，江龙控股的销售额达到20亿元，陶氏夫妇达到了事业的巅峰，并成为各地政府招商部门眼中的红人。不过，受国家宏观调控的影响，2007年年底，绍兴某银行收回了江龙控股1个多亿的贷款，并缩减了新的贷款额度。银行的意外抽贷更是让陶寿龙大伤脑筋。江龙控股的现金流和正常运营随即受到重大影响，百般无奈之下，陶氏夫妇开始转向求助于高利贷，公司经营也每况愈下。

"只要沾染上了高利贷，有几个企业能够全身而退的？"江龙控股的另外一个供货商陈先生说。在江龙控股出现资金危机后，除了借高利贷维持公司正常的周转外，陶寿龙夫妇还展开了一系列的自救行动，以维持公司的运行。据《第一财经日报》报道，该公司资金链断裂或将涉及高额的民间借贷，其中拖欠供货商的货款就达2亿元左右。加上一些对外担保和其他债务，总数额已远远超过20亿元。

江龙控股的陨落，资金链断裂是主要原因。现金流就是一个企业的命脉，中国有句古语叫"一文钱憋死英雄汉"，其实讲的就是现金流对企业的重要性。但是在现金流这个问题上，中国企业的很多创业者缺乏充分的认识。将企业做得更好，关键是强化企业的赢利能力，尤其是要管控好现金流。

如何避免资金链出问题呢？我们可以从以下几个方面着手：

（1）保证主链的资金充分宽裕，必须有相当的融资能力，包括政府、银行等非常手段，资金链必须畅通。

（2）保证企业财务会计工作的有效性。在我国，由于种种原因，存货和应收账款上的阻力是特别的大，容易降低企业的资金周转率，也会大量出现腐败现象。所以企业要以资金管理为中心，提高资金使用率；做好应收账款管理，防止坏账发生，加强对原始单据的审核，保证会计资料的真实性、完整性及合法性；坚持稳健原则，防范财务风险，建立财务风险防范与财务预警体系，及时化解财务危机；开展财务分析活动，为企业营运提供决策依据；建立财务监控体系，防止财务失控，建立内部稽核制度，保证会计业务的及时、完整、准确、合法。

比较特殊的中小企业掌控现金流的做法有：

（1）下游原料企业先货后款。除了第一次合作，为了表示诚意需要提前支付货款外，要尽量先货后款。当然，一定要按章办事，不要压款，以免影响付款信用。

（2）对于客户先款后货。尤其是新客户一定要求对方先款后货。要随时记录各个客户的付款情况，制定相应的付款条款。一旦客户拖欠，其信用水平就要立即降低，马上提升预付款的比例。这样，给客户以警示，并能把风险降到最低。

（3）尽量租用大型生产设备。购买必然会占用大量的现金。如果采用租用的方式，虽然短期内支付的租金相应多些，但能保留下足够的现金流，支撑企业良性运转。

（4）不要接超过公司生产能力15%以上的大单。如果接到超越自身生产能力的订单，一定要学会分包的策略。通过与别人的联合来完成订单，避免使自己力不从心。

# 铁律50

## 设立预算制度，利润是被要求出来的

> 所有的公司都要作预算，估计出一年里一个大概的开支，你不要借口"业务变化太快""没时间""公司太小不需要""没有资源或人来做"，把预算抛在脑后。连自己花多少钱都不清楚的公司，不可能生存太久。

上到国家，中到企业，下到个人，每一个主体都会与预算打交道。随着市场竞争的加剧，企业制定科学的预算制度，也是其竞争力的一个重要体现。在成熟的团队，预算的编制应该是自上而下、自下而上、上下结合的方法，就是说，预算不是你一个人说了算，也不是财务经理一个人说了算，而是有一套完整的预算制度。

编制预算主要有3个步骤：

### 1.调查

调查下一个年度，比方说2007年，客户情况、新产品开发情况、竞争对手、市场供求关系、整个资本性开支等。对公司内部环境和外部环境作彻底的分析和预测。

### 2.对比

对成本作一次全面的对照和假设，对照去年的成本，假设今年的成本，有没有什么波动？在这个行业法规上有没有什么变化？供应商方面有没有新的突破？在今年有没有新的资本性开支？有没有大的人事变动？有没有大的银行贷款？分析这个年度以及对比上个年度，第一个步骤是对营销、市场、客户、产品，第二个步骤是对成本、供应商、创新、贷款、资本性开支,就是对花出去的钱作预测和对比分析。

**3.预测**

参照这两个数字,制订一个公司的年度经营计划,作一个假设的成本开支。比如说年度目标,一个公司的年度目标是收入一个亿,那么一个亿的收入背后,就配套一个销售成本、费用。这样,预算就出来了。

资金预算管理是指基于历史数据和经验,结合企业当前经营的实际环境,合理预测企业资金的需求量,并科学分配资金到企业经营的各环节和部门的管理活动。资金预算的内容,包括资金流入、资金流出、资金多余或不足的计算,以及不足部分的筹措方案和多余部分的利用方案等。资金预算实际上是其他项目预算有关资金收支部分的汇总,以及收支差额平衡措施的具体计划。资金需要量的预测,能够保证企业某一时点或时段的生产经营活动顺利进行,而资金预算则真正动态地反映了企业的资金余缺。

中国电力财务有限公司华东分公司各经营单位为贯彻落实"三节约"活动,按月对可控费用、刚性控制单项费用(业务招待费、会议费、差旅费和公杂费4项费用加权综合)以及利润总额3个指标的纵向同比情况,日均备付率、存贷利差率以及资金归集率3个指标各单位之间横向比较情况进行比对和分析,通过对标的形式,营造比、学、赶、超的良好活动氛围。

公司每月统计分析"三纵三横"6项指标的执行情况,并通过分公司工作简报或月度工作例会形式发布结果。通过对指标的比对和分析,督促各经营单位及时根据指标情况,调整下阶段工作重点,合理挖潜,增收节支,提高运营效率和效益,确保"三节约"活动落到实处。

从经营指标上看,华东分公司1~6月平均资金归集率达87.22%,较上年同期增长4.74%;日均备付率17.67%,较上年同期压降了5.84个百分点,上半年通过压降备付所产生的经济效益为1202万元。

资金预算具有以下两方面的意义:

**1. 降低企业财务风险**

资金预算管理对资金的使用进行全程的跟踪，提高了对资金的内部控制，通过对各预算单位的货币资金、票据、预算内收支、预算外收支、借款、担保等的预算工作可以有效加强货币资金和金融风险的管理，保证资金活动的有序进行，降低财务风险。

**2. 提高资金利用率**

资金预算的编制过程，对不同的筹资渠道、筹资方式分析比较，权衡筹资成本和承担的风险，优化资金结构，降低了企业的筹资成本。在资金投放使用过程中，通过资金预算使资金的投放按照计划进行，避免资金的无效使用和出现偏差，优化了投资结构，提高了投资的报酬率。资金预算通过有针对性的压缩应收账款、控制存货水平、削减资本性支出等优化了现金流量的质量。

由于资金预算管理在我国企业中推行的时间比较短，在预算体制建设、预算执行及结果反馈等方面缺少实践经验。资金安排上缺乏整体的合理安排和规划。主要表现在资金预算不科学、不全面，以及在管理上缺乏执行力度。

企业经营管理者建立科学预算制度主要从以下几方面入手：

**1. 强化资金预算管理**

资金是企业的"血液"，是保证企业有效运转的不竭源泉。如何用好资金、提高资金使用效率成为企业财务人员面临的一项重要课题。尤其是在目前市场变化无常的情况下，科学合理的资金预算是企业统筹安排资金、降低资金成本的有效途径。在以企业负责人为首的资金预算委员会的领导下，可以采取一系列强化资金预算管理的措施：

（1）以周资金预算为重点保月资金预算。企业应在总结了以前资金管理成功经验的基础上，进一步加强资金预算管理，建立年、季、月、周的资金预算管理体系，做到以日资金调控保障周资金预算，以周资金预算保障月资金预算，使企业的资金始终保持良性循环状态。

（2）建立各个业务部门共同参与、全过程控制的全面月资金预算体系。一个科学的预算需要企业各部门的协调配合。企业各部门在每月某日前提供本部门的生产计划，如：生产办提供原料采购计划和物资采购计划，基建科提供固定资产的工程用款计划，销售公司提供产品销售计划和应收账款控制计划等。报主管领导审批后，将有关资料及时提供给财务部门，再由预算委员会办公室于每月月底前将资金预算进行汇总、预审并报资金预算委员会审批。

（3）建立预算变动报告及执行情况反馈制度。企业里的实际资金流转不可能与预算完全相同，对于有变动的资金预算，必须提供书面报告，并提交资金预算管理委员会审批，以便资金管理人员及时调整预算和调度资金，经批准后方可办理付款手续。对周、月度资金预算执行完后，要及时进行资金预算执行情况分析，及时查找形成差异的原因，然后将分析结果及时反馈给各业务单位，以指导今后预算的编制。

**2. 加强成本预算管理，提高企业经济效益**

作为企业来说，成本控制是一个非常重要的环节，如何加强企业的成本控制，提高企业经济效益呢？为了加强各个生产环节的成本管理，应在全面二级核算的基础上，深化、细化班组核算，推行全面成本预算和目标成本管理，具体情况如下：

（1）加强企业的成本预算，强化目标成本管理。为了加强对预算工作的组织领导，企业应成立预算管理委员会实行统一管理。每年某月（定期）预算管理委员会要召集生产、销售、计划、财务等部门，根据相关指标，结合本年实际编制来年的生产计划、销售计划，预算委员会办公室再根据相关计划编制来年的成本预算，报企业预算管理委员会讨论、审定，然后将成本预算逐项进行分解，并建立相配套的考核办法。同时各二级单位建立各级成本责任制。按照"纵向到底"的要求，将各项成本预算指标逐一细化，分解到车间、班组、工段以及个人，真正形成"千斤重担人人挑，人人肩上有指标"的预算指标体系，做到一级对一级负责，一级对一级考核，保证效益目标落到实处。

（2）加强经济活动分析，及时跟踪预算执行情况。预算指标一经下达，不得随意更改。为了及时了解预算执行情况以及实际执行过程中出现的偏差，企业应建立定期预算分析和报告制度，每月组织生产经营、计划、财务等部门对本月、年累计预算期工作量完成情况、成本费用控制指标完成情况、利润完成情况、财务情况、现金流量、市场需求价格变动趋势进行分析，将预算执行结果与预算数据对比，找出差异并分析形成差异的原因，对发现的突出问题进行专题分析，及时解决预算执行过程中出现的问题。在执行和分析过程中，不断完善预算管理制度，提高预算管理水平。

### 3.加强绩效考评，保证预算的全面实施

根据分解下达年度、季度、月度预算指标，企业应制定一套比较完整的配套考核办法和奖励办法，实行成本一票否决制度。职工个人利益与预算指标挂钩，同时根据不同单位对成本节约的大小，实行系数分配制度，就是将各单位预算指标考核结果再乘以一个系数作为最终的奖金分配依据，这样一方面可以适当拉开收入差距，体现向一线倾斜和按贡献大小来分配的公平原则；另一方面是将月度预算指标与年度预算指标相挂钩，激励各单位以月保年，切实保证年度预算指标的完成。

加强预算管理尤其是资金预算、成本预算管理，目的是要真正实行全面预算管理，从根本上提高管理水平，最终实现企业效益最大化的目标。

### 4.预算要有"法律效力"

一旦你的预算确定下来，各部门、各分公司在生产、营销和各项活动中就要严格执行，围绕预算开展活动。年度预算有了，还要从年度预算再细分到月度预算，而且每个月都要对预算执行情况进行分析，如果在哪个环节上的花费当月超出了预算，我们马上分析原因，是因为一次性费用，还是因为控制不当，如果是控制不当引起的，马上追究责任！然后再找将要采取的改进措施，让相关责任人立下保证，不能达成的追究责任。要让员工把预算当成公司的"法律"，"法"不容情，违"法"必究。

# 铁律51

## 在财务问题上,除了制度和程序,不相信任何人

> 按程序办事、按制度办事对于一个企业来说非常重要,尤其是在企业的财务问题上。按程序、按制度办事能过滤掉一些外在的干扰因素,可以使企业在某些方面不需要被牵着鼻子走,反而增加了自己的主动性。因此企业管理者只相信制度和程序,是引导企业走上正轨和不蒙受损失的必要信念。

作为一个经营管理者,在商场搏杀了多年之后,都会深刻地体会到一个公司的制度和程序的重要性。要想做一单聪明的生意,在财务问题上,除了制度和程序,请不要相信任何人。

数年前,林某在某个私营企业任总经理,当时,公司有2500平方米房产需要装修,通过招标,林某的公司选择了一家知名度很高的公司,该公司的张总是林某的好朋友。项目做完后,张总对林某说:"一共花了425万元,实打实的成本,给多少钱,你说了算吧。"同时他补充说,"如果我赚了你的钱,我就从这里跳下去!"当时林某的公司在15楼。他这一招很绝,看上去无懈可击。但林某告诉他说:"我们公司不是我说了就可以办,必须经过审计部,每次都是他们核算后作决定。"林某公司的审计部,是他觉得称得上是"职业杀手"的一个部门。

10天以后,林某的"职业杀手"对他说:"林总,统计数字已经出来了,成本是168万元。"电话打给张总以后,张总暴跳如雷,因为这个项目他都委托给他的副总处理。后来重新算,重新核对每一个细节,同时请监理公司。一个月以后，数字也出来了，成本还是168万元。这件事情确实让林某领受到了财务管理的威力，他说，他算明白企业的利润是怎么流失掉的了。

有句古话："赚钱如针挑土，花钱如水推沙。"赚钱不容易，而花钱只要我们稍微不控制，泼出去的水就无法挽回。审计上有句话："追根究底"。其实，财务的本质就是追根究底。清楚钱来是怎么来的，去是怎么去的，公司财务管理者一定要有这种精神。

既然在财务问题上，除了制度和程序，不能相信任何人，但是帮助自己统计财务数字的会计也是人，因此在选择自己的"职业杀手"时一定要有所注意。企业管理者要有这种想法：你选择的不是人，而是你的制度和程序，即你选择出来的人会像公司制定的制度一样，本本分分，循规蹈矩。因此企业管理者在选择自己的"职业杀手"的时候要遵循三个标准：第一，作风正派。不管做人和做事都必须实事求是、光明正大、坚持原则。第二，有敬业精神。热爱自己的本职工作，对待任何工作都非常认真。第三，对企业忠诚。他的财务知识还在其次，关键是他的态度。

台塑大王王永庆已经逝世，然而他的管理精神却仍然被广为流传，奉为经典。王永庆降低成本的本事，连世界级管理大师都为之惊叹，望尘莫及。那么，他的秘诀在哪里呢？

王永庆曾说过，经营管理、成本分析，要追根究底，分析到最后一点，台塑就靠这一点吃饭。

有一次，他们开会讨论南亚做的一个塑料椅子。报告的人把接合管多少钱、椅垫多少钱、尼龙布和贴纸多少钱、工资多少钱都算得很清楚，合计550元。每个项目的花费在成本分析上都统统被列出来了。

但王永庆追问："椅垫用的PVC泡棉1千克56元，品质和其他的比较起来怎么样？价格如何？有没有竞争的条件？"报告人答不出来。

王永庆再问："这PVC泡棉用什么做的？""用废料，1千克40

元。""那么大量做的话，废料来源有没有问题呢？"报告人又不知道。

"南亚卖给人裁剪组合，在裁剪后收回来的塑料废料1千克多少钱呢？"

"20元。"

"那么成本1千克只能算20元，不能算40元。使塑料发泡的发泡机用什么样的？什么技术？原料多少？工资多少？消耗能不能控制？能不能使工资合理化？生产效率能不能再提高？"结果报告人也不知道。

这么一大堆工作没有做，在王永庆看来，是绝对不行的。所以王永庆一再强调，要谋求成本的有效降低，无论如何必须分析在影响成本各种因素中最本质的东西，一一列举出来检讨，才能建立一个确实标准成本。王永庆就是从这样一点一滴做起，没有道听途说，单纯地相信别人的报价，而是自己深入研究比较，从而达到降低成本的理想目标。

作为企业管理者应该每时每刻提醒自己：

（1）企业里有专门的人手负责砍价吗？这个人是按企业的规章制度办事吗？

（2）企业有专门的人手或部门对采购价格进行严格的审核吗？这个人或者部门也遵循你的企业的规章制度了吗？

（3）你有像王永庆那样进行精细的成本核对吗？你是否经常轻信朋友或熟人给你的价格？你在采购物品时达到价格最优化了吗？

通过以上案例我们可以看出，无论是企业的合作者还是企业内部的员工，都会在不同程度上干扰着企业的财务收支，即会引起财务问题的出现。企业的合作者会因为种种利润的诱惑驱使自己不择手段地只为自己谋大利润而考虑，就像那个装修公司里的副总，如果这单生意林总没有走程序、按制度办事，那么自己的公司就亏大了，也就让那个副总得了便宜。对于自己企业内部员工，不能说他们是不诚实，对于公司不忠诚，而往往一些专业的或者细微之处，他们毕竟还是不能考虑全面。

因此，企业的管理者就应该深入浅出地研究或者探究市场，确定合理的商品价格，这样在降低公司成本的同时，也帮助培养了还在成长中的员工的素质。因此，公司要想赢利，那就必须控制好成本，要想控制好成本，就一定要按公司的制度和程序办事，人的意见或者建议管理者可以参考，但是不能只相信人的言语，只有这样，企业的财务问题才会很少出现差错或者出现企业吃大亏的现象。在财务问题上，企业的管理者一定要坚信制度和程序是自己最好的助手，切忌只单纯相信人！

# 铁律52

## 懂财务是避免公司倒闭的保障

> 有这样一个比喻：不懂财务的老板带着公司在市场上和其他公司竞争，就像一个不自量力的人拎着把特大的刀和别人打架，大多数的时间是先砍到自己。可见，做一个懂财务的公司创业者可以为一个公司平稳地发展提供很大的保障。

企业财务状况是指企业在一定时期的资产及权益情况，是资金运动相对静止时的表现。通常通过资金平衡表、利润表及有关附表反映，它是企业一定期间内经济活动过程及其结果的综合反映。

企业经营过程反映到财务上就是一个资金的流动过程，从现金开始流到资产，再到现金，周而复始、不断循环。决定企业财务状况好坏的因素包括公司经营策略、企业存货、技术装备状况和公司的信用控制体系四个要素。企业财务状况的好坏是企业经营好坏的晴雨表。财务管理是企业管理的中心，贯穿于企业管理的全过程。它不仅被企业的每个财务人员所关心，也是企业管理者、投资人、企业的员工们随时关注的一件大事。先进的财务管理能够促进企业的健康发展，提高企业的竞争能力。

迪士尼公司是全球最大的一家娱乐公司，也是好莱坞最大的电影制片公司。它是由创始人沃尔特在1922年5月23日，用1500美元建成的。融资扩张策略和业务集中策略是迈克尔·艾斯纳在长达18年的经营中始终坚持的经营理念。融资扩张策略和业务集中策略这两种经营战略相辅相成，确保公司原有资源与新业务的整合，并且起到不断地削减公司运行成本的作用。同时保证了迪士尼公司业务的不断扩张，创造了经济连续十数年的高速增长。

迪士尼公司的长期融资行为具有四方面特点：

首先，股权和债权融资基本同趋势波动。

其次，融资总额基本都比较稳定。

再次，迪士尼公司的股权数长期以来除了股票分割和分红之外，变化不大。

最后，长期负债比率一直较低，平均保持在30%左右，并且呈继续下降趋势。

迪士尼公司采取的激进的扩张战略本质上来说也是一种风险偏大的经营策略，为了避免高风险，需要有比较稳健的财务状况与之相配合。

财务管理是企业管理的重要组成部分，而迪士尼公司之所以如此成功，是因为它经营现金流和自由现金流充足，有优良的业绩作支撑。所以公司要有能力控制债务比率，减少债务融资，降低经营风险。

企业财务状况好，企业才真的好。因此，作为企业的管理者一定要懂财务，懂财务是避免企业倒闭的保障。李嘉诚先生曾说过这样一段话："我未有幸在商学院聆听教授指导，我年轻的时候，最喜欢翻阅的是上市公司的年度报告书，表面上挺沉闷，但这些会计处理方法的优点和弊端、方向的选择和公司资源的分布，对我有很大的启示。对我而言，管理人员对会计知识的把持和尊重、对正现金流以及公司预算的控制，是最基本的元素。"

可是，很多企业的经营者或管理者都是从营销起家，本身不熟悉专业的财务知识，甚至不具备较高的文化水平，因此很少有企业家会主动关心财务知识。我们总是模糊中意识到，财务是个很简单的事情，不过就是收入进来了。这就好像，你把刀已经拿在了手里，但不知道手里拿的东西是什么，模糊中感觉像是个铁的东西。这样，你当然也没有欲望去学会怎么使用它、用好它。

很多企业家不爱看账目，一看账目，他们就"一翻两瞪眼"。企业家都是非常精明的，他们在做生意过程当中，在企业管理当中，心中都有一本账，但是他们不重视财务这本大账，往往仅算计自己心中的那本小账。

企业家害怕数字。因为很多时候，财务一说话，就有很多数据、很多术语让企业家听不懂。企业家说话，财务也不懂。不懂装懂，危害无穷。但是企业规模的一步步壮大，对这些经理人的财务技能提出了要求。不掌握相应的财务知识和技能，是管理不好企业的。那么，作为企业家应该怎么做呢？

**1. 加强自身的学习**

对于公司经理人来说，为了准确地评估公司现状，要能理解最基本的财务语言，识别关键财务指标，看懂几种财务报表。几个重要的财务名词：资产、负债、账面价值、市场价值、资本性支出、折旧、摊销、会计年度、净利润率、应收项目、应付项目、收入、支出。几种重要的财务报表：资产负债表——反映公司在某一特定时期（往往是年末或季末）的财务状况的静态报告，资产负债表反映的是公司的资产、负债（包括股东权益）之间的平衡关系。损益表——一定时期内经营成果的反映，是关于收益和损耗的财务报表。反映公司在一定时间的业务经营状况，直接明了地揭示公司获取利润能力的大小和潜力以及时性经营趋势。现金流量表——反映企业一定期间内的现金流入和流出情况，能评估企业未来产生净现金流的能力、偿还负债的能力、支付股利的能力、向外界融资的需要，以及本期损益与营业活动所产生现金流量的差异。

目前有很多专门的财务管理公司提供这些培训，经理人可以参加。另外也要善于在与财务人员日常接触的过程中向他们求教。

**2. 正确用人**

无论如何，经理人自身都很难成为一个财务管理专家。优秀的财务负责人对企业的发展至关重要，他本身不但要具备极高的业务素养，能制定出有效的内控制度和会计控制制度，还能为企业经营提供专业的分析和建议。因此，正确使用优秀的财务专业人员，是经理人克服财务技能不足的捷径。上市公司用人时，要重点考察专业财务人员的职业道德和人品。切忌任人唯亲，能力平平的亲戚，通常只能进行最基本的账务处理，无法深刻挖掘数据背后的信息，对企业的长远发展不利。

### 3.引入外援

如果企业已经发展到一定规模，依靠自身力量无法很好地实现数据分析、预测企业发展状况的功能，可以考虑聘请专门的财务管理顾问帮助解决问题。经验丰富的财务管理顾问拥有各个行业、企业各个发展阶段的丰富实践经验，能帮助企业找准定位，根据行业整体发展状况解决个体问题，并且有时候换个角度看问题，可以更加客观，也更容易发现平常被忽略的细节。

总而言之，作为企业的管理者一定要重视企业的财务问题，在财务问题上企业家一定不能粗心大意、随随便便。从一定的角度上说，财务就是一个企业生存发展的支柱，支柱倒了，企业也就倒闭了。因此，企业家最好要切实懂得一些财务常识，明了自己企业的财务状况，至少自己也要身边有个精明的财务人员，只有这样，企业才能在稳定中发展，在稳定中创造利润。

# 铁律53

## 公司要想赚钱，一定要先让客户赚钱

> 企业要发展，就必须依靠客户来购物消费，客户之所以会买企业的产品，往往是考虑自己购买此商品后会有钱赚或者有利益所得。一个简单的道理，没有人会做对自己无益的买卖。企业要想做强做大，一定要先让客户赚钱，客户高兴了，也就意味着客户要帮企业赚钱了，慢慢地企业也就强大了。

营销大师科特勒指出："客户是企业的唯一利润中心。""始终把客户放在心上"是营销工作不断前进的动力，树立以客户为中心的营销观念，不但是营销工作发展的根本，也是其存亡的关键。

1985年，巴巴拉·本德·杰克逊提出了关系营销的概念，使人们对市场营销理论的研究又迈上了一个新的台阶。所谓关系营销，是把营销活动看成是一个企业与消费者、供应商、分销商、竞争者、政府机构及其他公众发生互动作用的过程，其核心是建立和发展与这些公众的良好关系。关系营销体现的是一种"以人为本"的价值取向，其中最关键的就是处理好与客户之间的关系，坚持以客户为导向、客户至上的营销策略。

其中"公司要赚钱，先让客户赚钱"这一经营理念，是企业经营理念的提升，也是企业经营理念的革命！从客户的角度去经营公司，想方设法地为客户省钱，让客户赚钱了，也就会为自己赚钱了。在现在这个时代，很少有暴利了，而市场竞争又十分激烈，我们可以让利，但是绝对不能让市场。如果经销商卖你的品牌都不赚钱，那你又如何让经销商不断地来公司批发货物，如何让经销商不断去推荐公司的产品？因为市场永远不缺产品，而是产品缺市场。经销商（或其他销售商）有钱赚才会有品牌忠诚度，没钱赚自然就不会对你的品牌忠诚，即使你的产品确实很好。只有总是站在客户的角度去思考问题，不断节流、降低成本，使客户赚钱了，市场做开了，自己的公司自然而然也赚钱了。

阿里巴巴的企业价值观中"客户第一"是这样阐述的：客户是衣食父母；无论何种状况，始终微笑面对客户，体现尊重和诚意；在坚持原则的基础上，用客户喜欢的方式对待客户；为客户提供高附加值的服务，使客户资源的利用最优化；平衡好客户需求和公司利益，寻求并取得双赢；关注客户的关注点，为客户提供建议和资讯，帮助客户成长。

只有客户富有了，阿里巴巴才有钱赚，马云很清楚这个道理。在他的领导下，阿里巴巴一直想方设法为客户创造价值。马云认为正确地对待客户的理念应该是：把为客户创造更多价值当成义不容辞的责任。作为员工，当我们与客户交往时，眼睛不要盯着客户的钱，应该考虑用自己的产品和服务让客户先赚钱，为客户多赚一点钱，客户赚钱了，我们才会赚钱。

马云指出："电子商务最大的受益者应该是商人，我们该赚钱，因为我们提供工具，但让我们提供工具的人发了大财，而使用工具的人还糊里糊涂，这是不正常的。所谓新经济，就是传统企业利用好网络这个工具，去创造出更大的经济效益，使其成倍地增长，这才是真正的新经济的到来。今天新旧经济是两张皮。"

因此马云认为，阿里巴巴应是商人们赚钱的工具，马云时常提醒销售人员不要盯着客户的钱，而是要帮客户多赚钱，等到他们赚钱之后分给自己一点。竞争残酷的现实告诉企业家们，想要长期发展，必须竭尽全力为客户创造最多的价值。营销界最根本、最大的挑战就在此。作为阿里巴巴的领导者，马云似乎从来没有担心过利润来源的问题。经过仔细研究，人们发现，马云从一开始就坚持资源共享，通过免费的方式让信息以最快的速度聚集在一起，然后提供给用户。

阿里巴巴的每一项产品都是为了帮助客户赢利而产生。从一开始，客户的不信任会为营销带来很多障碍，国内中小企业业主们对上门推销的商品总存在一种防备心理，在这种心理面前，广告变得无力。任凭销售人员说得天花乱坠，只要他们看不到这种商品能为他们带来的真正实惠，就不会购买。所以说，事实是检验真理的唯一标准，商品的实际效果是最有说服力的广告。只要把好处展示在客户面前，让他们看得见、摸得着，而等到他们发现使用阿里巴巴的产品真的能够为自己带来极大的好处，他们就自然而然地乐意掏钱出来，甚至争先恐后地把钱塞到阿里巴巴的口袋里。就好像只能徒步旅行的一群人突然有了开汽车旅行的机会，刚坐上时他们会心怀忐忑，等到他们发现这种方式既快捷又舒适，并渐渐形成了习惯时，就绝不会想要再下来。何况只要花费一点油钱就可以继续拥有一辆高档的汽车，他们又何乐而不为呢？

2004年阿里巴巴推出"搜索关键字竞价拍卖会"。只要是"诚信通"会员，就可以通过拍卖来获得他们在每个产品类目下前三名的位置，上限价为每月16万元。每月16万元对于中国习惯了省吃俭用的中小企业而言，不是一笔小数目，可这一活动开始后却受到大量用户的追捧。有的客户甚至为了竞拍成功，偷偷带着有无线上网卡的笔记本计算机出去吃饭，然后利用午饭时间突然出价，只为让对手措手不及。据客户说，他这样做的原因是每年获得阿里巴巴竞价排名订单，光是加盟和保证金就有600万元，产品的销售利润就更大了。相比之下，几万元的竞拍价就成了小菜一碟。这应了马云所说的："先把人家口袋里的5元变成50元，到时人家赚了45元，一定愿意给你5元。所以要赚客户的钱时，你要先去想想客户有没有赚钱，这才是做生意之道。从商者很多时候被金钱蒙蔽双眼，想尽一切办法要把别人口袋的5元放至自己的口袋里，结果败得很惨。你为什么不想想办法去帮助别人创富呢？如果客户能通过阿里巴巴赚到100元、1000元，他们不会拒绝分给阿里巴巴1元。"

在亲眼看到利润不断上涨之后，中小企业越来越相信阿里巴巴。客户的生意好起来，阿里巴巴的生意也随之好起来。

很多人好奇阿里巴巴为什么会受欢迎，马云告诉他们："阿里巴巴是商人们用来赚钱的工具，因为大家依靠阿里巴巴赚到了钱，所以受欢迎是再正常不过的事情。""帮客户赚钱"已经成为马云心中阿里巴巴的真实价值所在，阿里巴巴因此也成为"一等一"的产业。

通过阿里巴巴的成功案例企业必须明白，要想生存和发展，必须能够按客户的要求设立客户服务标准，建立全套满足客户要求的解决方法。"客户导向"最有效的办法就是使企业与营销人员的所有工作围绕着客户而进行。客户赢利，企业便赢利；客户亏损了，便没人为企业买单了，往往客户能够直接塑造一个企业的发展。

# 铁律54

## 学会着眼于长远去培养市场、发展战略计划

> 鼠目寸光、没有远见卓识的人永远不会有大的成就。同样,一个企业的管理者只顾当前的利益,却考虑不到或者不为企业的未来做好打算,那么这个企业很难走得很远。企业的领导者应该有一双明亮的眼睛和长远的志向,设计好、看好自己企业未来要走的路。

企业战略是设立远景目标并对现实目标的轨迹进行的总体性、指导性谋划,属宏观管理范畴,具有指导性、全局性、长远性、竞争性、系统性和风险性6大主要特征。可以说企业的竞争力将主要取决于管理者的战略修炼。创业者必须能够做好战略上的抉择,塑造出企业的核心竞争力,善于分析和把握企业的战略环境,做好企业战略规划。战略规划的内容由3个要素组成:

### 1. 方向和目标

企业管理者在设立方向和目标时有自己的价值观和自己的抱负,但是他不得不考虑到外部的环境和自己的长处,因而最后确定的目标总是这些东西的折中,这往往是主观的。一般来说最后确定的方向、目标绝不是一个人的愿望。

### 2. 约束和政策

这就是要找到环境和机会与自己组织资源之间的平衡。要找到一些最好的活动集合,使它们能最好地发挥组织的长处,并最快地达到组织的目标。这些政策和约束所考虑的机会是现在还未出现的机会,所考虑的资源是正在寻找的资源。

### 3.计划与指标

这是近期的任务，计划的责任在于进行机会和资源的匹配。但是这里考虑的是现在的情况，或者说是不久的将来的情况。由于是短期，有时可以作出最优的计划，以达到最好的指标。经理或厂长以为他做到了最好的时间平衡，但这还是主观的，实际情况难以完全相符。

战略规划内容的制定处处体现了平衡与折中，都要在平衡折中的基础上考虑回答以下4个问题：

我们要求做什么？

我们可以做什么？

我们能做什么？

我们应当作什么？

这些问题的回答均是领导个人基于对机会的认识，基于对组织长处和短处的个人评价，以及基于自己的价值观和抱负而作出的回答。所有这些不仅限于现实，而且要考虑到未来。战略规划是分层次的，正如以上所说战略规划不仅在最高层有，在中层和基层也应有。一个企业一般应有3层战略，即公司级、业务级和执行级。每一级均有3个要素：方向和目标、政策和约束以及计划和指标。一个好的企业战略规划应包含以下目的：

（1）剖析企业外部环境。

（2）了解企业内部优势和劣势。

（3）帮助企业迎接未来的挑战。

（4）提供企业未来明确的目标及方向。

（5）使企业每个成员明白企业的目标。

（6）拥有完善战略经营体系的企业比没有该体系的企业有更高的成功概率。

同时，管理者在验证一个制定好的企业战略规划是否有效，应该从以下两个方面进行考虑：一方面是战略正确与否，正确的战略应当作到组织资源和环境的良好匹配；另一方面是战略是否适合于该组织的管理过程，也就是和组织活动匹配与否。一个有效的战略一般有以下特点：

### 1. 目标明确

战略规划的目标应当是明确的，不应是二义的。其内容应当使人得到振奋和鼓舞。目标要先进，但经过努力可以达到，其描述的语言应当是坚定和简练的。

### 2. 可执行性良好

好的战略的说明应当是通俗的、明确的和可执行的。它应当是各级领导的向导，使各级领导能确切地了解它、执行它，并使自己的战略和它保持一致。

### 3. 组织人事落实

制定战略的人往往也是执行战略的人，一个好的战略计划只有有了好的人员执行，它才能实现。因而，战略计划要求一级级落实，直到个人。高层领导制定的战略一般应以方向和约束的形式告诉下级，下级接受任务，并以同样的方式再告诉下级，这样一级级地细化，做到深入人心、人人皆知，战略计划也就个人化了。个人化的战略计划明确了每一个人的责任，可以充分调动每一个人的积极性。这样一方面激励了大家动脑筋想办法，另一方面增加了组织的生命力和创造性。在一个复杂的组织中，只靠高层领导一个人是难以识别所有机会的。

### 4. 灵活性好

一个组织的目标可能不随时间而变，但它的活动范围和组织计划的形式无时无刻不在改变。现在所制订的战略计划只是一个暂时的文件，只适用于现在，应当进行周期性的校核和评审，灵活性强使之容易适应变革的需要。

德州仪器公司曾经就遇到过多元化发展的诱惑。该公司是发明单芯片处理器最早的企业，这一发明标志着个人计算机时代的来临，也奠定了德州仪器公司在行业中的地位。20世纪80年代前期德州仪器一直是全球第一大半导体公司，经营涉及笔记本计算机、企业软件、打印业务、国防工业、数字信号处理器的多项业务。各个业务板块发展不错，但不是最好，各业务在业内排名皆在10名左右，只有数字信号处理器业务排名业内第一。

公司领导者曾经为是否维持这种发展局面召开过多次会议，经过慎重选择，他们决定将笔记本计算机、国防工业等业务全部卖掉，将全部精力与资金投在DSP（数字信号处理器）ANALOG（模拟）领域。他们认为，未来市场竞争将会更加激烈，只有全力竞争才能成功，所以，他们选择了最具有前景的数字信号和模拟领域。

这一战略是成功的，它使德州仪器创造了今天在半导体领域的辉煌基业，在全球半导体公司排行榜中，德州仪器则以年营收近134亿美金的规模，成为位居英特尔和三星之后的世界第三大半导体供应商。在通信芯片领域德州仪器堪称霸主，全球约50%的GSM手机芯片市场占有率无人能敌。

德州仪器的发展战略显然是成功的。市场形势是多变的，未来也是变幻莫测的，德州仪器公司的领导者完成了使企业在多变的市场中始终走在清晰、科学的发展道路上的任务。公司领导者作出了成功的发展规划，成功的战略规为企业未来的发展提供了合乎逻辑的方法。

一个企业要想获得持久的竞争优势，就必须有清晰的战略。从竞争角度看，战略对于企业有以下重要意义：

（1）由于企业确定了未来一定时期内的战略目标，可以使企业的各级人员都能够知晓企业的共同目标，进而可以增强企业的凝聚力和向心力。

（2）由于企业明确了未来各个阶段的工作重点和资源需求，从而使组织结构设计和资源整合更具有目的性和原则性，进而可以保持组织机构与战略的匹配性，可以更好地优化资源，有利于实现资源价值最大化。

（3）由于企业明确了未来一定时期内各城市、各业务单元的职能战略，从而使各职能部门、各项目组织都能够清楚地了解自己该做什么，进而可以激励他们积极主动地达到目标。

（4）由于企业明确了企业的利益相关者、竞争者和自身的优势、劣势、机会、威胁，从而使企业可以从容地应对机遇的诱惑和市场变化，有利于企业改进决策方法，提高风险控制能力和市场应变能力，进而有利于提升企业的持久竞争力。

战略很重要，管理者对企业的发展思考一旦停止，企业就会驶向下滑的方向。管理者的这种思考，不是好高骛远，不是个人兴趣，不是一时冲动，是在正确评估企业资源和条件，科学对待企业发展前景的基础上为企业发展所设计的安全航道。

◇给你一个公司，你能赚钱吗

# 铁律55

## 抓住重点客户，封杀劣质客户

> 重点客户，是可以给企业带来长久巨大利润的，他们往往是一个企业需要重点培养、重点关注的客户；劣质客户，不是品行低劣的客户，是那些不能给我们带来利润的客户。当我们辛苦服务之后，发现自己倒贴进去很多时间和金钱，却没有得到任何回报！因此，企业应该抓住重点客户，坚决封杀、抛弃劣质客户。

MG集团总裁约克·麦克马特说："与20%的客户做80%的生意。也就是把80%的时间和工作集中起来，用来熟悉占总数20%的对自己最重要的那部分客户。"

任何一个企业生产和制造产品的目的都不仅仅是将其卖出去而已，而是为了追求更大的利润。如果没有利润，企业连基本的生存都无法维持下去，谈何持续发展及竞争力提高呢？

如何才能拥有更多的利润？除了加强内部管理之外，当然要从客户入手。如果没有客户，一切企业利润都无从谈起。不同的客户为企业创造的利润情况也是各不相同的，那么究竟哪些客户能够为企业创造更大的利润呢？这些客户就是最值得引起企业创业者及所有销售人员注意的重点客户。重点客户的意义是重大的，企业创业者要分清什么是铂金客户，什么是铁客户、铅客户，一定要抓住20%的大客户，保证它们为企业带来最大经济价值。

浙江宁波某高新技术企业，以电子产品和元器件的生产及加工业务为主，在激烈的市场竞争中，企业的生存环境面临极大考验，由于处于明显的竞争劣势，该企业的销售额及利润迅速下滑。企业管理层为此焦头烂额。后来在管理顾问公司的建议下，该企业果断进行调整，加大了技术研发力度，在确保技术领先的基础上，加快产品推陈出新的速度，大打服务牌。

这些举措在一定程度上缓解了企业的生存压力，但是随着市场略有起色，很快又出现新的问题：企业的成本投入过高，包括人力成本、物流成本、管理成本等。企业的利润水平并没有随着技术领先这个优势而得到提升。痛定思痛，该企业决定调整客户策略，提出客户差异化、精细化的运作模式。

首先，以销售业绩和利润水平为衡量基础，确定分类标准，对全国客户划分等级；其次，针对不同的价值客户提供差异化的客户策略。他们专门为重点客户成立了大客户服务部，当公司有新的市场策略出台时，他们会邀请这些重点客户参与进来。正因为如此，该企业能够利用有限的资源紧紧抓住其重点客户的需求，贴身式服务、一站式服务，不断在行业中扩大领先优势，仅用一年的时间，就已经成为行业翘楚。

核心客户的重要性不言而喻，它决定了企业的资源应当如何分配，以获得最大的效率，简单地说就是把钱花给谁。企业不能奢望让所有客户满意，这是由企业赢利的本质所决定。企业资源有限，必须要把有限的资源进行合理分配，达到最佳投入产出比。如今在中国以及世界各地遍地开花的麦当劳就是通过聚焦于重点客户而取得成功的典范企业。

按照年龄分析，麦当劳的客户群可以分成：5～14岁、15～20岁、20～30岁、30～45岁、45岁以上几类客户群。一般来说，消费能力越强的越可能是重点客户，按照这种思维，麦当劳的重点客户群应该是20岁以上的顾客。但是经过研究会发现，麦当劳的重点客户群是5~14岁之间。为什么呢？这反映了麦当劳独特的客户认知意识。

在中国以及世界各地，作为洋食品的麦当劳很难在短时间内竞争过本地食品，更不可能通过洋食品获得20岁以上的人的长久喜好。成年人的口味已经被固定，很难轻易改变；而儿童的口味则可以轻易被影响，所以，麦当劳把儿童当作是重点客户。儿童是核心客户，但是儿童缺乏自主意识，如何吸引儿童就变成了问题的关键。

麦当劳发现，对于儿童而言，在吃与玩之间，玩比吃更具有吸引力，因此，麦当劳无论从餐厅装饰到整体的布局都体现了儿童的喜好。所有的麦当劳均设置有儿童乐园，并千方百计地为儿童创造游戏，充分与儿童进行互动，通过这种具有超强吸引力的服务来深深黏住这些"重点客户"。儿童对麦当劳的百玩不厌、百吃不厌，确保了麦当劳的持续成功。

永远将焦点放在重点客户上，这就要求企业创业者扮演两个极其关键的角色：既要成为客户的顾问，又要成为本企业的战略家。从客户角度说，要了解重点客户的优势和劣势，帮助客户分析市场竞争态势，为客户制定问题的解决方案，最大限度地挖掘出企业客户的潜力，使自己成为客户在企业的支持者。对于创业者来说，重点客户经理要收集、分析客户的需求和行业的现状，结合本企业的实际，制订客户开发和管理的计划，确保客户满意。

重点客户就是企业自己的未来，重点客户是否带来大利润，决定着企业的成败。凡是有美好愿景、追求可持续发展的企业，都会对大客户提供超值服务并进行妥善管理。这样的企业永远都不会在重要的重点客户身上打折扣，因为对重点客户打折扣就是对企业的未来发展打折扣。成功的重点客户服务完全能够带来大利润，成为企业高速成长的引擎。同样，企业建立重点客户忠诚伙伴关系也为创造大利润创造了条件。

然而，作为企业的管理者也应该对劣质客户有一个深层次的认识，以确保选择正确的客户为重点客户进行培养。比如以索赔为目的的客户、给企业创造负利润的客户、使企业走向灭亡的客户等，他们都是企业的魔鬼，是典型的劣质客户。劣质客户有以下类型：

### 1.亏损客户

企业若对这类客户提供产品或服务，带来的结果就是亏损或负利润。也许这类客户会说："本单生意你们企业不赚钱，但下一单生意你们企业会从我这里赚到许多钱。"这不是陷阱式的承诺，而是陷阱式的表白。企业不能对这类客户心存幻想，无限度地满足客户的需求只能使企业破产。

### 2.欠款客户（赖账客户）

这类客户是企业的海市蜃楼，似乎是大客户、优质客户，但美艳散尽就一无所有。如企业给这类客户提供10000件产品，合同单价是1000元/件，成本价是600元/件，企业为此单生意支付的综合成本是600万元。履行合同完毕，理论上企业可从这一客户那里赚到400万元，形式上是A类（铂金客户）。但此客户只支付一半货款，即500万元，其余货款一律赊欠直到成为呆账、死账。结果是，企业不但没从这个客户那里赚到400万元，反而为此亏损了100万元。

### 3.不诚信客户

这类是指不按合同约定的价款和时间支付款项的客户，但与欠款客户又有所区别，他们认账不赖账。如合同约定：货到指定地点后30日内支付全额款项。而此类客户要么在30日内只支付一半款项，要么在3个月后才支付全额款项。

### 4.小客户

这类客户虽能给企业带来利润，但影响企业获取更多的利润，并遏制了企业的发展壮大。如企业给A、B类客户提供产品或服务，在一个月内能赚到100万元，但与此类客户合作在相同的时间内只能赚到1万元，后者就是小客户。企业最宝贵的三大资源是：人才、时间、资金，企业不应把资源浪费在此类客户的身上。

以上四类劣质客户不但不是企业的上帝、天使，前三类还是企业的魔鬼。劣质客户既是企业的魔鬼，又是企业的杀手，企业应该对他们进行毫不留情地抛弃、封杀。

　　现在市场竞争激烈，市场环境变化异常，重点客户的管理在公司的管理中处于越来越重要的地位，只有充分把握住公司的重点客户，剔除不能给公司带来利润的客户，这样公司才能很好地发展。

　　所以，无论公司大小，创业者都应该重视重点客户的管理，坚决封杀劣质客户。如果你的公司在重点客户管理上至今尚未开展工作或者还处于无论什么级别的客户通吃的状态，那么你应该尽快重视这个问题，积极地来实施公司的计划，并针对重点客户的需求特点，制定出令客户感到满意的个性化方案，切忌对劣质客户做一些浪费时间却得不到回报的生意。

## 铁律56

### 不能直接满足客户需求之时，仍应尽可能提供方便

> 有的消费者对于某产品的销售者或者生产商有很高的依赖感，这时候客户会主动找你，就是希望从你这里得到应有的便利和帮助，如果客户接连3次在你这里失望而回，他很有可能以后再也不会送上门来。所以当我们不能直接满足客户需求之时，仍应尽可能为他们提供方便，这不仅是一种美德，更是一种成功秘诀。

在竞争日趋激烈的情况下，市场开发的难度越来越大，能够送上门来的客户尤显弥足珍贵。对企业的经营者来说，这类客户是非常宝贵的资源，如何去维护和整合，就显得非常重要了。如果这样的客户每次来找你，需求都不会落空，日久天长，他们自然就会对你形成一种依赖，你的客户资源就会呈集聚态势，项目也将逐渐进入良性发展；相反，送到手的客户资源就会白白地流走，企业也会失去活力。

洛阳举办牡丹花会，正值此段期间洛阳人来人往，自然当地住的地方也非常难寻。为了寻找房子，小张在网上浏览了一下午，不经意间看到网上的一个帖子，帖子的内容是讲一位大家尊为称辉哥的中年男子，他自己开了一家小旅馆，通过网上图片看出那地方不是很大，但是人气很旺盛，帖子上还贴满了曾经住在那儿的朋友们的幸福照片，很多网友都在帖子下面发表评论，都赞扬这位辉哥为人好，乐于助人，时刻为旅人提供方便，等等。小张当时也知道他那时肯定是没有空余房间，但他还是按照上面的电话号码联系了这位辉哥，电话接通后，结果不出所料，还是没房间了。

辉哥听小张的语气很着急，边安慰他边很痛快地说："要不你晚上先在我房间凑合下吧，我去网吧待一晚上。"听了这话，小张当时很感动，找到了他旅店的位置，晚上辉哥就真的出去待了一晚上。也许辉哥真的没必要这么做，但是这种为顾客提供便利的举动会深深地感动每一个顾客，会让每个住过他那的顾客都会选择再次住在他那儿。

也许有人会认为，这样会占用自己不少时间，也会让自己疲惫，非常麻烦。其实，在很多时候，为客户提供方便，确实需要花费大量时间和精力，但有时候做这些事情可能只是举手之劳，或者利用自己的时间碎片就能办到。在我们力所能及的情况下，去帮帮客户，何乐而不为呢？就像上面提到的那位辉哥，顾客给他打电话找住的地方，无论自己顾得上还是顾不上，电话总不会白打，都会给对方一个比较满意的答复。日久天长，大家感觉给他打电话要比别人靠谱，自然就会主动联系他，因此他家的房间一直比较饱和也是再正常不过的事情了。表面上看起来这位辉哥有些犯傻，但如果仔细想想，这小细节当中却存在着大智慧，也许那位辉哥主体意识中还没有这个概念，但他的做法无疑是符合成功规律的。

为客户提供更多便利，以培养客户的依赖性，这不光在一些中小经营者当中有很多体现，很多优秀的大型企业特别是跨国公司，在这方面都已形成了一套成熟的模式。比如米其林轮胎，每年都会针对消费者以及儿童开展道路安全教育活动，并一直在努力普及轮胎及其他汽车保养知识。再如伊利乳业，在销售牛奶相关产品的同时，还向妈妈们赠送极具收藏性和实用性的《育儿手册》。

然而就是这样一些绝好的机会，在很多人那里却被白白浪费掉了。当一些客户主动找上门来时，很多人往往用"没有""没时间""现在忙"等话语回应了事。这样的情况一旦多了，就会给人留下总是碰钉子，找你解决不了问题的刻板印象，这对客户资源的积累是非常不利的。其实，在我们确实服务不了对方的时候，给这些找上门来的客户提供一些帮助，他们同样会心存感激的，最起码需求没有在你这里落空。而要做到这一点，也许只是几句简单话，比如，"您留个电话，我们可以帮着问问""我告诉您一个号码，您打电话问一下""我们可以帮您预定""×××和×××牌子都挺好的，在×××广场有卖的""如果您需要的话，我们可以给您捎一个""我们可以为您调货"，等等。

对于在新时代创业的草根创业者而言，注重创业道路上的点滴小事尤为重要，点滴的积累可能就会为日后进入理想的殿堂打好基础。在创业过程中，创业者难免会有很难满足消费者需求的时候，但是一定尽可能为消费者提供帮助，提供便利。比如，有时客户发过来个图片，自己公司却没有这种产品，如果说没有这种产品就会把客户给挡在了门外了，以后再合作的机会就相对少了。那么遇到这种情况该怎么办呢？创业者应该第一时间答复客户，告诉他你们公司的产品，并告诉他你们公司不生产这种产品，若有时间可以帮他提供一些其他供应商的网址，让他自己去联络，若需要帮忙时，让他随时联络你。等到下次，他或他朋友想要买相关产品时，在同等条件下，他选择你的概率应该要大。

其实，为消费者提供的任何便利都不算太难的事，然而愿意提供便利往往就体现出创业者的良好素质，这种优良的素质也从侧面说明了该创业者具备做一个成功企业家的潜质。创业者一定要坚信，今日的一次给顾客便利的帮助，也许就会给明日企业的发展带来拉动作用。

企业要想发展，就必须依靠消费者的消费，想要消费者主动发起消费，除了自己公司的产品好之外，给消费者留下独一无二的好印象也会起到举足轻重的作用。在不能满足消费者的理想需求时，简单的一个推荐或者帮消费者想种替代产品或服务，往往就会让消费者心里得到一种愉悦感，继而这种对自己公司或者销售人员的独一无二的印象就会产生。随之，消费者以后有对口的需求就会直接寻求你的公司，这样一来，公司的效益就是巨大的。因此，在不能满足消费者的需求时，请尽可能地为他们提供便利，"与人方便，自己方便""助人自助"，与客户方便，那么自己的公司也会得到收益。

# 铁律57

## 对产品而言，有特点不如有卖点

> 众所周知，当我们去某个地方旅游时，最关注的便是该地方的地方特色；当我们想起某个著名的地方时，首先想到的也是该地方的标志性东西。往往真正吸引人或者给人留下深刻印象的都是一些与众不同的事物，因此，对于产品而言，特点虽好，但好不过产品的卖点，卖点往往更能体现一种产品的独到之处，对于消费者更具有吸引力。

市场上的产品越来越丰富，同一类型的产品往往有很多的竞争者。过去的营销手段往往是强调产品的特点，然而如果两个产品的特点差不多，那这个特点就不具有生命力了。同类产品的特点几乎都是大同小异的，比如说饮料的特点都是解渴，仅仅强调特点并没有多大的吸引力。所以突出产品的特点倒不如突出卖点，特点清楚倒不如卖点清楚。

所谓"卖点"，是指产品具备了与众不同的特色，而这个卖点可以是产品与生俱来的，也可以是通过营销策划人的想象力创造出来的。卖点其实就是消费者购买产品的理由，最佳的卖点就是产品最强有力的消费理由。发掘并放大产品的卖点能够有利于产品销售。产品的卖点可以从以下几个方面挖掘：

### 1.质量卖点

可以在产品的质量和档次上做文章。全聚德的烤鸭比小饭店的烤鸭都贵，可是仍然很多人去吃，就在于它把老字号秘方作为卖点，烤鸭出炉后会现场片成108片，不多不少，高质量的服务也成了卖点。当然不见得非要做高档次、高质量的，低端的产品有时候也同样是一种卖点。一家生产雨衣的企业把产品推向国外，然而却不受欢迎。这家企业觉得可能是自己雨衣的档次不够高，于是就用高成本的原料制造时尚漂亮的雨衣，结果仍然无人问津。后来有人建议说现在很少有人愿意带着雨衣出门了，不如生产质量低的一次性雨衣，人们方便购买，用完了就可以扔掉，果然大受欢迎。在这里，质量低廉可以随意丢弃反而成为卖点。

2.价格卖点

根据目标客户的消费水平将价格作为卖点也是不错的选择。有的人喜欢炫耀性消费，高价更能彰显他们的财富、地位。镶满钻石的手机跟普通手机的功能是一样的，价格却高出了好多倍，但是客户就是被这种高价吸引了。而有人则是只要实用，越便宜越好，所以平价的衣服、鞋子不用强调品质，重点打出价格牌就可以了。

3.颜色卖点

颜色也能够成功地营造卖点。比如手表，几乎所有的厂家都以品质做卖点，瑞士机芯、几十年内绝对准时，等等，而一家手表厂家则以手表的颜色缤纷做卖点，深受重视装饰性的年轻人的喜爱。

4.文化卖点

并不是外来的产品就好卖，很多国外的产品到中国反而没有市场，就在于他们没有考虑到亚洲的文化特点，比如服装的尺码、暴露程度等全部照搬国外的样式当然没办法畅销。而一些本土的服装设计上带有中国传统的山水画、汉字等，造型上贴合中国人的身形特点，标榜"中国人自己的服装"，结果广受好评。

5.造型卖点

造型美观、独特的产品更能吸引顾客。如服装的款式就很重要，如果只是面料上乘、做工一流而造型不好，是没办法打开销路的。美国一位农民把西瓜放在盒子里生长，生产出了一种长成方形西瓜，味道和普通的圆形西瓜并没有什么差别，但是价钱却是普通西瓜的20倍，人们感到新奇，竞相购买。一个品牌饮料的包装也有异曲同工之妙，该品牌口感上并没有什么过人之处，价格又高，畅销的原因在于包装是细长的三角形，在满货架一样的包装中特别明显，也引发了人们好奇购买的欲望。

**6.标志卖点**

产品的标志有时候也能成为卖点之一。比如说摩托罗拉手机的MOTO标志，苹果计算机的缺口苹果标志，简洁时尚又充满新意，都可以作为卖点营造。

很多质量很好的产品却不如那些质量一般的销量好，就在于只注重特点而没有关注卖点。尤其是同一种功能的产品，你有的人家也有，商家要做的就是给顾客一个消费的理由。店主如果只看到自己的产品质量多好，有多少种专利、多少种功能，可是对于市场上到底缺少什么样的产品没有概念，对消费者到底喜欢什么样的产品也不了解。功能可以有很多个，可是只能成为产品的特点，而卖点才是真正引起消费者购买欲望的。不能只是围绕着自己的产品打转，充分地抓住顾客的消费思想，发掘出不同于其他产品的卖点，才是店主应该深入研究的。

产品的卖点可以有很多个，然而是不是卖点越多就越好呢？答案当然是否定的，过多的卖点会让顾客对产品的定位不明确，进而就失去了刺激购买欲的功能。在市场竞争异常激烈的今天，产品越来越同质化，卖点过多很容易就与其他的产品相重叠。每一家的卖点都差不多，销售自然就增加了难度。顾客选择一个产品，有的时候并不是因为你的产品最便宜，也不是因为你的产品最好，而是你的产品和别人不一样。而商家要做的，就是将与众不同的卖点提炼出来，加以放大，而这种卖点只要有一个就能达到很好的宣传效果。

弹簧秤携带方便，有着比较大的市场。A厂家开发了一种多功能弹簧秤，可显示天气温度，还能够计算价格，造型也美观。而B厂家的弹簧秤仅仅是单一功能的称重工具。结果投入市场后，B厂家的销量远远好于A厂家。仔细研究市场后发现，顾客购买这种秤就是为了方便买菜时不上当受骗。A厂家的功能多但是都用不上，而且价格还高；B厂家的虽然只有一种功能但是已经满足了顾客的需要，所以销量自然好。

从例子中可以看出，产品的卖点并不是越多越好，一个突出的卖点反而更能刺激顾客的购买欲望。独特的卖点并不是从经验中就可得来的，更不是从简单的模仿中、借鉴中可以得来的，只有深入地发掘提炼才能使产品的卖点与众不同。比如说市面上的豆浆机种类齐全、卖点繁多，强调功能齐全、口感好、营养丰富，等等，但某品牌豆浆机突出强调清洗方便不用浸泡，马上占领了市场。再比如，凉茶是在夏季很受欢迎的饮料，很多凉茶都以纯中药、植物型、排毒等作为卖点，而一家凉茶仅仅以降火作为卖点，销量却遥遥领先。所以说，从众多卖点中提炼出一个核心卖点就足够了。

在提炼产品的卖点时，要注意以下几点：

**1.充分了解消费者的心声，即给出一个购买的理由**

很多企业的产品，尽管在技术上实现了很多突破和创新，但一投放市场，同质化竞争仍无法避免。在产品同质化日趋明显的今天，必须要有一个优于或区别于其他同类产品的卖点才能让消费者动心。消费者认为你的产品是什么比产品实际是什么来的重要。商家要做的就是把产品的卖点提炼出来，并通过最有效的途径传递给消费者，给消费者留下与众不同的印象，这就是产品核心卖点的提炼。

**2.提炼产品核心卖点必须根据产品本身，做到确有其实**

虚假的鼓吹产品根本没有的功能最后只会被认为是骗子。卖点永远不能代替产品，卖点的提炼不能凭空捏造，必须建立在产品实物基础上。通常一个产品的卖点不会只有一个，一般来说将哪一点提炼为核心卖点主要是由市场需求决定的，而不是取决于产品自身实际功效的强度排序。

**3.产品的核心卖点必须有充分的说服力**

要有充足的理由支持产品核心概念，理由必须可信、易懂，不能用深奥的、晦涩难懂的、拗口的语言，以便于表达、记忆和传播为原则。

**4.核心卖点必须符合市场需求**

市场需求或潜在需求最好是尚未被很好满足的缺口，这会节省许多宣传成本。因此在提炼核心卖点的时候需要深入研究、发现、引导和满足潜在需求，不能想当然地觉得自己的想法就是市场需求。

**5.核心卖点要独特**

要尽量优于或别于其他同类产品，跟别的产品一样的卖点就不叫卖点了。最好能够突出产品和企业的特色，让消费者耳目一新。

**6.核心卖点需要针对一定数量的消费者**

过分狭小的目标市场既浪费了提炼核心卖点所耗费的精力，也会降低产品获利的空间。选择的消费群体最好是有购买能力的、相对集中的、容易锁定的。

当核心卖点提炼出后，就需要有能够传递给目标消费者的途径，最好是捷径。商家要会传播自己的核心卖点，用最低的成本达到最大的宣传效果。如果没有有效的宣传，再好的核心卖点也没有人知道，自然也不会吸引到消费者。

## 铁律58

### 最好的广告，是能让人记住自己的公司和产品

> 广告是为了某种产品或某个公司特定的需要，通过一定的形式比如电视、网络、宣传画等，公开而广泛地向公众传递信息的宣传手段。广告宣传会对创业者产品和服务的推广起到非常重要的作用。往往一个公司或者产品的最好广告是能让顾客深深地记住它，能够达到深入人心的程度。

广告在日常生活中常常可以见到。打开电视机，铺天盖地的电视广告；翻开报纸，迎面而来的是平面广告；走在大街上，充斥视野的是各种立体广告……广告已经和我们的日常生活形影不离。广告之所以有这么大的威力，主要是它能把消息、资料传递给可能购买的顾客，激起人们购买的欲望。

史玉柱曾说过一句比较经典的话：中央电视台的很多广告，漂亮得让人记不住，我做广告的一个原则就是要让观众记得住。

"今年过节不收礼，收礼只收脑白金！""孝敬爸妈，脑白金！"在如今高密度的信息轰炸时代，很多人讨厌这个广告却对其印象深刻。并且脑白金广告刚问世就"得罪"了广告界，更引来无数叫骂。人们骂脑白金的广告恶俗，连年把它评为"十差广告之首"。即使如此，这个产品依然是保健品市场上的常青树，畅销多年仍不能遏止其销售额的增长。2007年上半年，脑白金的销售额比2006年同期又增长了160%！

"不管观众喜不喜欢这个广告，广告首先要做到的是要给人留下印象。

广告要让人记住，能记住好的广告最好，但是如果没有这个能力，也要让观众记住坏的广告。观众看电视时虽然很讨厌这个广告，但买的时候却不见得，消费者站在柜台前面对着那么多的保健品，他们的选择基本上是下意识的，就是那些他们印象深刻的。"史玉柱如是说。

相对于脑白金广告的庸俗给消费者留下了很深的印象，农夫山泉也利用广告的效应使广大消费者记住了它，但是农夫山泉的广告却高在简单、清楚、容易记。

1999年农夫山泉的广告开始出现在各类电视台，而且来势汹汹，随之市场也出现了越来越热烈的反应，再通过跟进的一系列营销大手笔，农夫山泉一举成为中国饮用水行业的后起之秀，到2000年便顺理成章地进入了三甲之列，实现了强势崛起。历来中国的饮用水市场上就是竞争激烈、强手如云，农夫山泉能有如此卓越表现，堪称中国商业史上的经典。而这个经典的成就首先启动于"农夫山泉有点甜"这整个经典中的经典。

农夫山泉仅仅用了"有点甜"三个字，三个再平常、简单不过的字，而真正的点更只是一个"甜"字，这个字富有十分的感性，那是描述一种味觉，每个人接触这个字都会有直接的感觉，这个感觉无疑具有极大的强化记忆的功效，而记住了"有点甜"就很难忘记"农夫山泉"，而记住了"农夫山泉"就很难对农夫山泉的产品不动心。农夫山泉就是以简单取胜，简单，使自己能够轻松地表述；简单，也使消费者能够轻松地记忆。

在农夫山泉的案例中，我们可以发现一种能让消费者快速、深刻地记住企业对产品诉求的好方法：记忆点创造法。它的核心内容是：创造能让消费者记忆深刻的点，有了这个点才有了你的产品在消费者心中的重要位置。

一天傍晚，一对老夫妇正在饭厅里静静地用餐，忽然电话铃响了，老妇人去另一个房间接电话，老先生在外边停下吃饭，侧耳倾听。一会儿，老妇人从房间里出来，默默无言地坐下。

老先生问："谁的电话？"老妇人回答："女儿打来的。"又问："有什么事？"回答："没有。"老先生惊奇地问："没事几千里地打来电话？"老妇呜咽道："她说她爱我们。"一阵沉默，两位老人泪水盈眶。这时旁白不失时机插入："贝尔电话，随时传递你的爱。"

这是一则美国贝尔电话公司十分成功的广告，它以脉脉温情打动了天下父母和儿女的心。

贝尔电话广告的成功在于，广告商在制定广告时考虑到了目标消费者的特定心态，从儿女与父母的感情入手，描绘、展现了一幅孝心浓浓、爱意浓浓的温馨和美丽动人的亲情画面，让我们时时体味那爱的簇拥，充分唤起了人们对家庭亲情的留恋、回忆、追求、憧憬。

所以，一则以情动人的广告，要选择恰当的角度，将感情的定位把握好，以有效的手段强化、渲染产品所特有的情感色彩，以打动消费者的心。

同样的还有英特尔，其微处理器最初只是被冠以X86，并没有自己的品牌，为了突出自己的品牌，从586后，计算机的运行速度就以奔腾多少来界定了。据说英特尔公司为了推出自己的奔腾品牌，曾给各大计算机公司5%的返利，就是为了在他们的产品和包装上贴上"Intel inside"的字样。其广告词"给电脑一颗奔腾的芯"一语双关，既突出了品牌又贴切地体现了奔腾微处理器功能和澎湃的驱动力。

消费者对广告印象深刻，他才能记住你的产品，印象深刻是好广告的一个衡量指标。现在电视的广告可说是数不胜数，而且大多的电视广告给观众的印象不是很好，其中有很多的广告收视率都很低，造成这种现象的原因有以下三种：

（1）现在的电视广告太多，人们都无兴趣去看。

（2）现在所播的电视广告创意不够新颖，让人看了印象不够深刻。

例如，中央电视台晚上7点半"新闻联播"结束后到天气预报之间的几秒钟时间，应该说是黄金时间，收视也是最高的，那么那个时候播出来的广告应该是最好的。但根据专业的市场调查和广告的效果反映来看，这些广告的效果并没有那么理想，更不用说印象深刻了，而这就是广告创意不够新，不能给人以深刻的印象。

（3）这些广告都没有抓住消费者的消费心理，没有抓住消费者对产品的兴趣。

有很多广告纯粹就是给卖产品的人看的，而不是给买产品的人看的。他们没有针对专门的消费者而做广告。例如专门针对年轻人（17～25岁）的广告、专门针对（25～50岁）的人做的广告，没有独特的广告就没有效果。这就造成了宣传费用多而效果越来越差，形成了企业一种无形的浪费。这也给企业的发展带来了隐患。

所以创业者在采用广告宣传自己的产品或服务时，要高度重视这几个方面的原因，特别是企业广告的形式和内容，同时消费心理学告诉我们，人们的心理状态直接影响到他们的购买趋向和选择。在物质生活特别丰富的今天，消费者购买商品已不仅限于满足基本的生活需要，心理因素左右其购买行为的情况变得突出起来。在广告中融入和产品相和谐、真实的情感，的确能够为产品被广大的消费者认同和接受创造更多的可能性。

# 铁律59

## 渠道建设要紧扣一个"快"字

现如今,盖房子的速度加快了、火车车速加快了、人们的生活节奏也加快了,一切似乎都在以光的速度发展。"快"字已经深入人心,任何事都映射着"快"的存在。同样企业在进行渠道建设时也必须紧扣一个"快"字,只有这样,企业的发展才不会落后于竞争者,在争抢市场时才能获得先机。

企业渠道建设主要是统筹渠道上下游的利益,充分发挥渠道商各自的优势和协同效应,使渠道价值链的价值最大化,使厂商合作利益最大化。渠道建设主要包括以下几方面的内容和程序:

**1. 进行渠道规划**

企业首先要结合自己的企业目标或远景以及行业和产品的具体情况(行业目前所处的发展阶段、市场规模、发展趋势、竞争对手情况、产品特征等)制定自己的渠道战略,也就是确定自己在渠道建设上总的思路和原则,它是企业渠道建设的方向和灵魂,具有指导性,在一定时期具有稳定性。

**2. 进行渠道设计**

根据企业的渠道规划进行渠道设计。渠道设计是实现渠道规划的具体措施和手段,它主要包括渠道模式设计和渠道政策设计。渠道模式设计主要是渠道层级、长度、宽度、广度等的确定;渠道政策设计主要是企业在渠道上的具体策略、原则或措施等,比如在渠道上有何费用支持、如何分配、有何广告策略等。

### 3.进行渠道实施

它主要包括商业遴选（结合渠道设计的要求，确定遴选原则和具体的遴选标准）、商务人员安排、渠道政策实施介质确定（比如拟订经销、分销协议书）等。它是对渠道设计的落实和贯彻。

### 4.组织渠道服务

渠道服务就是指为了保障渠道设计能够准确完整地实施企业所采取的保障措施，主要包括服务方向、服务技能、服务后续保障措施等。比如为了使商业企业能够很好地执行其相应的渠道功能或拓展商业的相关渠道能力，企业就有必要为商业企业提供相关的培训、沟通、技术支持，为商务代表提供专业培训，提高服务质量和能力。

### 5.进行渠道管理

它贯穿于渠道建设事前、事中、事后的全过程，主要包括渠道信息管理、渠道人员管理、渠道冲突管理、渠道审计管理和渠道评价等。

根据以往成功的案例来看，在渠道建设管理过程中，人们都认识到：绝大多数消费者都对"第一视线产品"感兴趣。几乎所有的厂家都懂得"第一时间"的重要性。因此渠道建设一定要紧扣一个"快"字，在竞争对手尚未察觉其战略动机时，以"迅雷不及掩耳"之势快速地将货铺到目标市场，抢占市场份额。

为发展巴西的海运业和造船业，巴西政府、经济界和金融界提出，要恢复和发展本国造船工业，重振昔日巴西在南美洲的造船大国地位。国际造船界和海运界均十分重视巴西的造船和海运市场，因为在巴西造船和海运市场立足，就能以点带面，为开辟和占领南美洲市场打下基础。巴西要振兴海运业和造船业，引起了全球造船国家，特别是韩国的极大关注。为抢占市场先机，韩国船企采取了一系列措施，为进入巴西造船市场打下了基础。在大宇造船海洋工程公司和三星重工拓展国外造船业务的计划中，两家企业均看好在南美洲发展造船业的市场前景，并将首选目标锁定巴西。

他们认为：

（1）巴西原有一批中小型造船企业，造船基础好于其他南美洲国家，进入巴西的造船业取得成功的可能性比较大。

（2）巴西是南美洲第一经济大国，地下、地上自然资源丰富，出口潜力巨大，其充足的海运贸易量，需要足够的具有一定承运能力的本国船队。

（3）巴西政府、经济界和金融界均对发展本国造船工业达成了共识，形成了良好的市场环境和氛围。

由此，大宇和三星花力气为开拓巴西船舶市场做准备，希望能在巴西建造船厂，以在中南美洲地区形成具有一定规模的造船基地。大宇造船计划收购巴西有发展前景的中型造船企业，通过参股、提供技术帮助等方式在巴西立足。三星重工也在考虑以类似方式进入巴西造船市场，建立自己的造船基地。不久，巴西苏阿佩地区企业组成的联合投资公司与韩国三星重工达成协议，三星重工将为巴西亚特兰船厂建设提供有关技术资料，包括船厂建设设计图纸、船厂经营管理有关资料、船舶设计图纸等。

另外，三星重工还将派技术人员赴船厂，指导船厂建设、布局，正式投产后，三星技术人员将进行船厂经营管理和船舶建造施工技术指导，为造船提供质量和安全保障。三星重工总经理对此表示，巴西是三星进入南美洲大陆造船市场的一个"桥头堡"，三星与巴西船厂的这种协作关系，有利于三星进入巴西造船市场，三星对这次市场先机的抢占有利于三星跨国经营战略的推行和实施。同时，巴西和其他南美洲国家沿海海域石油和天然气储量十分丰富，这对三星重工今后在中南美洲的海洋油气项目设备领域占领市场、承接更多订单创造了有利的条件。

市场竞争最残酷的是同行业企业之间的竞争，行业的生存空间是有限的，胜者为王、败者为寇是不变的竞争法则。如今的世界是"唯一不变的就是一切都在变"，在这个被称作"快鱼吃慢鱼"的新竞争规则下，谁先跑出第一步,谁的生存概率就大一些。当企业的生产与管理成本已经没有可挖掘的潜力时,渠道系统可能还是一个可以挖掘的金矿,谁能首先投身"渠道革命",改善企业的渠道关系,强化渠道管理,增加渠道的产出效率,提升渠道的竞争力,谁就会抢得市场先机。

只有把渠道做深做远,才能满足远端需求,赢得更多的市场份额。所以说,一旦掌握了某种市场先机,就要勇于抢占市场。这样才能赢得竞争。

因此,早起的鸟儿有虫吃,快别人一步,步步先于别人,这是一个企业在快速建设渠道的理论支持。一个企业只有先于别的企业把渠道建好,并且在建设渠道时眼光放长远些,把渠道建设得足够深足够远,才会为日后的销售打好头战,才能最先为消费者所熟知,为消费者所认可,最终才能给企业带来意想不到的利润。

## 铁律60

### 抢人心胜过抢市场,将品牌"钉"入消费者心中

> 在日常工作生活中,我们往往会有这样的体验:听到木匠,就会想到鲁班;听到仁政,就会想到孔子;听到汉堡包,就会想起麦当劳;听到无绳电话,就会想起步步高……为什么呢?因为我们被如上的概念占据了心智资源。抢人心胜过抢市场,将品牌"钉"入消费者心中是每个企业管理者都应该加以注重的。

今天,在市场营销方面,很多的企业管理者都会有这样一种看法:市场营销以占领市场、扩大市场份额为宗旨。而企业的品牌就意味着市场占有率。在逐步迈入品牌战的今天,无数的案例证明了一点,并不是市场份额越大,企业经营越好。

很多企业经营者都面临着一个困惑,在过去10年中,企业全速去拼命掠夺市场份额,最近两三年却都尝到了苦涩。小肥羊连锁在其经营之初业绩非常好,得到了很多顾客的喜爱,之后开始了拼命的扩张,结果于2006年被迫整顿,砍掉6家总店,因为其连锁店扩张后单店的成活率下降了。

可见,被众多企业家所推崇的先做大、后做强的观念并不是绝对正确的。世界顶级奢侈品店铺非常少,因为它们关注的不是市场份额,而是顾客的忠诚度。目前的企业竞争已经摆脱了盲目追求市场份额的时代,而更加注重对顾客心智资源的占有。

心智资源是企业经营的起点,管理者要明确,企业竞争的本质是占领顾客有限的心智资源,因为这决定了企业所有的投入与资源配置的方向。因此,管理者一定要弄清楚,你的企业所在的领域中顾客的心智资源是如何分布的？它有什么特点？如何去抢占客户的心智资源？

宝洁公司的成功很值得我们学习。虽然中国企业界学宝洁已经有不少年头了，但似乎并没有学习到宝洁成功的关键点。

宝洁之所以成功，是因为它几乎垄断了行业中所有最主要的心智资源。例如，洗发水，海飞丝占领的心智资源是"去头屑"。这么多年来，海飞丝所有的广告无论怎样变化，但万变不离其宗，这个宗就在三个字上：去头屑。不光广告如此，它的任何一项经营活动都是为了强化这一点，所以消费者想买去头屑的洗发水时会首先想到它。而且，当你占据一个定位之后，消费者还会附加其他的利益在你头上，这就是光环效应。一个代表着去头屑最好的洗发水，同时也意味着质量好、名牌、时尚等其他附加价值。

飘柔占领的是"柔顺头发"的心智资源，虽然当你去买飘柔时未必会思考它是"柔顺头发"才购买，也不一定会因为它是洗发水的领导品牌才购买，但飘柔正是因为抢占了洗发水市场的最大特性即"柔顺头发"而成为领导者的。

潘婷则代表了"营养头发"，沙宣代表了"专业"。这四块心智资源，导致了宝洁在中国一度占据近七成的份额，主导了洗发水市场。这就是宝洁模式的最大秘密。

顾客的心智资源是企业最重要的资源。股神巴菲特说，他投资的秘诀在于要区别企业的三种价值：

（1）这个企业有没有市场价值，市值评估是多少。

（2）这个企业有没有账面价值，有没有净利润、净资产。

（3）这个企业有没有内在价值。

当被询问到内在价值指的是哪方面的时候，巴菲特笑而不答。据悉，所谓内在价值就是顾客心中的价值，不是占有市场份额，而是占有顾客的心智资源。

顾客心中不存在企业,只存在品牌。企业无法将整个组织装进人们的头脑,只能将代表着企业产品或服务的符号装入顾客头脑,这些符号就是品牌。

每一个企业,无论你实际的产品经营做得多么好,如果你不能在顾客心智中建立起品牌,你所有的投入就只是成本,而无法转化为绩效。

因此,一个企业若想打造一个成功的品牌,就一定要想办法占据顾客心智的某种资源,因为只有顾客才可以创造企业。创业者一定要清晰地了解顾客体验的哪些方面能够强有力地影响消费者对品牌的感知,加强这些方面的宣传,让品牌深深地印在消费者的脑海中。顾客的心智资源关系着创业的成败。如果失去了顾客群,失去了顾客的心智资源,创业团队无论多优秀、对公司的投入有多大,都不能挽救一个企业的消亡。

品牌的核心内涵的作用就在于它在高质量的基础之上赋予了品牌灵魂,将品牌与文化和思想联系在一起,使消费者形成高度的认同感。品牌不仅仅是一个名称、一个商标,而是一个含有深刻内涵的内容集合,它含有丰富的内容和含义。只有使消费者形成高度的认同感的品牌才是成功的品牌。但怎么才能抓住消费者?为这个问题绞尽脑汁的企业家数不胜数,但恐怕极少有人能像史玉柱那样,每做一行都先把自己置于消费者的地位来考虑每个细节:消费者究竟需要什么?

史玉柱说:"营销是没有专家的,唯一的专家是消费者。你要搞好的策划方案,你就要去了解消费者。"无论什么样的品牌以及什么样的品牌内涵,只有获得消费者的认可才具有市场价值。一个真正的成功品牌应该具有以下特点:

**1.品牌应该深入人心**

在市场竞争中产生的具有杰出表现、得到顾客忠诚与认可的、能产生持久的巨大效应的品牌才能深入人心,立于不败之地。

1886年,和美国的自由女神像一样,由潘伯顿调制成的可口可乐已经成为美国的象征,可口可乐公司非常清楚地认识到了这一点。有位可口可乐的高层人员曾说过:"如果公司在天灾中损失了所有的产品和资产,公司将易如反掌地筹集到足够的资金来重建工厂。相反,如果所有的消费者突然丧失记忆,忘记和可口可乐有关的一切东西,那么公司就要停业。"

可见,品牌内涵如果能够深深植根于消费者心目中,那么它毫无疑问地增加了商品的含金量。

比如提到迪士尼,人们会想到欢乐、刺激;提到海尔,消费者心目中的形象是人性化、具有亲和力;提到兰蔻的品牌,人们会感觉到奢华、高贵;力士一直坚持用国际影星作形象代言人,其"美丽承诺"达80年之久;万宝路香烟纵使再狂野、再奔放,也还是坚持一贯的乡村牛仔形象;可口可乐用过的上百条口号,都是围绕"美味的、欢乐的"的品牌内涵不变。产品的品牌内涵是品牌形象之源,是品牌精神的孕育之地,是保持品牌活力的原动力。

当一个品牌的内涵或者说核心理念被人们接受和认同的时候,品牌也就真正深入人心了。

**2.品牌要得到消费者的认同**

森马品牌之所以能够享誉国内外,也是因为它的内涵得到了消费者的喜爱。森马的寓意是:"森立天地,马至千里","森"代表众多,取"众木成林立于天地"之意,其延伸意义是"十年树木,百年树人",给员工提供良好的成长环境和发展空间,使之长成栋梁之才。"马"则代表着"热情奔放,勇于进取"。其标准色为草绿色,表示和谐环境、崇尚自然,追求快乐和希望。

"森马"与"什么"谐音,它的广告语是:"穿什么就是什么!"谐音为"穿森马就是森马"——森马服饰将伴随你的一身,也伴随你的一生。这更像是一句充满"80后""90后"气质的口头禅,有一点无厘头,外加一点自由不羁,折射出崇尚个性、追赶时尚的新一代人心态。

对于服饰，森马没有先入为主的束缚，拒绝跟风，只有强烈的自我表现意识，它主张在穿着和搭配上以百变的形象示人，在潮流中凸显个人风格。更重要的是，他们认为缺乏个性的装扮，即使有再好的时尚品位也都平淡如白水。这些都使消费者感到自己与森马同在，森马带给自己的是卓越的品质、温暖的服务；穿森马服饰，会使自己更显时尚活力，更具价值享受。

### 3.品牌与消费者的互动

品牌与消费者之间是一个互动过程：企业通过宣传手段，使消费者了解品牌内涵；消费者通过自己的理解，从而建立对品牌的形象感知，在消费者的心里，他认为是什么就是什么。从实质来说，消费者的品牌消费就是一种文化消费。文化消费就是文化生活，它是指人们为了满足精神生活的需要，采取不同的方式消耗劳务和文化的过程。通过赋予品牌附加的、心理的、社会的或更高层次的需求内涵，从而使这种内涵满足消费者高层次的需求，品牌就具有了更高的价值。

"品牌的唯一老师就是消费者。"这是史玉柱的又一名言。这其实也是大实话，品牌是什么呢？是顾客的印象和感觉，当然消费者最有发言权了。

你的品牌好不好，不是你的广告好不好。你广告做得再响，经不得使用者的一试，消费者用了好，嗯，果然不错，反之，顾客会说：宣传得那么好，其实是"金玉其外，败絮其中"，你的宣传会带来反作用。你的品牌好不好，还是消费者说了算。

这就要求这个产品一切要为顾客、为消费者着想，越方便顾客越好。所以产品的设计人员一定要从顾客的角度去思考，不要只从自己的角度或只从美观的角度，而忘了实用的价值。

有些知名企业，为了使自己的产品上市后就很畅销，就让消费者指导设计人员按照他们自己的需求进行设计，产品出来后，又先让消费者使用，再提改进意见,直到消费者很满意为止,这样的设计过程,消费者能不满意吗?

同时,品牌会带来无形的价值,或品质、或品位、或服务、或特殊性能,品牌总会让你觉得超出你的价值,也就是物超所值,所以现在消费者的购买也越来越个性化了,产品不但要有使用的价值,还要有一个享受的价值。所以,企业要创一个品牌,并成为一个知名品牌、老品牌,就越来越难了。你一定真正地做到客户第一,敢于承诺,并能勇于兑现对消费者的承诺。

因此,作为企业的管理者或者创业初期者,只有合理地把握消费者的心理,创造属于自己有影响力的品牌价值,才能更有把握地占有顾客的心智资源。抢人心胜过抢市场,将品牌"钉"入消费者心中,可以说是现代社会企业占有大市场的必胜法宝。

## 铁律61

### 靠良好的服务塑造良好的公司形象

> 顾客是上帝,良好的服务是一个企业的立足之本。企业的管理者应该明白,消费者在购买产品的同时,实质上相当在乎购买的服务。良好的服务往往让消费者能够进行二次购买;败坏的服务会让消费者心里自然而然地产生一种厌恶感。因此企业要想成功,首先要靠良好的服务塑造良好的公司形象。

早年,美国出版过一本非常畅销的管理科学著作,书名叫《成功之路》,作者认为,"出色企业"是"始终如一对用户的执着",为顾客服务应作为企业的战略来研究。事实上,保持良好的顾客服务应该是大多数优秀企业的一种观念。

然而很多管理者简单地以为:只要产品好就会有市场。其实,在目前产品质量有保证、价格相差无几的商业环境下,谁能够提供最优质服务,谁就能够赢得用户,谁就能够抢先占领市场。因此,企业要在市场竞争中赢得优势,就必须搞好售后服务,以完善的服务立业。

一个在外部可以用服务来感动消费者的品牌,内部一定有坚实的基础,有相应的企业价值观和企业文化,有匹配的产品设计和市场营销理念,体现了品牌价值的各个维度。

营销大师科特勒认为,如果顾客觉得服务的差别不大,他们对提供者的关心程度便会小于对价值的关心。当企业因顾客特别的需求,而将产品或服务顾客化时,它便算得上是实行"体贴顾客"的做法。也就是说,如果管理者能够像东方饭店老板一样,为客户提供完美的服务,他的企业也一定会成功的。

一个品牌是一种产品的集中体现，消费者之所以爱名牌，其中原因不只是相信名牌产品的品质，更是为了获得名牌产品的售后服务。

2008年"山寨"一词在中国急速流行。当人们谈及山寨手机与名牌手机的最大区别时，总会这样说：山寨手机没有售后服务。正因为此，很多手机购买者宁愿多花钱去购买名牌手机，而不去买山寨手机。由此可见，售后服务对促进交易完成产生着重要影响，甚至起到决定性作用。

据美国一公司对世界近万名消费者抽样调查，奔驰车得分仅次于可口可乐饮料、索尼电器，位列"世界十大名牌"第一名的——"奔驰600型"高级轿车，是世界上许多国家元首和知名人士的重要交通工具。尽管一辆奔驰车的价格能买两辆日本车，但奔驰车不仅顶住了日本车的压力，而且增加了对日本的出口，并能始终在日本市场上占有一席之地。

在世界经济危机此起彼伏、汽车市场竞争日趋激烈、汽车厂家不断倒闭的情况下，奔驰汽车的销售却一路凯歌。这不能不归功于它保你满意的产前服务、无处不在的售后服务和领导潮流的创新服务。

1. 保你满意的产前服务

买奔驰车首先是买满意的质量，奔驰公司为"奔驰600型"轿车所做的广告是："如果有人发现奔驰车发生故障、中途抛锚，我们将赠送你1万美元。" 3700种型号，任何不同的需要都能得以满足。不同颜色、不同规格乃至在汽车里安装什么样的收录机等千差万别的要求，奔驰公司都能一一给予满足。厂里在未成型的汽车上挂有一块块牌子，写着顾客的姓名、车辆型号、式样、颜色、规格和特殊要求等。来取货的顾客驱车离去时，"奔驰"还赠送一辆可当作孩子玩具的小小奔驰车，使车主的下一代也能对奔驰产生浓厚的兴趣，争取让他们以后也成为奔驰车的客户。

2. 无处不在的售后服务

奔驰公司无处不在的售后服务，使奔驰车主绝无半点烦恼。在德国本土，它设有1700多个维修站，雇有5.6万人做保养和修理工作，在公路上平均不到25千米就可找到一家奔驰维修站。国外的维修站点也很多，全球共有5800多个。国内外搞服务工作的人数与生产车间的员工人数大体相等。服务项目从急送零件到以电子计算机开展的咨询服务等，甚为广泛。奔驰车一般每行驶7500千米需要换机油一次，行驶1.5万千米需检修一次。这些服务项目都在当天完成。如果车辆在途中发生意外故障，开车的人只要向就近的维修站打个电话，维修站就会派人来修理或把车辆拉到附近不远处的维修站去修理。

3. 升华价值的增值服务

奔驰汽车的另一突出特点是它的增值服务，奔驰公司在同行竞争中一直处于前列。奔驰于1999年首次推出了为中国用户制订的服务计划——"价值升华计划"，它提升了用户拥有的奔驰车的价值。几年来，在这个计划的引导下，奔驰先后通过多样化的主题活动如冬夏季免费车辆检测、安全驾驶培训、车辆护理忠告等，让用户享受到众多的创新服务。

奔驰的优质服务成为奔驰品牌的重要支撑点。服务是产品最重要的组成部分之一，消费者买的不仅仅是产品实体部分。就像人们开着一辆奔驰车，不仅仅是为了驾驶。因为奔驰车的优质服务所带来的良好信誉，使它数十年来长盛不衰，我们要提示创业者的是：要想您的企业能够更长寿，请您在服务上多下功夫。

占领市场似乎很简单，但巩固市场就没那么容易了。如果不能巩固市场，即使我们征服了所有的市场，但最后留在我们手中的还只是一小块市场。巩固市场的法宝是什么？答案就是服务。

良好的服务是企业获得客源的第一步，也是关键的一步。如果顾客不满意，企业就很难顺利发展下去了。只有具有完善的顾客服务，企业才能赢得顾客的忠诚，获得顾客的持续支持。

管理者要构建完善的服务体系，一定要做好以下3个方面的工作：

**1. 要制定顾客服务细则**

将顾客服务政策以书面形式公布出来，让每一个员工都应该知晓服务细则的内容并且严格遵守。"客人永远都是正确的"应成为制定所有顾客服务细则的基础。创业者要提升客服人员的语言技巧，要让客服人员多使用让顾客高兴的语言和词语。

**2. 要开展顾客跟踪服务**

任何企业都想和顾客进行多次成交，而促使多次成交最有效的方法就是提供跟踪服务。

销售完成后你就应该及时打电话给你的顾客，向他（她）致以谢意，同时询问对方对你的产品或服务是否满意。这种电话会为下次成交打下良好的基础。

**3. 要把顾客的抱怨变成商机**

大部分不满意的顾客不会直截了当地向企业倾诉他们的不满，他们只会静静地离开，然后告诉每个他们认识的人不要购买你的产品。所以，当有顾客抱怨时，千万不要觉得麻烦，这反而是改变顾客观念、留住生意的绝佳机会。

同时，良好的顾客服务一般符合以下5个条件，或者说具有以下5种基本属性：

**1. 情感性**

良好的顾客服务措施或体系必须是企业发自内心的，是诚心诚意的，是心甘情愿的。企业销售、服务人员在提供顾客服务时，必须真正付出感情，没有真感情的顾客服务，就没有顾客被服务时的真感动；没有真感动，多好的顾客服务行为与体系也只能是一种形式，不能带给消费者或客户终生难忘的美好感觉。

**2. 适当性**

顾客服务的适当性指的是两方面：一方面是顾客服务内容和形式的适当性，即服务内容和方式方法的正当性；另一方面是指顾客服务量与质上的适度性。因为企业提供的任何顾客服务都是有成本的，过高或过低的顾客服务水平都不是明智的行为。

**3. 规范性**

规范性指的是企业在向顾客提供服务时，必须尽量为服务人员提供统一、科学、全面、规范、符合情理的服务行为标准。

**4. 连续性**

顾客服务的连续性指的是企业在提供顾客服务时，必须保持在时间、对象、内容及质量上的连续性。

**5. 效率性**

效率性主要是指提供顾客服务时的速度与及时性。例如，夏天修空调：同样内容的服务，报修后两小时到和两天到就有天壤之别。

良好的服务是企业赢得消费者信赖的第一步，也是最为关键的一步。服务内容的最优化是使企业所提供的服务优于其他企业的关键，当市场占有率达到一定程度时，优秀的服务就胜过营销的运作了，此时管理者要相信顾客购买的不仅是产品，更是服务。因此，靠良好的服务塑造良好的公司形象、树立自己公司的品牌永远都是正道。

◇给你一个公司，你能赚钱吗

# 铁律62

## 经营管理一个公司，一定需要制度规范

> 英国首相丘吉尔曾说："制度不是最好的，但制度却是最不坏的。"远大空调董事长张跃说："有没有完善的制度，对一个企业来说，不是好和坏之分，而是成与败之别。没有制度是一定要败的。"因此，企业的管理者在建设企业发展宏伟蓝图时，一定不要忘了去规范自己企业的规章制度。

在当今竞争日益激烈的商业社会，制度才是克敌制胜的根本之道。对于任何企业管理者而言，要想创一番大业，成为一代企业家，一定要"完善企业制度和标准"，锻造企业制胜的"秘密武器"。

一个强大的管理者，首先也应该是一个规章制度的制定者。规章制度也包括很多层面：财务条例、保密条例、纪律条例、奖惩制度、组织条例等。好的规章制度可以使被执行者既感觉到规章制度的存在，又并不觉得规章制度是一种约束。

看看已经有百年历史的IBM（国际商业机器公司）、花旗银行、默克制药等讲规矩的企业，我们可以发现，有规矩的企业才能有机会成为真正的"百年老店"。

当年，吴王阖闾有争霸天下的雄心，但是却没有强大实力，大将伍子胥为他请来了军事家孙武，于是吴王想要试试孙武的能力。孙武上任后做的第一件事就是立规矩，规矩立好之后他反复重申，不遵守规矩者杀无赦。当吴王的爱妃被杀后，所有的规矩都立起来了，而孙武也终于成为一代兵圣，吴王也成为春秋五霸之一。

没有规矩不成方圆，企业的团队是人的组合，而每个人都有自己的思想和行为。但是在团队里，需要尽量避免个人的思想和行为，要求整体步调一致，所以纪律的约束不能缺少。

在每个企业的建立之初，管理者首要做的就是指定明确的纪律规范，为企业画出规矩方圆。好的制度是非常重要的。有这样一个小故事：

有五个和尚住在一起，他们每天都分食一大桶米汤。但是因为贫穷，他们每天的米汤都是不够喝的。一开始，五个人抓阄来决定谁分米汤，每天都是这样轮流。于是每星期，他们每个人都只有在自己分米汤的那天才能吃饱。后来经过研究，他们推选出了一位德高望重的人出来分。

然而好日子没过几天，在强权下，腐败产生了，其余四个人都学会想尽办法去讨好和贿赂分汤的人，最后几个人不仅还是饥一顿饱一顿，而且关系也变得很差。然后大家决定改变战略方针，每天都要监督分汤者，把汤一定要分得公平合理。这样纠缠下来，所有人的汤喝到嘴里全是凉的。最后大家想出来一个方法：轮流分汤。不过分汤的人一定要等其他人都挑完后喝剩下的最后一碗。为了不让自己吃到最少的，每人都尽量分得平均。在这个好方法执行后，大家变得快快乐乐、和和气气，日子也越过越好。

同样的5个人，不同的分配制度，就会产生不同的效果。所以一个单位如果没有好的工作效率，那一定存在机制问题。如何制定一个合理规范的制度，是每个领导需要考虑的问题。

著名的施乐公司老板曾骄傲地说："施乐的新产品根本不用试生产，只要推出，就有大批订单。"这是为什么呢？原来，他们开发出的任何新产品都运用了一种统一的管理模式。这种模式以用户需求为核心，共有产品定位、评估、设计、销售4个方面近300个环节。通过反馈信息以及对大量数据的不断调整，使产品一经面市就能满足用户的需求。正是凭着一整套行之有效、科学严密的管理程序，百余年来，施乐公司始终是世界文件处理的领头羊。

我们可以这样认为：制度和标准就是企业的竞争力。

北京"金三元"酒家拥有中国首道专利菜"扒猪脸"。金三元的老板沈晓峰非常精明能干，他为这道菜定制了十分严格的规矩。猪头的来源必须是饲养期4个月到5个月大、重量为60千克至75千克的白毛瘦型猪；猪经过标准屠宰后，需经过2小时的浸泡，30多种调料、4小时酱制、12道工序层层制作。谁弄错一个环节，沈老板都会火冒三丈。不仅如此，"金三元"酒店的服务也是非常到位的。无论是从站位、迎宾还是入座、点菜，都有一套分为29道工序、3000多条标准的管理制度。这些制度为金三元赢得了广泛赞誉，前来消费的顾客对金三元的服务赞不绝口。完善的制度使金三元在北京餐饮市场上脱颖而出，经过多年的发展，金三元已经成为在全国拥有20多家连锁店和一家经营纯绿色食品超市的多元化企业。

在很多企业中也一样，市场竞争越来越激烈，由于制度、管理安排不合理等方面的原因，造成某项工作出现真空现象，好像两个部门都管，其实谁都不管，出现问题又纠缠不休、互相扯皮、推诿责任，使原来的有序反而变成无序，造成极大浪费。一般来说，主要有以下几种情况：

**1. 有章不循造成的无序**

无章无序就是随心所欲，把公司的规章制度当成约束他人的守则，没有自律意识，不以身作则，不按制度进行管理考核，不仅影响了其他员工的积极性和创造性，还会降低整体工作效率和质量。

**2. 业务流程的无序**

这是由于通常考虑以本部门为中心，而较少以工作为中心，不是部门支持流程，而是要求流程围绕部门转，从而导致流程的混乱，工作无法顺利完成。

**3. 协调不力造成的无序**

职责不清，处于部门间的断层。部门之间的工作缺乏协作精神和交流意识，彼此都在观望，认为应该由对方部门负责，结果工作没人管，原来的小问题也被拖成了大问题。

### 4.业务能力低下造成的无序

比如出现部门和人员变更时，工作交接不力，协作不到位，因能力不够而导致工作混乱无序，人为地增加了从"无序"恢复到"有序"的时间。

一个企业，假如缺乏明确的规章、制度和流程，那么工作中就很容易产生混乱，就非常容易出现"潜规则"。

"潜规则"这个词，来自作家吴思对当代中国的观察和揣摩。它指的是明文规定的背后往往隐藏着一套不明说的规矩，一种可以称为内部章程的东西。支配生活运行的经常是这套规矩，而不是冠冕堂皇的正式制度。这种在实际上得到遵从的规矩，背离了正义观念或正式制度的规定，侵犯了主流意识形态或正式制度所代表的利益，因此不得不以隐蔽的形式存在，当事人对隐蔽形式本身也有明确的认可。"潜规则"之初主要是谈社会中存在的一些"陋规"，如鲁迅先生所说，"藏在皮袍下面的东西"，是社会中一种看不见、摸不着，行之有效但摆不上桌面的行为方式。

西方管理理念中，企业潜规则属于组织行为学的范畴。管理大师赖特指出，规则是在组织中一种被两个人或者两个以上的人共同认同的态度、观念、感受、行为，来指引他们的日常工作，规则可以是正式的，也可以是非正式的。相对于公司愿景使命、发展策略、企业文化、规章制度的显规则，潜规则属于"非正式"的规则。它的形成原因有以下4个：企业中重复多次很难改变；企业过去情况的延续；企业发生重要事件形成潜规则；企业高层领导非正式设定的潜规则。

显规则的不完善，使潜规则的存在变得合理。任何一个企业中，显规则都不可能完全正确和完善，当显规则不能发挥有效作用的时候，潜规则就会凸现，起到实际的调节作用；而企业发展是一个动态的过程，不可能用一种规则去应付，纵使是显规则，也是在变化之中。可以说，规则总是落后于企业的发展，在新的规则还没有建立的时候，潜规则就闪亮登场。人性中无法克服的弱点以及人性的复杂，也决定了潜规则存在的必然。之所以存在潜规则，是因为人性不能用所有的规则全部设定出来，对不同的人要实行不同的管理方法。

没有规矩，不成方圆。法律和规则是社会运行的基石，也是企业赢利的根本，规章制度松懈，执行力度不够，是一个问题的两个方面。这都直接破坏了企业的正常运行，助长了员工偷工减料、懒散松懈的工作作风。因此，每一个企业的管理者，尤其是一线的执行者，都应该着力培养自己的规则意识和法制意识。须知，良好的规章制度和执行到底的作风是企业发展和赢利的基本保证。

创维集团总裁张学斌如此阐述企业制度的重要性："我常常把企业的制度和一个国家来比较——像美国，只有200多年历史，但是现在就发展成为一个超级大国。其实它真正成为超级大国的时候，没有用200多年，100多年就已经达到这个目标。它就是有一个很好的制度，只要这个制度在，大的问题就不会出现。"

彼得·德鲁克曾说："一个不重视公司制度建设的管理者，不可能是一个好管理者。"制度对于企业来说，其根本意义在于为每个员工创造一个求赢争胜的公平环境。所有员工在制度面前一律平等，他们会按照制度的要求进行工作，会在制度允许的范围内努力促进企业效益和个人利益最大化，从而使各个团队在良好的竞争氛围中实现绩效的突飞猛进。创业者一定要善于把制度引发的竞争乐趣引入到管理工作中去，让团队中的每一个人都对工作保持有激情，兴趣百倍地去工作。

现代企业家杰克·韦尔奇当年力推"六西格玛管理"，张瑞敏发怒砸掉了不合格的冰箱，这其实都是在立规矩。规矩立起来了，大家就有了准则，有了行动的标杆。从更深的层次讲，企业之间的竞争实际上也是规矩之争，作为制定规矩的企业领导者来说，谁的胸怀和气度大，谁能立起有效的规矩，谁的企业才能随之长久和伟大！

## 铁律63

### 切忌"眉毛胡子一把抓"：确定合理的管理幅度

> "管理幅度"指的是一名主管人员有效地监督、管理其直接下属的人数是有限的，当超过这个限度时，管理的效率就会随之下降。因此，主管人员要想有效地领导，就必须认真考虑究竟能直接管辖多少下属的问题，即管理幅度问题。

一个企业要想有条不紊地运营，就必须有合理的管理幅度。只有当企业的管理者能够轻巧地控制管理手下的员工，企业才能充满和谐向上的氛围。当企业的现状超出了企业管理者的管理幅度时，合理地分配和集中管理者手中的权力去管理自己的企业就显得尤为重要，一般企业经营管理权限的分配方式分为集权和分权两种。

集权是指把企业的经营管理权限较多地集中在企业上层的一种形式。集权的特点是经营决策权大多数握在企业高层领导手里，他们对下级的控制较多。

分权是指把企业的经营管理权适当地分散在企业中下层。它的特点是上级的控制较少，使中下层有较多的决策权。

权力是一把双刃剑，不管是采取集权还是分权，企业都应该有相应的管理工具和方法与它相配套，尤其是在分权的过程中，制度约束和文化平衡是一种重要的保障。不恰当地集权与不恰当地分权，都会对企业造成严重的伤害。只有控制住大的风险，才能达到集权和分权的相对平衡。总的来说，领导者应该谨慎从事，采用逐步缓慢放权的"渐进"方法，在放权的过程里，根据反馈信息及时调整偏差，合理地逐步放权，而不要希望立竿见影。

有一家主要从事食品加工的乡镇企业，老板张总事事躬亲，对员工信任度不高。每当营销员将要出征时，他就会再三叮嘱："你们遇事一定多汇报；否则，出了问题后果自负！"因而，在外省打拼的营销员们一个个小心翼翼，生怕办错事，结果算到自己头上。因此，张总经常接到这样的长途电话："张总，一天30元的旅店没找到呀！租一间一天35元的屋子可以吗？"无论事情大小，他们一律请示回报，只要未经老板认可，他们绝对不会主动做主。

最终，一些有能力的营销员感到手脚被牢牢束缚着，有劲儿使不出，只好选择离开，另谋高就。留下来那些的营销员只会请示，工作起来没有丝毫主动性，领导不安排的事情一概不做，一年到头业绩平平。而张总也整日手机响个不停，忙得脚打后脑勺，上百万元广告费像打水漂一样毫无效果，好端端的一个企业处于破产边缘。

由这个案例我们可以联想到当今社会，一般鉴于所处的位置和权力欲的膨胀，领导者最容易犯的错误就是独断专行，搞一言堂，一个人说了算。然而，凡是喜欢独断专行的人，一是没有不犯错误的，二是能成就大事者不多，三是得不到下属和群众的拥护。

独断专行，表面上看是领导者的强大，实际上是弱智无能的体现。往往是哪些领导者喜欢独断专行，听不进别人的意见呢？恰恰不是办事干练、富有智慧的强者，而是那些头脑简单、经验不足、尚不成熟的弱者。

美国航天工业巨子休斯公司的副总裁艾登·科林斯曾深深慨叹："我们就像小杂货店的店主，一年到头拼命干，才攒那么一点财富，而他几乎是一夜之间就赶上了。"科林斯口中所说的那个"他"，就是"苹果"计算机的创始人史蒂夫·乔布斯。他也是信息产业界第一个登上《时代》周刊封面的人物。乔布斯22岁开始创业，但是他只用了4年的时间，就从一文不名变成了个人财富拥有2亿多美元的大富豪。怀揣如此巨大的财产，足以让年轻的乔布斯打造出更大的平台去开拓更为广阔的空间，但事实上对于专制独裁的乔布斯来说，这却是一个灾难。

因为苹果计算机得到了众多媒体的吹捧和市场的宠爱——小试牛刀就获得了巨大成功，乔布斯完全陶醉在了成功的喜悦之中，但是过分的陶醉使得乔布斯在荣誉之中迷失了自我。乔布斯没有受过任何管理方面的培训，所以对企业管理完全不懂，但是他也不屑于去学习。他越来越迷恋于自己的智慧，脾气变得越来越刁蛮，对员工也变得越来越苛刻。

他的手下甚至不把他看作是领导者，而看作是一个带着诅咒的瘟神，公司里的员工像是躲避瘟疫一样躲避着他。即便是有时在等电梯时和他赶在了一起，员工也都是寻个理由离开，等待下一班电梯，他们害怕惹恼了他，有可能还未走出电梯就被他炒了鱿鱼。

尽管他是老板，但公司上下对他排斥得很厉害。乔布斯再也融入不到苹果计算机公司的整个团队中。就连他亲自聘请的高级主管，原百事可乐公司饮料部总经理斯卡利都公然宣称："有乔布斯在苹果公司，我就无法执行任务。"最后，乔布斯缺乏团队精神的行为最终使董事会愤怒了，他们解除了乔布斯的行政职务，只让他专任董事长一职。乔布斯因此一怒之下出走，离开了自己一手创办的苹果公司。

对于苹果公司来说，乔布斯是优秀得无可替代的创始人，但对于苹果公司的整个经营团队来说，他又是一名糟糕透顶、无法胜任的员工，因为缺乏团队精神，使得作为老板的他也不得不被排斥。

英雄主义是难成大事的。不管一个领导的个人能力多么强，要想保证自己团队的目标可以实现、保证自己的集团利益，就必须在重大的事件上面与自己的搭档和员工达成共识，广泛地听取各个方面的意见，绝不能独断专行。

相反，对于分权主义的滥用有这样一个案例：

有一家颇具影响的民营企业，它所生产的高压锅因质量好而广获好评。这家企业的老板喜欢分权式管理，他让每个营销员承包一个省级市场，公司与其签订承包协议，产品以出厂价下浮25%提供给营销员，营销员必须要保证在一年内完成一定量的销售任务。至于营销员如何销售，公司一概不管。老板的这一招的确是极大地调动了营销员的积极性。大家各出奇招，短短几年，企业就在创造了上千万的销售业绩的同时也造就了许多百万富翁。但是好景不长，市场竞争越来越激烈，富裕起来的营销员已经没有了当初的斗志，公司业绩陷入低谷。公司老板有心自己接管渠道，但是发现难度很大——渠道已经被营销员牢牢地把控在手中。更让老板没有想到的是，有的营销员竟然"监守自盗"，在销售公司正品的同时，自己私设黑工厂，制造假冒伪劣产品，将其投入市场鱼目混珠，大发横财。就这样，一家前景广阔的企业断送在这些营销员手中。

综上我们可以发现，在企业管理中，"一统就死、一放就乱"是非常容易发生的现象。集权可以更便于管理，但高度的集权会导致权力欲望的高度膨胀，最终导致盲目崇拜！分权可以有效地分散权力，使权力不会过于集中，而且更有利于民主化，但是不便于管理，会有很多漏洞！

在企业操作中，企业要考虑的影响因素实际上是很复杂的。方法、理论、原则只是一种参考和指导，集权与分权是一种科学，更是一种艺术，正所谓"运用之妙，存乎一心"，集权与分权处于适宜的范围内，才能服务于业务的发展，才能创造价值。

现在，企业的兴盛越来越依靠群体的努力和团队的协作，你已不可能有时间坐下来听每一位下属向你报告。管理者必须学会成功地下放权力，让每一位下属都有机会为工作的完成做出贡献。

当企业规模发展到一定阶段，规模与效率的冲突就变得日益明显。这时，集权还是分权就成了企业管理中一个复杂而艰难的问题。处理集权与分权的关系，既要防止"失控"，又不能"统死"。

集权与分权是一对欢喜冤家，既互相矛盾又密不可分。怎样才能化解它们之间的恩恩怨怨，使之发挥最大的整体协调效应呢？要达到这一目标，可遵循这样一条原则：战略上的集权和战术上的分权。

在现实的企业管理中，关于集权与分权的发展趋势是：最大限度地放权，实行扁平化管理。其主要依据有以下几条：

（1）随着社会生产力的发展，世界产品市场正逐步由卖方市场向买方市场转移，市场需求向多样化、个性化方向发展，市场划分越来越细，企业对市场变化做出反应的时间要求越来越短，市场机会稍纵即逝；同时，企业作出正确决策所需的信息量越来越多而详细，必然要求充分发挥底层组织的主动性和创造性，充分利用其自主权来适应他们所面对的不断变化的情况。

（2）如果决策集中在最高层组织，则传递有关决策的信息的成本会越来越大，所需时间会越来越长，不利于企业对市场需求变动快速做出反应。

（3）即使最高层领导的经验丰富、判断力极强，但如果决策职能过分集中，则会造成其负担过重，陷入具体事物而不能脱身，也就没有时间作出更重要的决策。

为了更好地适应市场，发挥多样化经营的优势，确定合理的管理制度，合理地收放权力，是一个企业应该关心与注意的大事。

◇给你一个公司，你能赚钱吗

## 铁律64

### 培训公司员工，将培训当作是一项投资

> 每个公司的主体都是员工，因此员工决定着企业的成败，员工弱则企业弱，员工强则企业强。员工进步，企业才能进步。所以，明白这样道理的管理者要重视员工的培训，在不断改善员工的薪资、工作环境的同时，也要加大员工培训力度，以员工的进步推动企业的进步。

美国《财富》杂志曾指出："未来最成功的公司，将是那些基于学习型组织的公司。"如今这一观点已被当今无数知名公司所验证。

摩托罗拉被视为"无线通信巨人"，多年支配着世界无线通信市场，它持续领先的根本原因之一就是对员工培训的强调。摩托罗拉公司是当今职业培训潮流中最雄心勃勃的公司之一。公司把营业额的4%用于培训，每年用约两亿美元为其14万多名员工每人提供至少40小时的培训。摩托罗拉的管理者认为公司庞大的培训计划一定会带来丰厚的经济效益。他们相信：在培训上每投入1亿美元，就会有30亿美元的回报。

20世纪80年代中期，时任公司总裁的罗伯特·加尔文认为，培训将加强全球竞争能力。于是，他立即建立了摩托罗拉培训教育中心，大批员工在这里学到了技能，从而减少了生产中的差错。这个培训运动为摩托罗拉公司带来的直接结果是：畅销的产品开始从摩托罗拉的流水线上源源不断地生产出来，使公司成为美国第一家击败日本人的电子公司。后来，他们又成立了摩托罗拉大学。摩托罗拉大学享誉国内外，总部在美国伊利诺伊州，全球有14个分校，每年教育经费约在1.2亿美元以上。摩托罗拉的高级经理们相信，公司的未来越来越依赖于有创造性和适应性的员工。美国训练与发展协会的首席经济学家安东尼·卡内维尔说："这种做法将使他们走上一条超常规发展道路。"

鉴于此，很多公司组织了大量的员工培训，但是通过培训课程结束时填写的反馈问卷的结果显示，大家对讲师及培训课程的效果表示满意，却不能在实际工作中运用，培训似乎毫无效果；在一个培训课程开展前报名者很多，但到开课时实际到场听课者却寥寥无几。这又是为什么呢？原来很多企业的员工培训都是企业从外部强加的，至于员工是否愿意接受抑或是接受的程度有多大，这些企业都无从知晓。因此进行员工培训时企业首先应该注意的是要从员工的需求入手进行培训。

在LG公司，在兼顾员工培训需求方面，他们采取的根据员工的不同要求为其设立不同内容的课程，然后让各部门员工自己选择参加。他们的培训分"必修"和"选修"两部分。这像是在大学里上课一样，公司文化、思维理念的培训课程通常是"必修"，非常专业化的课程一般为"选修"。通过这样的课程设计，既能把公司的经营目标与员工的个人需求很好地结合在一起，又能为员工创造一个机动灵活的培训安排空间。

在针对员工个性需求方面，LG公司还有一个别具特色的做法，他们设计了以网络为基础的学习软件，活用网络提供的资源，以远程教育的形式营造有利的环境来促进学习。培训中心把培训的课程保存在可移动电子空间里，每个员工可以不受时空限制地按照自己的方式和进度进行自我培训，完成培训课题后，公司专门安排的培训指导人员会把这种学习的效果评估反馈给员工。另外，LG培训中心充分利用便捷的互联网资源，在网络世界里实现世界各地分公司的直接交流，交流内容包括课程的各种设置、培训的方式和方向等。比如在中国的员工可以查看韩国培训中心的课程运营表，并可以自主决定是否参加。

同样，因材施教，不生搬硬套的培训思路是企业培训员工更为行之有效的选择。优秀的创业者应该采取因材施教的方式培训员工，并注意突出培训方式的有效性、适用性，从而使培训产生巨大的经济效益。

海尔企业在实施员工培训时，从来都是从企业的培训愿望出发，对培训对象采取最为有效的培训方式。海尔培训工作的原则是"干什么学什么，缺什么补什么，急用先学，立竿见影"。以海尔集团常务副总裁柴永林为例子。他是20世纪80年代中期在企业发展急需人才的时候入厂的。一进厂，企业领导就在他的肩上压上了重担。领导发现，他的潜力很大，只是缺少了一些知识，需要补课。企业希望他将来能够承担更大的职责，所以就安排他去补质量管理和生产管理的课，到一线去锻炼，边干边学，拓宽知识面，积累工作经验。

柴永林承认，因材施教是最有效的培训方式，经过基层的几年锻炼，他各方面的能力得到了补充和加强，对企业运营的宏观认知上了一个大台阶。由于业绩突出，柴永林在1995年被委以重任，负责接收了一个被兼并的大企业。一年后，他就使这个企业扭亏为盈，并使这个企业创造了两年之内成为行业领头羊的发展神话。随后，他不断创造奇迹，《海尔人》称赞他："你给他一块沙漠，他还给你一座花园。"

因材施教是开展员工培训必须遵守的一条重要原则。其实，对于企业而言呢，员工培训的目的是为了促进员工成长，从而实现企业对其的期望。

海尔的员工培训思路是"人人是人才"。海尔集团自创业以来一直将员工培训工作放在首位，上至集团董事长，下至车间一线工人，公司都会根据每个人的职业生涯设计制订出极具针对性的培训计划，搭建个性化发展空间。在海尔，公司为员工设计了三种职业生涯：一种是对管理人员的，一种是对专业人员的，一种是对工人的。每一种都有一个升迁的方向，每一种都设置有成套的专业培训。

海尔员工培训的最大特色是将培训和上岗、升迁充分结合起来。海尔的升迁模式是海豚式升迁。海豚是海洋中最聪明最有智慧的动物，它下潜得越深，则跳得越高。如一个员工进厂以后工作表现很好，很有潜力，企业期望他干一个事业部的部长，但他仅有生产系统方面的经验，对市场系统的经验可能就非常缺乏。怎么办？派他到市场上去。到市场去之后他必须到下边从事最基层的工作，然后从这个最基层岗位再一步步干上来。如果能干上来，就上岗，如果干不上来，就回到原来的老岗位上去。即便是公司的高层管理人员，但如果缺乏某方面的经验，也要派他下去，到基层去锻炼。

优秀的成功企业管理者认为，员工培训可以提高员工的自觉性、积极性、能动性、创造性和企业归属感，从而可以增加企业产出的效益和组织凝聚力，并为企业的长期战略发展培养后备力量，因此使企业长期持续受益。他们已经将员工培训发展为企业解决实际和潜在问题、提升竞争能力、拓展市场份额、制定发展战略的核心工具之一。培训公司员工，将培训员工当作是一项投资是每个公司都应有的战略举措。在世界优秀的企业里，员工培训被认为是企业投资回报率最高的可增值投资。据美国教育机构统计，企业在员工培训方面每投入1美元，便可有3美元的产出。由此可见，对于每个公司而言，正确、合理、高效地进行员工培训，是一个企业应该最早提上议程的大事，不可耽搁。

# 铁律65

## 让每一个员工产生价值，避免出现"不拉马的士兵"现象

> 员工是企业的个体，是企业的基本元素，只有每个员工都展现出自己最大的价值，发挥自己最大的能力，企业才能创造最大的利润。因此作为企业的管理者，应该安排合理的企业岗位，让员工对号入座，使每个员工都发挥出自己的特长，以避免出现"不拉马的士兵"的现象出现。

"不拉马的士兵"是管理界流传很久的故事，说的是一位年轻有为的炮兵军官上任伊始，到下属部队视察操练情况，他在几个部队发现了相同的情况：在一个单位操练中，总有一名士兵自始至终站在大炮的炮管下面纹丝不动。军官不解，询问原因，得到的答案是：操练条例就是这样要求的。军官回去后反复查阅了军事文献，终于发现长期以来，炮兵的操练条例仍因循非机械化时代的规则。站在炮管下士兵的任务是负责拉住马的缰绳，在那个时代，大炮是由马车运载到前线的，以便在大炮发射后调整由于后坐力产生的距离偏差，减少再次瞄准所需的时间。现在大炮的自动化和机械化程度很高，已经不再需要这样一个角色了。但操练条例没有及时调整，因此才出现了"不拉马的士兵"，军官的这一发现使他获得了国防部的嘉奖。

在我们的许多企业里都可能存在"不拉马的士兵"。比如企业改革或所处的环境发生了变化，比如企业的工作流程或工作方式发生变化，再比如企业的技术进步或众多方面得以革新，等等。如果企业自身没有意识到，并仍因循原来的运作模式，也许就会使一些人力、物力出现"不拉马"现象。

企业的资源包括有形资源、无形资源、人力资源、组织能力等，还包括企业在生产经营过程中的各种投入。由于人力资源在企业间具有相对稳定性且是难以复制的，因此这些独特的资源与能力是企业获得持久竞争优势的源泉。当一个企业具有独特、不易复制、难以替代的资源时，它就能比其他企业更具有优势，在成功的道路上不会走弯路。

"不拉马的士兵"直接占用了企业的资源，降低了企业组织的运作效率，也会大大影响企业内部的公平氛围和员工对公平的感觉。企业组织是一种流程和链条，单个管理者或员工对组织目标的贡献在很大程度上受到其他岗位员工表现的制约。每个环节的波动有正向的，也有负向的，但由于存在相互依赖性，使得正向的贡献不能积累，而负向的贡献反而逐渐积累。所以从整个组织的产出来看，取决于最薄弱的环节或链条，而管理不到位却又加紧了这一种"瓶颈"。这同价值链管理的本质是相违背的。价值链管理的本质就是要通过核心业务流程的优化，以达到降低企业的组织和经营成本，提升企业竞争力的目的。那么如何防止"不拉马"现象呢？

**1. 要使管理参与分配**

据统计资料显示，美国、德国企业流动资产周转率为8次/年，而我国国有及规模以上非国有企业流动资产周转率仅为1.62次/年。这从一个侧面说明中外企业的管理水平差距较大，也说明我们的企业在管理上、资产运作上存在严重的"不拉马"现象。管理能力作为一种人力资本，具有非激励难以调度的特征，所以必须给相应的管理能力以相应的报酬，才能激励管理到位，才能充分发挥人力资本尤其是企业管理层这一稀缺性资源的作用，才能在最大程度上克服由此造成的人力资本"短边效应"。资源转化是企业价值形成过程的直接表现形式，能力配置是优化企业价值形成过程的手段，而知识应用和创新管理则是企业价值形成的来源。著名经济学家熊彼特视企业家为创新者，能够改革和革新生产方式，但他说这需要激励。

**2. 要激活员工的潜能**

闲置是一种浪费,更是企业组织不到位的一种表现。知识经济时代,企业进入扁平化的组织结构。扁平化组织结构的竞争优势在于不但降低了企业管理的协调成本,还大大提高了企业对市场的反应速度和满足用户的能力。管理人员现在的管理幅度远比以前大,基于价值的管理强调在各个层面上都能作出有利于增加价值的决策,从而要求上至总经理下至一线员工都能树立创造价值的观念,以实现在组织内部传达管理部门的期待目标。企业只有通过培养员工实现令行禁止的团队精神,树立"要做就做最好",才能形成"以集体荣誉为重"的良好团队工作氛围,才能使人与人的合作绝不是简单的"1+1=2"的过程。

**3. 企业需要数字化**

企业数字化可以提高管理效率,能够及时发现和回避"不拉马"现象,这有利于企业组织形式的进步和优化。调查显示,实现了高度数字化企业的业绩和获利表现要远远超过竞争对手。除了能节省成本,数字化企业还能够更深入地了解自己的顾客,它们通过资料收集和资料分析与每个顾客发展成学习型关系,因此更能够感知到顾客的需求并向他们推荐其他产品和推动顾客对产品的升级。戴尔计算机就知道在什么时候应该发电子邮件给自己的顾客,并提议他们进行计算机升级。事实上,戴尔计算机把每位顾客都视为"需个别回应的消费者",而非"一般的消费者"。企业利用信息技术改造生产、经营和管理,能够集成和整合信息流、资金流和物流,从而发挥信息化在企业发展中"倍增效应"的作用。

**4. 要善于沟通**

沟通是管理的基础,是了解情况的措施,企业只有善于沟通,才能有利于减少"不拉马"现象。良好的沟通能让下属和员工感觉到企业对自己的尊重和信任,从而产生极大的责任感、认同感和归属感,促使员工以强烈的责任心和奉献精神为企业工作。任何企业都会不同程度地存在沟通不到位的问题,这一问题解决不好,一方面会影响公司的效率,另一方面会影响公司的决策，甚至会导致公司战略目标摇摆不定。

有关研究表明：管理中70%的错误是由于不善于沟通造成的。美国通用电气公司从最高决策层到各级主管，均实行敞开式办公，即"门户开放"政策，随时欢迎职工进入他们的办公室反映各种情况。正是在这种感情沟通式的管理下，通用电气公司的发展速度远远超过其他公司。企业存在"不拉马的士兵"是因循守旧的表现，是管理不到位的表现，是不能有效沟通的表现。企业管理层只有善于管理、善于变革，才能提高管理效率，释放管理效应。

◇给你一个公司，你能赚钱吗

# 铁律66

## 务必要保持公司核心员工的稳定

> 再有能力的企业管理者也改变不了现有的宏观分配环境，在大环境面前他们也是弱者。在这种条件下，员工队伍必将长期不稳定。片面追求员工队伍的绝对稳定只是单纯的幻想，最终只能疲惫不堪、四面碰壁。在任何企业，员工的行为、绩效对企业的实际价值和贡献是有较大差异的。所以，相对而言，稳定核心员工是比较切合实际的选择。

随着知识经济时代的到来和市场国际化，企业之间的人才竞争越来越激烈，核心员工作为企业核心竞争力的载体，自然成了人才市场上众多企业争夺最为激烈的资源之一；同时，人才的选择就业观念也进一步开放，这就使得企业间的人才流动进一步扩大，以至于企业核心员工的流失已经成为一种普遍现象。有些企业在资本实力、行业地位、专业程度、薪酬待遇和职业前景等方面，都与大型企业不能同日而语，因此在对人力资源的争夺中处于明显的弱势，这就直接造成了员工流动性大，所以无论企业如何努力，人力资源队伍都难以保持足够的稳定。一方面，企业的生存和发展需要大量的人才；另一方面，人员流失率却居高不下，这无疑会给企业的生存和发展带来很大的负面影响。任何企业想要保持全体员工的绝对稳定，无异于痴人说梦，所以解决这个困局的一个比较现实的方法，就是想方设法稳定企业的核心员工。

企业想要保持核心员工队伍的稳定，首先必须明确核心员工群体的范围。那么，什么样的员工才是企业的核心员工呢？

概括地来说，核心员工就是指那些具备知识、技术、能力、工作动机、个人特质和自我概念等素质，对企业具有核心价值的员工。核心员工一般都身居关键职位，与此同时他们也是高绩效的员工。需要特别指出的是，核心员工是一个关于人的概念，而非关于事的概念，并不是职位高就是核心员工，低层员工如果素质对于企业具有核心价值，也是核心员工。由此可见，核心员工是关键的、高价值的、稀缺的、骨干的和难以替代的，需要重点稳定。

比尔·盖茨曾开玩笑说："谁要是挖走了微软最重要的几十名员工，微软可能就完了。"通过这句话，我们可以很真切地体会到：企业能否有效保留住核心员工，将是这个企业持续成长的前提，因为核心员工是一个企业最重要的战略资源，是企业价值的主要创造者。所以，分析影响核心员工流失的因素，并有针对性地对核心员工进行良好的管理，从而将核心员工的流失率降低到适当的范围内，保持核心员工的相对稳定，成为众多企业尤其是处于创业期的企业亟待解决的问题。

人力资源管理和实践领域对核心员工的真正内涵进行了全面地概括和提炼，总结出了三个属性，即价值与贡献属性、特定岗位的重要属性、劳动力市场供应的稀缺属性，这三个方面可以作为核心员工的界定标准。因此，核心员工的这种不可代替性具有时间阶段性，并不是一成不变的，而是随着企业经营特点、变革及劳动力市场的供应情况的变化而变化。

管理大师彼得·德鲁克曾经说过："企业只有一项真正的资源——人。管理就是充分开发人力资源以做好工作。"保持核心员工稳定的重要性，相信所有的企业都不言自明。

首先，核心员工掌握的资源较多，而且经验比较丰富，工作能力和潜力也都比较大。一般的情况是，占企业员工总人数20%到30%的核心员工，集中了企业的80%到90%的技术和管理资源，能够创造企业80%以上的财富和利润，因此他们是企业的灵魂和骨干。说到底，核心员工是企业的稀缺人力资源，也是企业核心竞争力的根本来源。从根本上讲，与公司生存和发展息息相关的不是留人，而是留住人才。企业的核心员工基本上都在人才之列，应该好生安抚，加以稳定；至于那些不符合公司要求的一些落后人员，本来就应该被淘汰。

其次，也是至关重要的一点，核心员工可替代性不高，同时也是人才市场上主要的争夺对象，"跳槽"的机会最多、可能性也最大，而且招聘难度大，不像一般工作人员的流失完全可以通过招聘来补充。所以，他们一旦"跳槽"，很容易给公司造成难以估量的损失。

具体来说，核心员工的流失不但会带走企业的商业机密，同时使企业的前期招聘成本、培训成本及其他一些人力资本投资付之东流，还会增加企业人力资源重置成本，干扰企业工作业绩，破坏企业凝聚力，影响企业的战略发展。更现实的一个问题是，如果他们流失到竞争对手那儿或者自立门户，将给企业构成严重的威胁。而如果发生核心员工规模性流失现象，则有可能对企业造成致命的打击，甚至有可能导致企业破产。

公司通过稳定核心员工这个层面，赋予他们特殊待遇和额外资源，主要是为了解决企业发展过程中人员不稳、出于长期发展考虑需要积累和沉淀之间的矛盾。这些需要稳定的人员，不一定需要能力超常，但必须对公司忠诚。

对于所有公司而言，想要稳定核心员工，改变人才流动性过大的情况，首先必须找到核心员工流失的原因，以便有针对性地制定出留住核心员工的对策。众多研究结果显示，员工跳槽不外乎个人、企业内部和企业外部三个方面的原因。

人人都希望得到更高的薪酬福利、良好的发展前景，但是有的公司管理方式粗暴，薪酬偏低，缺乏良好的用人机制，人事配置与岗位设计不合理，激励机制不健全，缺乏系统战略性的薪酬福利政策，缺乏科学的员工职业发展规划，内部政治斗争不断，信任缺乏，企业文化缺失或不良，这无异于将员工往外推。再加上现在人才竞争激烈或者国家有特定政策，都可能影响核心员工的稳定性。

要保持核心员工的稳定，公司必须针对这些原因确立规避核心员工流失的对策，通常来说应对方法主要有以下几个方面：

（1）树立正确的人力资源观，建立和健全人力资源管理体制。

（2）制定适合企业发展的人才战略规划。

（3）建立动态的绩效评估体系。

（4）与在职和离职员工进行充分沟通。

（5）提供合理的薪酬水平和福利待遇。

（6）事业留人，让员工成为企业的主人翁。

（7）加强教育培训，提供成长发展的空间。

（8）帮助员工做职业生涯规划。

（9）用人机制公开公平。

（10）营造良好的企业文化。

（11）建立企业核心员工流失预警机制。

（12）从源头上杜绝核心员工流失。

（13）通过人才储备和核心能力传递的方法降低核心员工流失后的损失。

（14）运用劳动合同、竞业限制协议等法律手段，保障核心员工的稳定性。

◇给你一个公司，你能赚钱吗

# 铁律67

## 业绩考核是实现目标管理的有力工具

> 在企业或是组织，明确业绩考核目标和责任是至关重要的，应用得当，会促进目标的达成。不然会产生负面影响，使企业或是组织原本和谐、稳定的氛围受到破坏，制约企业的发展。

明确业绩考核目标与责任的管理方式成为提升企业竞争力的有效战略工具，"没有衡量，就没有管理"。

现代的企业领导者都会经常外出学习、参加会议探寻目标管理的途径，买回大量目标管理的光盘、书籍，但使用后往往起效甚微，甚至还产生了员工不满意、部门经理不满意、高层不满意的"三不满意"现象，同时还存在部门之间关系复杂、配合生硬，甚至矛盾重重，相互指责和推卸责任的乱象。

内部人员的工作也缺少主动性和积极性，缺少认真负责的精神，存在效率低下等问题。这样领导不仅要对部门的发展拟订合理的规划，还要忙于协调各种矛盾，领导人不仅自己无暇对员工的工作进行正确的引导、监督与考核，导致员工在工作中常出现错误，而问题出现后又不能得到有效解决，难以确定责任人，等等。

面对如此局面，领导者开始怀疑自己制定的目标，甚至采取道歉的姿态主动下调目标以平众怒。长此以往，必会削弱企业的创新能力，体制陷入僵化，增加前行的困难。

鉴于此，业绩考核应该以目标为导向，强调对员工行为的牵引，通过对绩效目标的牵引和拉动以促使员工实现绩效目标。绩效考核的责任主体是部门的负责人，需要部门主管和员工的共同参与，强调沟通和绩效辅导。绩效考核，实质强调的是过程，一个对设定目标及如何去达成目标、达成共识的过程。顺利完成此过程的关键三步分别是设定目标、达成共识、通过对人的管理来提高业绩。

第一步：设定目标，建立目标金字塔。目标都是要分层的，大目标是金字塔顶，小目标是金字塔底，只有当底座结实，整个金字塔才稳定。

第二步：分组讨论，达成共识。目标承载着的是整个企业的发展方向，因此要符合各部门的期望，在制定目标前，做好各部门的沟通是很有必要的。

第三步：通过人的管理来提高业绩，真诚辅助，避免行政性的指令。当员工做出某种错误或不恰当的事情时，主管应避免用评价性标签，如"没能力""真差劲"等，而应当客观陈述事实和自己的感受。

我们每一个人的本性里面始终都在重复一个主题，就是"回避风险，趋利避害"。这也是部门相互推卸责任的本质。在大多数情况下，许多人都不愿意承担责任，在工作的过程中，他们假装不知道有责任和任务的存在，当事情中途出现了糟糕的局面后，便推说自己并不知道有关的任务或责任，以此来逃避，或者推卸自己应该承担的责任，这样会为企业发展埋下"祸根"。

解决这个问题有三步：第一步，锁定责任；第二步，制定阶段性的目标及目标值；第三步，边做边汇报。业绩考核应区分部门考核指标和个人考核指标，也能够从机制上确保上级能够积极关心和指导下属完成工作任务。

明确业绩考核目标与责任利于帮助个人改进工作，提高工作技能。同时，也为管理者提供了与下属进行深度沟通的机会，有助于管理者进行系统性的思考。

考核也为薪酬、福利、晋升、培训等激励政策的实施提供了主要依据。建立严格科学的考核制度，能充分调动个人的积极性和能动性，也有利于在公司内部营造一种以业绩为导向的企业文化。

业绩考核目标的设定是自上而下进行的目标分解和责任落实的过程，与之相应，责任落实也应服从总目标和分目标。因此，企业部门和职位的目标设定，也应从部门、职位对公司整体发展进行支持的立足点出发。

为此，我们提出了考核业绩目标的SMART原则：

S（Specific）——明确的、具体的，指标要清晰、明确，让考核者与被考核者能够准确理解。

M（Measurable）——可量化，最好可以数字化。"差不多、比较好、还不错"这些词都是不具备量化性的，出现次数过频将导致标准的模糊，放大误差。

A（Attainable）——可实现的，目标、考核指标，都必须是付出努力能够实现的，既不过高也不偏低。比如对销售主管的考核，去年销售收入2000万，今年要求1.5亿，也不给予任何支持，这就是一个完全不具备可实现性的指标。指标的目标值设定应结合个人的情况、岗位的情况、过往历史的情况来设定。

R（Relevant）——实际存在，与现实相关，不能假设。现实性的定义是具备现有的资源，且存在客观性，实实在在。

T（Time bound）——有时限性，目标、指标都是要有时限性，要在规定的时间内完成，时间一到，就要看结果。

目标绩效考核来源于对企业经营目标的分解，即为完成战略而将企业经营目标逐层分解到每个部门及相关人员的一种指标设计方法。从管理学上说，目标是比现实能力范围稍高一点的要求，也就是"蹦一蹦，够得着"的那种。"目"就是眼睛看得到的、想得到的、愿意得到的，它是一种梦想；"标"者，尺度也。

目标不是凭空吹出来的，不是虚构刻画出来的，不是闭门造车想出来的，而是有翔实的数据、有完成的周期，还要有激情，经过精确地预算和计划，大家一起缔造出来的，这样缔造的目标，才符合大家共同的梦想。

# 铁律68

## 建立预警机制，有效控制人才流失

> 人才如果对工作失去了兴趣，单靠金钱是留不住他们的，只有增加员工对工作的满意度、对集体的归属感和提供个人发展的机会才能令他们安心工作下去。制定人才发展战略、营造和谐工作氛围、建立人才流失预警机制是控制人才流失比较有效的方法。

人才的流动已成为当今时代的一大潮流，进入企业的人流似乎永远也比不上流出企业的人流。落花有意，流水无情，在如今这个崇尚自我价值实现的时代，企业招人、留人都很难。一场招聘会少则几十家，多则数百家企业，为了吸引求职人员的注意，企业必须不断翻新招聘花样，更改职位待遇，好不容招进几个贴心的人，干不了几天就走了。

这样持续不断地大量招人，常使企业人力资源、培训等部门疲于奔命，重要岗位青黄不接、企业人员之间配合不默契，最终导致企业效益的下滑。管理学家经过统计分析发现，考虑所有因素，包括因为人才离开企业而失去的关系，新员工在接受培训期间的低效率等，替换新员工的成本高达辞职者工资的150%。而且，替换新员工的成本还不仅限于此，创新是企业发展的动力，知识也是一种资产，知识型人才的流失对企业造成的影响根本就无法估量。

人既是感性的又是理性的。员工既希望受到关怀，又希望发挥自己的能力为企业创造点什么，如果这些愿望得不到满足，那么员工便会感觉到失望。

解决这个问题需要具备硬件和软件。

**硬件**：制定人才发展战略。比如免费开办课程，提供顾问和学习资料，帮助员工跟上时代的步伐，向员工提供发展和选择的途径，以此努力提高他们的工作积极性。建立合理的晋升机制，不断提高人才福利待遇。

道康宁公司和联信公司正在努力迎合自主型雇员。近年来，这两家公司跳槽的员工多为任职3个月至2年的员工，针对这种情况，两家公司制订了一项"职业适应"计划，以帮助员工在公司内部寻找机会，向新进员工介绍不同的岗位职责并开办课程，帮助他们熟悉这些岗位的知识，这样即使他们对本职有意见，也可以在公司内部寻找更合适的职位，且不重新计算工作时间。比如在原部门干了3个月，换了一个部门，那么就算是进入公司的第四个月，享受相应的福利待遇。自从这个计划开展以来，这两家的员工业务素质和忠诚度都有了较大的提高。

有些企业可以提供高薪，但在有些时候，高薪也留不住人。只有尊重每位员工，给他们创造一个可以尽情施展才华的舞台才是明智的解决办法。

**软件**：安定人心，在工作中和生活上营造出公正平等与和谐的环境，让员工爱上自己的企业。使员工能够有一种自我价值得以实现的成就感，人才便会忠实于企业，勤奋地工作，回报企业。

A旅行社员工李明大学毕业后就在一家知名的旅行社做总经理助理，其间，有不少公司想挖他，而且薪水开得很高，但是都遭到了他的拒绝。他常常对同事说，他喜欢这里的工作环境，总经理待人和气，对于下属的工作从不多加指责，如果有不同意见和建议，总经理总是非常委婉地提出来，然后一同商量解决，给员工的承诺也能一一兑现，公司的同事非常热情，如果在工作中遇到困难，他们都尽心尽力地提供帮助。在这种良好的环境下工作，谁又愿意离开呢？

每个人都是平等的，即便有高下之分，也是因为品德、能力，而非职位，如果管理者能有发自内心的平等意识，真诚地对待每一个人，那么员工必定会受其感动，全身心投入到工作中。

坚持程序化沟通，建立人才流失管理预警机制。有证据表明，个体对工作环境的知觉比真正的工作环境更能影响他们的行为。管理者必须了解员工是如何看待现实的，如果员工的理解与实际存在显著的差距，管理者还要努力消除这些误解。程序化沟通能达到上述目的。程序化沟通包括直接上司、人力资源部以及其他高层领导定期和不定期与人才的常规型面谈；发生特殊情况时的谈话，员工态度调查以及会议、书信、电子邮件等信息反馈。这些沟通能够让管理者发现人才对组织各方面情况的真实反映，以及人才与管理者之间的态度差异。例如，管理者认为合理的政策，而人才则可能认为不合理，这种差异会向管理者提供危机警示。

把握人才行为规律，确立人才流失管理的快速反应机制。一旦发现人才行为出现异常，应该立即采取针对性调整措施。因此，利用程序化沟通获取的信息，建立人才行为档案十分必要。人才行为档案的内容，除了人才的基本情况、考核表现、绩效及问题以外，还应包括人才独特的需要及其发展趋势分析。

人才流失不是突然发生的，它需要经历由内隐形态向外显形态的转化过程。人才流失的内隐形态指人才的劳动关系虽未变动，但已不再安心于现在的工作，缺乏工作动力的状态。人才流失的外显形态则为人才的劳动关系和本人都脱离了现组织的状态。

当人才流失表现为内隐形态时，人才流失过程就开始了。这个过程一般会经历抱怨、倦怠、抗拒和离职4个阶段。

**1.抱怨阶段**

当人才遭遇不满意事项，会通过某些途径将这种消极情绪宣泄出来，其目的是引起管理者的注意，前提是相信管理者能够解决问题。在抱怨阶段，人才虽然感觉不满，却并没有离职的打算，工作任务也能正常完成。

如果管理者实施了适当的控制，一切将回归正常；但是，如果管理者对人才的抱怨放任不管，或者虽采取了措施但未达到人才的预期，则会导致人才情感上的失望和失意，进而产生职业倦怠。

2.倦怠阶段

处于职业倦怠状态的人才，态度消极、行为懒散。他们此时的行为已较大程度地偏离了正常轨道，对其工作绩效产生了一定的影响。其目的是通过这种强烈的变化，促使管理者重视自己。在他们的内心深处，仍然寄希望于管理者。同样，管理者得当的控制措施，会获得回归正常的效果；但是，如果管理者不分析人才行为变化的深层次原因，只是简单地进行批评和处罚，则会加剧人才的不满，从而产生心理上的抗拒和萌生去意。

3.抗拒与离职

当这种抗拒情绪达到一定程度，就极有爆发（外化）的可能，形成人才与管理者之间的对立。这种氛围的压力为人才离职准备了客观条件。当然，此时人才离职的决心并不坚定，管理者的诚心和信任，仍可能让人才回心转意；而管理者的不当作为则会促使人才痛下离职的决心。一旦人才认为有更适合的组织愿意接纳他们，就会向管理者明确表示离职的意愿。如果管理者仍没有实质性的挽留行动，人才就会实施离职行为。

人才流失过程分析给我们如下启示：

（1）在人才流失过程的每一个阶段，员工都有不同的行为表现。通过分析这些行为表现，可以找到离职员工行为的规律性，为管理者实施过程控制提供依据。

（2）在人才流失过程中，管理者的控制是一个非常重要的中间要素，管理者控制得当和不当，将对人才留与走的决定起重大影响作用。

（3）在人才流失过程的每一个阶段，都存在挽留人才的可能性。即使是人才已经离职，仍存在回流的希望。挽留人才的努力，在人才离职以后仍应继续。

因此，对人才流失过程实施有效的阶段控制，能够产生阻断人才流失过程的效用。经验告诉我们，导致人才流失的原因，很可能只是一件小事。越是具备人才流失过程管理的前瞻，管理成本就越低，成功率就越高。

最后，保持与离职人才的经常联系是十分重要的。在重大节假日、人才生日时，不要忘记予以问候；组织有周年庆典等重大活动时，可以请人才回"家"做客；还有尽可能为人才提供帮助等，都是培育感情的好办法。这样，人才虽然离职，却仍存在与组织合作、互相帮助和回流的机会，成为组织宝贵的社会关系资源，也能降低人才投向对手公司给本公司带来翻船的风险。

◇给你一个公司，你能赚钱吗

# 铁律69

## 创造有助于提高员工幸福度的工作环境

> 员工是企业的主人，是企业发展的推动力量。随着市场竞争的不断激烈，想要发展壮大的企业，就要注重企业人性化管理与感情投资，将公司建设成为员工温馨的家园，为员工创造良好的生活及工作环境，提高企业内部服务水平，进而提高公司的凝聚力、向心力与竞争力。

关爱你的客户，关爱你的员工，那么市场就会对你倍加关爱。"客户"是企业的外部客户，"员工"是企业的内部客户，只有兼顾内外，不顾此失彼，企业才能获得最终的成功。员工是企业利润的创造者，如果员工对企业满意度高，他们就会努力工作，为企业创造更多价值，以企业为家；员工对企业如果不满意，结果一是离职，一是继续留在企业，但是已经失去了积极工作的意愿，这两种结果都是企业所不愿看到的。所以，一个追求成功的企业应当重视如何提高企业内部客户——员工的幸福度。

员工幸福度是指个体作为职业人的幸福程度，也就是个体对他所从事的工作的满意程度。创造有助于提高员工幸福度的环境，对企业经营管理意义重大。企业经营者应坚持着以人为本，以人性化方式管理和服务员工，从细小的事做起，努力为员工营造良好的、身心舒适的生活和工作环境，并不断更新和完善，有助于激起员工的工作积极性，以最小的投入换取最大的成效。

长期来看，快乐的员工比不快乐的员工有更多的工作成效——其绩效比所有员工的整体绩效高，并且职业倦怠率比同事们低。快乐的员工不仅感到对自己满意，而且工作卓有成效，他们会参与打造企业和自己的未来，取得更大成就。

提高员工幸福度能够有效提高客户满意度，为企业创造更大的价值；员工幸福度高有利于调动员工的积极性和创造性，提高员工工作效率；有利于企业的稳定与团结，有利于提高员工的忠诚度，从而提高企业凝聚力。创造有助于提高员工幸福度的环境应成为现代人力资源管理的一个重要目标。

白芨沟矿区以前的工作环境是：街道上，六七十吨重的拉满煤炭的大车驶过，噪声大、空气质量差，给矿工和周围居民休息、出行带来不便。矿区绿化带面积很小，环境污染非常严重。以前在这里工作的矿工心情很不好，经常能在街道上或是在矿工工作的地点看到打架的或是吵架的矿工，大家工作情绪消极，每天只是将属于自己的那部分干完，就不管其他部分的，甚至有时候很多人连自己的工作也干不完。

白芨沟矿区领导为了提高员工的工作积极性，同时也为了实现矿区和谐发展，对矿区范围内所有的路面、场地、设施进行修理、绿化，改善矿区环境。他们抽调人力物力，用了一个月的时间沿着山脚在泄洪沟开辟了一条四五公里长的运煤专用线，然后还投资改善周边的环境，在矿区周围种了很多树，还治理污染的河流。

矿区领导同时改善了矿工的生活条件，在矿上又新建了员工食堂。为了满足员工的不同口味，食堂专门制定了每周食谱，荤素搭配，并且专门配了辆车用于采购新鲜蔬菜。

矿区的工作环境的转变换来了矿工心情的转变，精神面貌日益变好，矿工互相关心、照顾，矿工队伍更加团结了。工作环境的改善同时还激发了矿工的干劲，矿工加班加点、夜以继日地工作，为实现矿区的和谐美好贡献着自己的力量。

企业经营者了解幸福学，关心人的心理状况，灵活管理，方能达成企业的发展目标。经营者要学会让周边的人在和谐美好的环境中完成自己的工作，实现自己的目标，这样才能完成企业的任务、企业的目标，促进企业的发展。创造有助于提高员工幸福度的环境，对组织有效性也有价值，因为快乐的员工才能让组织更具生产力，绩效更加出色。

因此作为经营者，要掌握一定的心理学知识，学会运用幸福学的理论，在资源有限的情况下进行更理性、更科学的管理和决策，使员工"工作，快乐，并幸福着"，最大限度地提升员工的工作热情。

用"生机勃勃"这个词可以形容工作中的幸福感。一个员工是否"生机勃勃"具有两大要素：首先是活力——一种富有生气、激情四射和兴奋不已的感觉，充满活力的员工能够激发自己和他人的能量；其次是学习力——乐于学习新的知识和技能，具备知识技术优势。

事实证明，让员工焕发勃勃生机，打造幸福企业，并不需要巨大的努力或投资。营造生机勃勃的环境需要大家共同努力。帮助员工成长并在工作中保持干劲，本身就是一种富有魄力的行为，而且这也能够不断提升公司的绩效。

人是社会性动物，需要群体的温暖。我们倡导情感互动，营造企业的温暖氛围。以全新的眼光看待你的员工，视每位员工为具有无限潜力的人才，他们不只需要你的薪酬，也希望在工作中与企业建立起感情关联。企业应当具有良好的人际关系氛围，企业要充分尊重员工的人格、权利、尊严与爱好，平等待人，化解干群之间、群众之间的对立情绪，创造宽松和谐的人际关系，营造诚信、友爱、和谐的工作氛围。

**1. 建立自由、公平、开放的企业沟通体系**

员工普遍希望企业是一个自由开放的系统，能给予员工足够的支持与信任，给予员工丰富的工作生活内容，员工能在企业里自由平等地沟通。自由开放的企业应当拥有一个开放的沟通系统，以促进员工间的关系，增强员工的参与意识，促进上下级之间的意见交流，促进工作任务更有效地传达。

在通用电气公司，从公司的最高领导到各级领导都实行"门户开放"政策，欢迎职工随时进入他们的办公室反映情况，对于职工的来信来访妥善处理。公司的最高首脑和公司的全体员工每年至少举办一次生动活泼的"自由讨论"。通用公司努力使自己更像一个和睦、奋进的大家庭，从上到下直呼其名，无尊卑之分，互相尊重，彼此信赖，人与人之间关系融洽、亲切。

**2. 创造公平竞争的环境**

在工作中，员工最需要的就是能够公平竞争，只有在公平竞争的环境中员工才能展现自己的才能，才能肯定自己；公平可以使员工踏实地工作，使员工相信付出多少就会有多少公平的回报在等着他，在公平的环境下员工才能够心无杂念地专心工作。

**3. 尽量减少无礼行为，尊重每位员工的人格与个性**

赋予员工自主决策权，让他们自己作决策；分享信息，在信息充分共享的环境中工作，员工们更容易寻找创新的解决方案；提供有效的反馈，消解大家的不确定感，使之聚焦于个人和组织的目标。

**4. 改善员工的办公环境**

为员工创造一个优美、舒适的工作环境，增强员工对工作环境的满意度。工作环境包括工作安全性、工作条件、工作时间制度、工作设施等。员工为企业工作不仅为了获得报酬，对大多数员工而言，企业是他们的另一个家，员工希望自己工作的环境安全、舒适、现代化。舒适的工作环境对提高员工的工作效率，树立企业的形象，激发员工的自豪感都有非常重要的作用。

办公区设计应宽敞明亮，设施设备齐全。细节凸显关怀，注意办公场所的细节装饰，比如窗台的盆栽、墙上的油画。若是有厂房，注意厂区的绿化养护，每天都有管理人员进行浇水、施肥、修剪、病虫害防治等工作，保证了花草树木的健康生长。在休息区设置宣传栏，加大企业文化及信息的宣传力度，表彰优秀个人，使大家更多地了解了企业的发展动态，激发员工的进取心。

**5.重视员工的身心健康，注意缓解员工的工作压力**

企业可以在制度上做出一些规定，如带薪休假、医疗养老保险、失业保障等制度，为员工解除后顾之忧。加大对员工身心健康方面的投入，每年为全体员工提供一次免费全面健康检查；开展送温暖活动，帮助困难员工及家属；建立后勤保障小组，严把食品入口关，不采购、不食用不符合卫生标准的食品，提高食堂安全管理，防止食物中毒事件发生；增加娱乐设施、定期开展文艺活动，比如每层加两个乒乓球台，装修一间小型放映厅，"五一"等节日举办联欢，丰富员工业余文化生活，与员工分享成功的喜悦。

一个人的一生大部分阶段都在工作，而且这段时间是人已经成熟独立以后，真正实现自我生命意义的重要时期。这么长时间的生命投入，自然使员工对于企业有了一种期望，一种对企业评判的权利。从这方面说，创业者也应当重视提高员工的幸福感，使员工由满意逐渐变为忠诚，自愿努力地工作。

## 铁律70

### 以晋升机制来激励精英人才

> 晋升激励是企业领导将员工从低一级的职位提升到新的更高的职务，同时赋予与新职务一致的责、权、利的过程。晋升是企业一种重要的激励措施。企业职务晋升制度有两大功能，一是选拔、保留精英人才，二是提高员工的工作积极性。企业将精英人才提升至高级岗位，对精英人才和企业发展都有重要意义。

晋升机制是对企业管理者和员工的一种良好激励，实施得好，能形成良好激励氛围，提升个人和团队的业绩，留住精英人才。

"金钱激励"对精英人才的刺激作用有限，企业经营者应善于分析精英人才的特点，深入了解员工的才干或心智模式，把合适的人安置在合适的岗位上，让每位员工充分发挥优势，为组织做出最大贡献，为精英人才的成功提供更好的支持。

将企业内部业绩突出和能力较高的员工加以晋升是一种十分常见的激励方式。这种方式提供的激励包括工资和地位的上升、待遇的改善、名誉的提高以及进一步晋升或外部选择机会的增加。晋升提供的激励是长期的，这样可以鼓励企业员工长期为企业效力。那么，晋升标准如何制定呢？我们为大家总结了以下3点：

首先，规范晋升的途径，建立晋升的阶梯。也就是说，为每一个员工指明他所在的岗位应该朝哪个方面晋升。这个晋升不是指个人的晋升，而是指这个岗位未来的晋升方向。比如文员这个岗位的下一步是高级文员，一般工程师这个岗位的下一步是主任级工程师。规范晋升途径的重点，就是将所有的岗位分为几个岗位群，每一个岗位都能在自己所在的岗位群中，从下到上、一步一步地提升。

规范了类别途径，建立了晋升的阶梯，就为员工的职业生涯打通了道路。这样，员工就可以目标明确地通过绩效考核、能力考核不断地晋升。激活了员工的积极性，他们就能够不断地提高自己的业绩，提升自己的能力，企业也因此而得到持续的发展的机会。

规范了晋升途径、建立了晋升阶梯，并不意味着员工只靠工作年限就可以自然地晋升。晋升需要达到以下3个标准：

（1）岗位的任职资格要求，具体包括：学历、专业、专业年限、同行年限、同等职务年限。

（2）岗位的能力要求，即适应这一岗位所需要具备的能力。

（3）绩效要求，即晋升这一岗位所需达到的绩效标准。

其次，晋升应以标准为依据，双向流动。也就是说，晋升不应该仅仅是正向流动的，也应该有负向的流动。晋升标准应有两个，一个是向上晋升，一个是向下降级，从而做到员工有升有降。对于符合晋升标准的要给予晋升，对于符合降级标准的要向下降级。

最后，晋升体系还要注意应用头衔。我们经常看到一个公司里有很多的经理，级别较高部门的负责人称为经理，级别较低部门的负责人也称为经理。在名片上，很多人的职务也都注明了经理，这就是应用头衔提升晋升体系激励性的一种有效方式。

人都有交往和受到尊重的需要，头衔往往有利于满足这种需要。因此，晋升体系要充分地应用这一工具。在某种程度上，它可以代替或者帮助节省人工成本支出，因为有很多人为了头衔愿意拿较低的工资。当然，如果将头衔与工资恰当地结合起来，效果会更好。

F公司是一家生产电信产品的公司。在创业初期，依靠一批志同道合的朋友，大家不怕苦不怕累，从早到晚拼命干，公司发展迅速。几年之后，员工由原来的十几人发展到几百人，业务收入由原来的每月十来万发展到每月上千万。企业大了，人也多了，但公司领导明显感觉到，大家的工作积极性越来越低，也越来越计较。

他想，公司发展了，应该考虑提高员工的待遇，一方面是对老员工为公司辛勤工作的回报，另一方面是吸引高素质人才加盟公司的需要。为此，F公司重新制定了报酬制度，大幅度提高了员工的工资，并且对办公环境进行了重新装修。

高薪的效果立竿见影，F公司很快就聚集了一大批有才华、有能力的人。所有的员工都很满意，大家的热情高，工作十分卖力，公司的精神面貌也焕然一新。但这种好势头不到两个月，大家又慢慢回复到懒洋洋、慢吞吞的状态。

F公司的高工资没有换来员工工作的高效率，公司领导陷入两难的困惑境地，既苦恼又彷徨不知所措。

F公司出现的这种情况是一个普遍现象，很多企业都经历了这样一个过程，在创业初期，每个人都可以不计报酬、不计得失、不辞辛劳、不分彼此，甚至加班加点、废寝忘食。但是，只要企业一大，大家这种艰苦奋斗、不计报酬的奉献精神没有了，不分上下班的工作干劲和热情态度也不见了，关心企业、互相帮助、团结如一人的温暖人情氛围也消失了。为什么会这样呢？原因我们归纳为以下3点：

（1）企业大了，老板或忙于企业发展的大事，或忙于社会上各种应酬，与原来创业的老员工在一起的时间少了，感情必然疏远，心理距离必然拉大，以感情作为激励手段的作用自然就会逐渐消失。

（2）在创业初期每个老板可能对公司员工，尤其是一些核心骨干有过许多承诺，但当企业真的做大之后，老板（或许忘了）并没有兑现这些诺言。核心员工便产生失望情绪，接下来的自然是消极怠工，甚至集体跳槽。

（3）当企业成长到一定规模之后，必须走向制度化的管理，而制度给人的感觉总是冷冰冰的，原来的那种相依为命一起创业的融洽感觉消失殆尽，称兄道弟不行了，一切都要按级别来，按公司规定来。老板和老员工之间的感情作用日渐失效。

很多企业把钱作为唯一的激励手段，在一些老板的意识里，花高价钱就能打动人才的心。实际上，我们也要注重人才的精神需求。当物质充足了，人才要求被尊重、独立决策的精神需求就增强了。头衔的改变就是最直接的精神奖励。

现代企业都很重视对员工的晋升，但实施得不好就会破坏团队气氛，影响员工工作情绪，并有可能产生破坏性工作。比如人才职位晋升后，却无法胜任新岗位工作，工作绩效下降了；或者人才职位晋升后，发现没有合适的人来顶替原来岗位工作。就说明了企业对人才晋升的机制没有做好，那么企业应如何设定有效的人才晋升机制呢？

（1）资质审查。晋升者资质审查和接替岗培养资质审查。确保晋升者有能力完成更高岗位工作，同时也保障后来者有能力顶替上来。

（2）晋升培训。员工或管理者要想晋升，必须接受一系列系统化的培训计划，只有通过培训考核合格才能上岗。

（3）晋升周期。除特殊情况外，一般管理者晋升，都必须岗位工作满一年后才可以晋升，同时晋升后考察期必须在1~3个月。

（4）责、权、利的统一。晋升到新岗位后，岗位职责不一样、权限不一样，报酬不一样，充分考虑对晋升者的激励。另外，职位的晋升也同薪酬做了有效的匹配，确保激励有效。

完整的人才晋升链条确保了人才晋升前后工作绩效的提升，让人才发挥最大潜能。

现代企业应建立晋升机制，引入适度竞争。如果企业工作效率低，可在短期提拔几位精英人才，让员工感觉到差距的存在，同时让他们产生危机感，如果落后就有可能失去工作。以此消除员工的惰性，激发企业内部活力。

同时应注意奖惩适度。奖励过重，晋升太快，超过了他现有的能力，会使员工产生骄傲和满足的情绪，失去进一步提高自己的欲望；奖励过轻会起不到激励效果，或者让员工产生不被重视的感觉。惩罚过重会让员工感到不公，或者失去对公司的认同，甚至产生怠工或破坏的情绪；惩罚过轻会让员工轻视错误的严重性，从而可能还会犯同样的错误。

最后，企业经营者在制定晋升规则时还要注意以下四点：

（1）"阶梯晋升"和"破格提拔"相结合。"阶梯晋升"是对大多数员工而言。这种晋升的方法，可避免盲目性，准确度高，便于激励多数员工。但对非常之才、特殊之才则应破格提拔，使稀有的杰出人才不致流失。

（2）机会均等。人力资源经理要使员工面前都有晋升之路，即对管理人员要实行公开招聘，公平竞争，唯才是举，不唯学历，不唯资历，只有这样才能真正激发员工的上进心。

（3）德才兼备，德和才二者不可偏废。企业不能打着"用能人"的旗号，重用和晋升一些才高德寡的员工，这样做势必会在员工中造成不良影响，从而打击员工的积极性。因此企业经营者对第一点提到的"破格提拔"要特别小心，破格提拔的一定是具有特殊才能的公司不可或缺的人才，他的德才要能服众，避免其他员工对晋升产生"暗箱操作"或者遭遇"潜规则"的误会。

（4）建立公司人才储备库。企业人力资源部门应定期统计分析公司各单位的人员结构，建立公司人才储备库。依据员工绩效考核结果和日常考察情况，筛选出各层级的核心、优秀、后备人才，对各专业、各层次的人才做到有计划开发、适当储备、合理流动、量才使用，并以此指导公司的培训、引才、留才的工作。

# 铁律71

## 一方面要授权，一方面要监控到位

> 合理地授权是指"放手但不放弃，支持但不放纵，指导但不干预"。把握好权责的平衡，在给予足够权力的基础上强调责任，适当监控。创业者授权给下属时，应该让员工知道，他拥有的不仅仅是权力，还有与权力相匹配的责任。做到权责清晰，才能实现双赢。

授权是指经营者根据工作的需要，将自己所拥有的部分权力和责任授予下属去行使，使下属能在一定工作机制下放手工作的一种领导方式。由于授权是通过别人来完成工作目标，因此在目标任务和奖惩制度上双方要达成一致。

授权不只是授出权限与权力，同时还要交出相关的资源与责任，并且还要不时地扮演协助者的角色。

授权一般有三种类型：用财方面的权力、用人方面的权力和做事方面的权力。管理者对这三种权力一定要收放有度，才能达到授权的目的。

授权有三要素：任务本身、权力和责任。任务本身，即要求下属完成的某项工作；权力，即赋予下属完成某项工作相应的权力；责任，即下属所要承担的工作责任。这三要素相辅相成，缺一不可。

授权就是复制自己，放大自己的时间，让别人效仿你的身姿去工作。有效地授权可以将庞大的组织目标分解到许多人身上，同时将责任过渡给更多的人共同承担，为领导者和执行者减压，增加了员工的自主性和能动性，让企业每一位员工更加轻松、投入地工作，发挥协同共振的巨大力量。有效地授权为企业带来了较高的激励水平、高效率的团队和优异的业绩。依据授权的三要素，有效授权要注意以下3点：

**1. 建立彼此的信任**

信任是授权最起码的基础，如果缺乏了信任，授权无从谈起。如果你对你将要授权的人缺乏充分的信任，最好不要授权给他。

**2. 核定授权范围**

授权程度是授权的一个重要因素。授权过少，会造成管理者工作太多，下属积极性受挫；过度授权，会造成工作杂乱无章，管理者放弃职守，使管理失去控制。

**3. 权责一致**

授权的前提是明确职责，这也是搞好授权反馈与控制前提。授权者必须向被授权者明确授权事项的目标和范围，明确被授权者的权力和相应承担的义务及责任，且避免授权中的重复。

海生公司隶属于一家民营集团公司，随着集团公司经营规模的日渐扩大，自2002年起，集团公司老板就把海生公司交给了新聘请过来的经营管理层全权负责。授权过后，集团老板就很少过问海生企业的日常经营事务。而且，他没有对经营管理层的经营目标作明确要求，只是非正式承诺，假如企业赢利了将给企业的经营管理层一些奖励，但没用明确奖励金额和方式。

海生企业总经理全权负责采购、生产、销售、财务。到2004年年底，由于没有具体的监督监控制度，海生企业的生产管理一片混乱，账务不清。在生产中经常出现次品率过高、用错料、员工生产纪律松散等现象，甚至在采购中出现一些业务员私拿回扣、加工费不入账、收取外企业委托等问题。

同时，因为财务混乱，老板和企业经营管理层之间对企业是否赢利也纠缠不清，老板认为这两年公司投入了几千万元，但是没有得到回报，所以属于企业经营管理不善，不能给予奖励。但企业经营管理层则认为老板失信于自己，因为这两年企业已经减亏增赢了。他们认为老板应该履行当初的承诺，兑现奖励。双方一度为奖金问题暗中较劲。

面对企业管理中存在的诸多问题，老板决定将企业的经营管理权全部收回，重新由自己来负责企业的经营管理。这样一来，企业原有的经营管理层认为自己的付出付之东流，没有回报，工作激情受挫，工作情绪陷入低谷。另外，他们觉得老板收回经营权，是对自己的不信任和不尊重，内心顿生负面情绪。有的人甚至利用自己培养的亲信，在员工中有意散布一些对企业不利的消息，使得企业有如一盘散沙，经营难以继续。

授权要让员工放手工作，但是放手绝不等于放弃控制和监督。不论是领导者还是员工，绝不能把控制看作是消极行为，而是应该正确认清它的积极意义。海生企业就是一种典型的"撒手授权"模式，集团老板与企业经营者之间缺少有效的控制和监督，发现问题后也没有采取理智的处理方式，导致企业运营陷入混乱。

授权如同放风筝，线放得太长，风筝虽然可以飞得高却有可能失去控制，挂到树上；收得太紧又不能借风势，只能自己带着一圈圈跑，劳力劳心。那么这个度该如何把握呢？

从权、责的关联度上看，授权有两种形式：授权授责与授权留责。前者是指授权同时授责，权责一致；后者则不同，授权不授责，如果被授权者处理不当，发生的决策责任仍然由授权者承担。授权首先要做的就是的选择授权形式，处理权、责分配。海生企业集团老板没有明确自己和对方要承担的责任，也没有制定被授权者要达到的具体经营目标，因此出现了信任危机。信任危机是授权者与经营者之间最致命的危险，出现此危机后，两方的关系会迅速恶化，轻则难以合作，重则鱼死网破。

授权是一门艺术，如果授权运用得好，不仅可以使管理更为有成效，而且可以调动员工在工作中的主动性、积极性和创造性，提升企业运行效率。

**1. 先列清单再授权**

就是说经营者先列出每天自己所要做的事，再根据事情的"不可取代性"以及"重要性"删去"非自己做不可"的事，剩下的就是"可授权事项清单"了。列一份清单，让授权更有系统、有条理。任务落实和责任追查也会更加容易。

### 2. 重视基层的授权

授权的不一定要大方案、大计划，小事更需要权责明确。"合抱之木，生于毫末，九层之台，起于垒土"，对于新进员工，要授予他们细小之事，建立他们的自信，训练他们负责任的态度，观其言行，从中选拔优秀者来日担负重任；同时，"千里之堤毁于蚁穴"，分解目标后把握好每一环节，基层与高层的授权同样重要，如果基层权责不明，整个企业金字塔就会面临崩塌的危险。

一天中午，某涉外饭店的豪华餐厅里，有一位外宾对送上来的牛排不太满意，他认为这个牛排熟得太透。于是，他叫来服务生。服务生用极其谦恭的态度认真倾听他的抱怨，之后，对他说："请您稍微等一下，符合您口味的牛排马上就上来。"说完，服务生立即拿走牛排，继而吩咐厨房按照客人的口味另烤一块送来。

看上去，这是一件很不起眼的事情。但是，在这个事情的背后，是这家饭店正在力推的组织变革——授权管理。饭店的老板认为，服务生是直接面向客人的，应该给服务生更大的权限来服务于客人。于是，我们就看到这个场景：服务生无须请示任何人，能够自主地为客人解决问题。这样，整个饭店的运行效率就会因此而大大提高。

这是重视基层授权的成功案例。饭店通过对饭店最基层员工——服务生的有效授权，提高了顾客的满意度以及整个饭店的运行效率，进而提高了饭店在餐饮行业的竞争力。

### 3. 找对被授权者

不要找自己不信任的人，但是你所授权的人，如果经验多但对于该项任务不擅长或意愿较低，未必会比经验较浅、有心学习而跃跃欲试的人适合。

**4. 注重创造舒适的合作环境，营造愉悦的合作气氛，使员工身心放松**

当员工感觉到自己被关怀、信任时，他们就会自愿从事富有挑战性的工作，使企业出现一个和谐共事、创新共进的局面。

**5. 不要只问"懂了吗"**

经营者习惯性会问员工"懂了吗""我讲的你明白了吗"。这种情况下，许多对细节还不太懂的员工都会反射性地回答"知道""明白"，因为碍于面子，他们不想被经营者当场看扁。多提开放性的问题，与员工探讨授权方案，让他说出自己理解的目标、任务以及奖惩办法，并提出自己的意见。授权应是双方协商制定而非授权者单方指定，因此彼此要充分了解对方的看法。

**6. 授权后也要适时闻问**

授权以后不能不闻不问，等着他把成果捧上来。你可以不必紧盯人，但仍要注意员工的状况，适时给予"这儿不错""那样可能会比较好"之类的意见提点。如果任务特别需要"准时"，也可以提醒他注意进度与时间。

**7. 安排辅助支持**

告知员工当他们有问题时可以向谁求助，并且提供他们需要的工具或场所。此外，主管要让员工了解，他们日后遇到困难还是随时可以寻求上级领导的意见和支持。

**8. 为下次授权做准备**

每次的授权后，授权者应找员工讨论他这次的表现，以便改进。授权者也可以让员工描述自己在这个过程中学到了什么，再配合管理者自己观察到的状况，作为下次授权的参考。

## 铁律72

### 文化使员工充满集体荣誉感

> 企业需要一种文化，一种能反映企业价值观、企业发展观、企业精神、企业道德的文化。它能帮助员工提高审美认识、辨明是非能力，树立正确的人生观、价值观。企业文化指引员工的行为与态度，要想让你的企业具有旺盛的生命力，就必须赋予企业以健康的文化。让员工以这种文化为荣。

创业者要寻找的、要提炼的就是这种能同化员工理想与追求的精神境界，成就让员工魂牵梦绕的企业军魂！它会让我们的员工充满集体荣誉感，从而变得更团结，会让我们的企业更有活力。一个企业是一支军队，一支军队最重要的是什么呢？那就是一支军队的魂魄。在《士兵突击》中，"钢七连"为什么能强大？因为这支部队中有一个魂魄：不抛弃，不放弃。只有拥有魂魄的企业才能所向披靡，战无不胜。

被誉为20世纪最成功的企业家的杰克·韦尔奇曾说："如果你想让列车再快10千米，只需要加大油门；而若想使车速增加一倍，你就必须要更换铁轨了。只有文化上的改变，才能维持高生产力的发展。健康向上的企业文化是一个企业战无不胜的动力之源。"海尔首席执行官张瑞敏说过："企业文化是海尔的核心竞争力。"

宝洁创立于1837年。这家公司长寿的秘诀有很多，但注重企业文化建设，通过企业文化建设来塑造企业魂魄是最为重要的一条。宝洁自成立到现在的大部分时间里，一直运用灌输信仰、严密契合和精英主义等方法努力保存公司的核心理念。宝洁前董事长艾德·哈尼斯的解释是:"虽然我们最大的资产是我们的员工,但指引我们方向的却是原则及理念的一致性。"这个原则及理念就是著名的"宝洁之道"。

"宝洁之道"由三方面组成,其中最为重要的是强调内部高度统一的价值观。为了保证价值观的统一,宝洁甚至做到了中高层只从内部选拔,从CEO到一般管理人员,宝洁基本上没有"空降兵"。宝洁有些长期实施的做法,例如,仔细筛选有潜力的新进人员,雇用年轻人做基层工作,严格塑造他们遵行宝洁的思想和行为方式,清除不适合的人,中级和高层的职位只限于由忠心不二、在公司内部成长的宝洁人担任。

《美国最适合就业的100家大公司》一书写道:"加入宝洁的竞争很激烈……新人员进去后,可能会觉得自己加入了一个机构,而不是进入了一家公司……从来没有人带着在其他公司的经验,以中高层的职位进入宝洁——从来没有,这是一家彻底实施循序升级的公司……他们有一套宝洁独有的做事方式,如果你不精通这种方式,或者至少觉得不舒服,你在这里就不会快乐,更别提想成功了。"

宝洁CEO约翰·斯梅尔1986年在一次公司的聚会上也说过意义类似的话:"全世界的宝洁人拥有共同的锁链,虽然有文化和个性的差异,可是我们却说同样的语言。我和宝洁人会面时,不论他们是波士顿的销售人员、象牙谷技术中心的产品开发人员,还是罗马的管理委员会成员,我都觉得是和同一种人说话,是我认识、我信任的宝洁人。"

实际上,用企业文化来指导工作,是一门深邃的管理艺术,同时也是团队塑造未来的一种战略方法,成功的企业文化确实具有唤起成员行动的力量。

美国惠普公司是当今世界上最受尊敬的企业之一。惠普不但以其卓越的业绩引起广泛关注,更以其对人的重视、尊重与信任的企业精神闻名于世。作为大公司，惠普对员工有着极强的凝聚力。到惠普的任何机构，都能使人感觉到惠普员工对他们的工作是何等满足，他们是在一种友善、随和而很少有压力的氛围中工作。

惠普公司《目标》的引言里说："惠普不应采用严密的军事组织方式，而应赋予全体员工以充分的自由，使每个人按其本人认为最有利于完成本职工作的方式，使之为公司的目标做出各自的贡献。"惠普公司的成功，靠的正是"对员工的重视"。惠普创建人比尔·休利特说："惠普的这些政策和措施都是来自于一种信念，就是相信惠普员工能把工作干好，有所创造。只要给他们提供适当的环境，他们就能做得更好。"这就是惠普之道。

从企业文化中提炼出来的企业精神决定着企业的成败。世界大多数成功的企业，不是物质、技术、设备优越，更重要的是企业精神的成功——这些企业精神总是指导公司全体员工一直采用最正确的方法行事。企业精神才是第一竞争力，谁拥有正确的、不断创新的理念，谁就具有最强的竞争力。

现在企业最高层次的竞争已经不再是人、财、物的竞争，而是文化的竞争，最先进的管理思想是用企业文化进行管理。何为企业文化？它是一种以人为根本、以制度为导向的管理思想与管理哲学的融合，是企业里看不见的软件系统，却是企业的最核心的竞争力。因此，企业管理者越来越注重企业文化的建设和价值观的塑造，最明智的创业者一定是具备将企业文化融于员工血液中的能力的人。只有建设一流的企业文化，企业才能引来和留住一流的人才。

上海宝名国际集团是一家房产销售企业，300多员工大多数是年轻人。很多企业把开展琴棋书画等文体活动作为企业文化的主旋律来唱，宝名集团却注重企业文化对员工情感的关怀，用总裁吴冠昌的话说，企业要用待遇留人，但更要用情感来留人。

每到周末午后，公司工会都要以下午茶的形式开展工会活动，上至集团总裁、总经理，下至普通员工，在这里都是平等的工会会员，大家轻松愉快地喝茶、交流。员工无论是工作上的建议，还是生活中的问题都可以谈，经营者则把企业的规划、设想以探讨的形式与职工交流。不少问题，诸如良好的销售建议、职工上下班的班车问题，都是通过下午茶的形式解决的。

在宝名，管理层有一个明确的观点，一个企业要想成为和谐企业，就必须有决策层与管理层的沟通，有管理层与员工的沟通，有决策层与员工的沟通，这样，企业上下才能相互了解、相互理解。为此，宝名集团每季度都召开一次管理层与员工沟通会，大到公司投资计划、福利分配、中层人员聘评，都在沟通会上得到交流。

公司领导还倡导用人、容人、培养人，绝不允许随意裁人。凡是员工不能胜任企业安排的工作岗位的，可以转岗，转岗之前工会要听取员工想法。尽管今天的职场跳槽成风，但宝名集团几乎未曾流失过任何一名核心人才。因为有这些优秀人才的持续追随，促使宝名集团的发展蒸蒸日上。

一流的企业文化吸引一流人才。因此，作为企业的最高管理者和决策者，创业者必须成为企业文化的建筑师和第一推动者。企业文化首先是企业家本人思想的浓缩。先将自己塑造成企业文化的楷模是企业文化建设中最关键的一点。一旦建立被员工认可的强大的企业文化，员工会觉得荣誉感倍增，企业在任何一方面都将受益无穷。企业要想吸引优秀的人才，应先从文化建设入手；要想建设一流的文化，企业者应先从自身做起。

在企业文化塑造的过程中，创业者必须遵循一定的原则，使价值观伴随着企业的发展而不断完善。具体来说，塑造企业文化的基本原则如下：

**1.以人为本**

以人为本是确立企业价值观的首要原则。企业文化强调以人为中心的管理，强调把人放在企业的中心地位，在管理中要尊重人、理解人、关心人、爱护人。

首先，把人放在企业的中心地位，就是要确立员工在企业中的主人翁地位，使员工真正成为企业的主人，参与企业管理，行使企业主人的权利，尽到企业主人的责任和义务，最大限度地调动起他们的积极性、主动性和创造性。

其次，把人放在企业的中心地位，就是要尊重人的尊严、权利和价值，满足人的需要，从而调动人的积极性。人的积极性，在很大程度上是指人的行为的积极性。而人的行为是由动机引起的，动机又源于需要。因此，最大限度地调动人的积极性，必须从尊重人和满足人的需要入手。

人的需要是一个由对物质条件的渴求必然上升为对精神生活的追求和升华的发展过程。因此，企业首先要满足和维持员工的物质需要，为员工提供基本的生存、工作环境和物质保障。员工的基本物质需求和自尊得到满足，才会真诚地与人分享这种感觉并体现在工作中。

最后，要刺激、引导需要，即提供激励因素，引导需要向更高层次发展，如确立科学的价值观、培育员工崇高的精神和道德理想追求等。

总之，现代企业须以人为中心，通过对人的需要的不断激发和满足，来最大限度地调动人的积极性，使企业价值观得到丰富和发展。

### 2.顾客至上

企业的生存和发展离不开消费者，只有消费者购买产品，企业才会有效益。因此，顾客至上、消费者优先是塑造企业价值观的又一基本原则。

企业要坚持"顾客至上"原则的前提条件是对顾客有正确的认识。美国本纳公司是最成功的邮购商行之一，他们对顾客的界定是：顾客永远是最重要的人，是企业的依靠，是企业员工工作的目的。由此可见，顾客或消费者与生产者的关系绝不是相互敌对的关系，而是互为一体、相互统一的关系。企业只有把消费者看作是自己的衣食父母、看作自己的亲人，才能真诚地对待消费者，以优质的产品和良好的服务获得消费者的信任。企业也只有得到消费者的信任，才能在激烈的市场竞争中立于不败之地。

### 3.企业利益与企业社会责任相统一

现代企业在塑造企业价值观的过程中，必须坚持企业利益和企业社会责任相统一的原则。企业通过生产经营活动的目的是获取最大的利润，这是企业得以生存和发展的基础，没有企业利润的获得，企业就失去了生存的保障。

但是，追求利润并非是企业的最终目的，企业的最终目的在于以事业提升人民共同生活的水准，促进社会的进步。企业只有在承担社会责任的基础上追求利润最大化，才会取得长足发展。这就要求企业不仅要关注自身利益的实现，同时还要关注自身之外的社会利益，承担企业的社会责任。

所谓企业社会责任是指在提高自身利润的同时，对保护和增加整个社会福利方面所承担的责任，即对社会长远目标所承担的责任，既包括强制的法律责任，也包括自觉的道义责任。履行企业社会责任有可能会损害企业的短期利益，但它有助于企业的长远利益。另一方面，企业履行社会责任，有利于树立良好的企业形象。企业拥有良好的外部环境和较高的员工士气，就能形成良好的企业文化，更好地促进企业的发展。

# 铁律73

## 打造全面的危机管理体系

> 天有不测风云,人有旦夕祸福。在商海搏击的企业,作为市场生态链上的一环,无论你是兔子还是乌龟,都会不可避免地遇到各种各样的危机。建立危机管理机制,在于危机发生时用最快的手段,使危机有所控制,防止其扩散,将损失降到最低程度。

商业环境瞬息万变,企业的生存压力与日俱增。一件偶发的危机事件、一次不当的媒体公关、一场欠妥的新闻发言,都可能威胁着企业辛苦经营多年的商业信誉、企业形象,乃至波及产品销售,最终影响企业的生存和发展。对于企业管理者来讲,不仅要从根本上树立危机管理意识,更要全力打造全面的危机管理体系。

不论国内还是国外,一些大公司在危机发生时之所以能够应付自如,其关键之一是建立了危机管理体系。比如,强生公司在康泰克危机中应付自如,创维集团在决策层发生变动后能够及时化解危机,红牛集团在"假红牛事件"发生后能够果断处理,都离不开他们预防危机的意识和平时的危机管理机构的建立。

由于危机发生的具体时间、实际规模、具体态势和影响深度都是难以完全预测的,因此,企业内部应该有制度化、系统化的有关危机管理和灾难恢复方面的业务流程和组织机构,以便在危机发生时能尽快应对、快速处理,防止其扩散。

要使危机管理有一定的组织保障,企业在进行组织设计时必须考虑设立危机管理机构。管理机构包括决策部门、检测部门和执行部门，目的在于预防危机、监控危机和及时处理。特别是在危机发生时，可以迅速制定出危机处理的工作程序，明确主管领导和成员职责等，是顺利处理危机、协调各方面关系的组织保障。

虽然每个企业危机发生的概率和造成的破坏程度不同，但是危机管理都要遵循一定的原则。

**1.严控危机源**

危机源在无法消除时就要严格控制，并根据可能发生危机的严重程度来确定控制办法。

危机事件根据其性质和情况不同，一般分为三级：一般事件，紧急事件和重大事件。

（1）一般事件，包括由于产品或者包装等一般性质量问题，服务不够规范、消费者使用产品不当等非产品质量问题引起的消费者投诉等。

（2）紧急事件，包括产品质量问题引起消费者生病或向消费者协会投诉，新闻媒体接到消费者的举报向公司进行查询，受到地方政府的查询，不利于公司形象和品牌信誉的谣言存在等。

（3）重大事件，包括产品质量问题致消费者死亡，新闻媒体的曝光，严重损害组织形象的谣言，各种司法诉讼和重大突发事件。

如果危机事件尚未在媒体曝光，则必须控制事件的影响，做出适当的让步，争取牺牲小利换来事件的快速处理。如果危机事件被媒体公开并已造成广泛影响，则危机处理应将重点转到媒体公关上来。

2002年秋季，在圣路易斯附近的高速公路上，一辆有明显联邦快递紫色Logo的运货车正在冒着浓烟。一些新闻报道正在全国性的电视台上传播着这样的消息：货车司机睡着了或者运货车成为恐怖分子的攻击目标。

午饭之后，当联邦快递全球传播和投资者关系副总裁比尔·马格瑞兹在电话中获悉这一事件时，他深感不安。他明白：在情况尚不明朗的情况下，联邦快递的紫色Logo越少曝光，对联邦快递美誉度的损害程度越低。于是，他立即召集有律师、安全方面的负责人和媒体关系经理参加的会议，启动联邦快递的声誉损害控制机制。

在联邦快递的大本营匹兹堡，经理们忙碌地核实火势以及损失的严重程度，调查是否有炸弹引爆、是否有危险材料在货舱内。

当排除恐怖袭击的可能后，联邦快递的公关人员迅速与几大媒体和其他新闻机构电话联系，向他们传递这样一个正确的信息：联邦快递运货车的拖车是因为撞到高速公路的标志，油罐破裂后而起火的，确保政府机构和公众能够了解事件的最新动向。

在公司内部，一封详细描述事件真相的电子邮件被印发给公司的每个员工。

为了防止这一意外事件在新闻媒体和互联网上广泛传播，他们在当天就采取了各种措施与利益相关者沟通，确保这一事件不在当天主要的晚报和重要的日报上报道。而且，该公司自己制作了一些影像新闻稿和有关联邦快递飞机和运货车的影像资料提供给电视媒体。最终，联邦快递成功地控制了这一危机的扩散。

一般来说，媒体公关可按如下方式进行：

如果企业的名誉只是在某一地县级区域或二三级城市内造成了一定的影响，媒体的受众领域有限，那么，这类危机可以采取的应对措施是：联系发布恶性新闻的媒体，阻止该媒体将消息在网络上扩散；在该媒体辐射范围内选择一两家核心媒体，发布软文或硬性广告塑造企业形象，同时针对负面报道侧面进行解释。

对于那些在省级区域内报道的、对企业的名誉和销售造成较为严重影响的危机，应该联系媒体受众区域内的10~20家核心媒体，发布软文或硬性广告；指定新闻发言人积极配合媒体对事件作出解释，控制恶性新闻传播，防止文章被网络转载的可能；如果已经转载的，要同网络媒体沟通解释，将后续报道发布。

对于那些经全国或重点媒体报道后造成较为严重影响的危机，应主动联系核心媒体发布公司的最新信息，在第一时间给消费者一个解释；通过媒体组合，向消费者发布企业积极的动态消息。

需要注意的是：在处理这些危机事件中，必须注意尊重当地的习惯和风俗，尊重当地的文化和宗教，其中当然包括对对手的尊重。以免因为风俗习惯的冲突而引发其他矛盾，扩大危机。

**2.良好的大局意识**

危机发生后，虽然事态尚不明朗、局势尚不完全清晰，但必然对企业的有形资产与无形资产产生威胁。因此，管理者在决策时要有大局意识，分清利害，要勇于取舍，不能瞻前顾后、游离不定。

企业的生存是百年之计，而危机事件毕竟只是企业发展中的一段插曲，因此，不论是高层管理者引起还是普通员工引起的企业危机，管理者们都必须将目光放远，一起为企业发展着想，该取舍时就果断取舍。

但是，取舍不能让员工背负冤枉的罪名，不然其怨言不知何时就会被无意或有意听到的人放到博客上大肆炒作。其结果，只能让员工离心离德。因此，在现代企业的危机管理中，顾全大局不等于归罪员工、伤害员工。

2005年的戴尔"邮件门"事件开始完全将责任归罪于员工的个人行为，表示"该员工行为不代表公司立场"。这样的说法就无法平息众怒。

后来，戴尔担心该事件的泛政治化和中国消费者情绪影响到其在中国的扩张，2005年5月31日下午，通过代理公司向媒体发来声明称，"戴尔美国销售人员与客户邮件"事件已引起了公司的高度重视。

此时，戴尔才勉勉强强地发表了个"深表遗憾"，这种试图弃车保帅的危机公关手法是完全失败的。因此，企业的危机公关应该吸取这类教训。

就像任何事物的处理都有它所依据的法则或标准一样，危机管理也有一套潜在的规则。这也是众多企业从处理危机的经验教训中得出的。因此，我们切不可小看或者漠视。

### 3.将危机转化为良机

对于企业而言，危机意味着"危险"，同时也意味着"契机"。洛克希德-马丁公司前任CEO奥古斯丁认为：每一次危机本身既包含导致失败的根源，也孕育着成功的机会。其实，在任何危机之中，总是蕴藏有扭转的良机，就看企业能不能抓得住。

世界知名医药公司美国强生曾因成功处理泰诺药片中毒事件赢得了广泛赞誉，被树立为危机管理的典型案例。

1982年9月，媒体曝出芝加哥地区有人服用泰诺药片中毒死亡的严重事故。刚开始被曝只有3人死亡，坏消息迅速传遍美国，大家都相互传说全美各地死亡人数高达几百人。强生公司陷入空前危机。

强生公司立即组织危机应对小组对所有药片进行检验，在全部近千万片药剂中，发现所有受污染的药片只是一批药，总计不超过75片，并且全部在芝加哥地区，而最终的死亡人数也确定为7人。强生公司仍然按照公司制度中最高危机方案，即"在遇到危机时，公司应首先考虑公众和消费者利益"，不惜花巨资在最短时间内收回了所有的泰诺药片，并花数百万美元进行赔偿。

将公众和消费者利益放在最重要的位置，强生的这一做法获得了公众的认可和谅解，最终拯救了强生公司的信誉。但是不可避免的是，泰诺的市场份额猛然下降。事情过去后很长一段时间，强生公司并没有将新生产的泰诺药片投入市场——尽管市场需求随着事情被淡忘而逐步回升。

强生不急于推出泰诺是有考虑的，当时美国各地政府正在制定新的药品安全法，要求药品生产企业采用"无污染包装"。强生公司看准了这一机会，立即率先响应新规定，采用新包装的泰诺一经上市，立即大受欢迎，一举挤走了它的竞争对手，仅用5个月的时间就夺回了原市场份额的90%。原本一场"灭顶之灾"竟然奇迹般的为强生迎来了更高的声誉，这得益于在危机中发现良机。

◇给你一个公司，你能赚钱吗

# 铁律74

## 预警机制才是防病的关键

> 对于任何组织和个人，想要最大限度地减少危机损失，就要避免危机的发生。及早识别潜在危机因素，以便对症下药，在危机的潜伏期就把各种潜在风险扼杀在萌芽中，才能为企业的进一步发展清除障碍。

对于企业来说，从事发后的及时补救转变成为事发前的防范和控制，才是成本最低、最简单的方法。

由于涉嫌铬超标，国家食品药品监督管理局16日发出紧急通知，要求对13个药用空心胶囊产品暂停销售和使用。

2012年4月16日，国家食品药品监管局表示，已责成相关省食品药品监管局对媒体报道的药用空心胶囊铬超标情况开展监督检查和产品检验，并派员赴现场进行督查。

被叫停销售和使用的产品，待监督检查和产品检验结果明确后，合格产品将继续销售，不合格产品依法处理。对违反规定生产销售使用药用空心胶囊的企业，将依法严肃查处。

据了解，《中国药典》对明胶空心胶囊有明确的标准。生产药用空心胶囊必须取得药品生产许可证，产品检验合格后方能出厂销售。药品生产企业必须从具有药品生产许可证的企业采购空心胶囊，经检验合格后方可入库和使用。

河北个别企业用生石灰处理皮革废料进行脱色漂白和清洗，随后熬制成工业明胶，卖给浙江一家药用胶囊生产企业，最终流向药品企业，进入消费者腹中。调查发现，9家药厂的13个批次药品所用胶囊重金属铬含量超标。

这些药品很多都是相当正规的药品生产企业，有的还通过了有关质量认证。可见，医药企业在质量管理上存在着严重漏洞，从而造成了这种局面。监管不力才是这起劣质药案的真正原因。

企业在发展过程中，随着环境以及形势的变化有可能引发种种企业危机，由于各种组织与组织之间、个体与个体之间、组织与个体之间的利益取向不同，从而导致它们之间的各种利益冲突。这其中有很多危机是不可避免的。特别是在网络时代，企业品牌更容易受到来自各方面的攻击。因此，仅凭员工自己的道德底线和自我监管是无法保证企业的安全生产的，企业应该加强对关键人员和生产程序的监管。

任何危机的产生都有一个变化的过程。按照美国危机专家彼得·麦克尤的理论，每一种危机都有相同的模式，其产生、发展和爆发有着相同的规律。根据危机的成长规律，危机源从安全状态发展到危机状态要经历4个拐点：安全拐点、风险拐点、威胁拐点和危机拐点。当事件的发展跨过安全拐点时就会进入风险状态。

危机无处不在，哪怕在各大百年企业中，也需要经常地应对危机公关，处理突如其来的危机。同样的危机事件，恒源祥也曾遇到过。但是却凭借出色的危机处理能力取得了不一样的效果。

由于一家报纸记者的误报，导致全国媒体大量转载"恒源祥内衣有毒"。事发一周内，恒源祥内衣可谓四面楚歌，市场滞销，顾客情绪激愤。恒源祥集团马上启动危机公关程序，和中国消费者协会进行沟通，将中国消费者协会的有关内衣比较实验数据公布于众，并向各地工商部门发布告知信函，安抚经销商。恒源祥有限公司董事长刘瑞旗坐镇上海，亲自指挥处理这次危机事件，终于在一个月内平复，恒源祥的企业形象不仅没有受到丝毫损害，反而因为实验数据的公示，获得了消费者的更大信任。

企业危机其实和自然危机一样，能及早识别危机的存在，采取措施将危机扼杀在摇篮之内，是成本最低的危机管理方式。能够从先兆中预测到危机，并提出防范危机的决策，比挽救危机更重要。

管理者要清醒地意识到，懂得在危机来临的时候正确及时妥当地处理固然重要，但要真正消除危机的隐患，还必须编写危机公关手册，建立一套企业危机预警机制，组建危机管理小组，预防强于治病。

春秋战国时期，魏文王问名医扁鹊："你们家兄弟三人，都精于医术，你说说你们之间到底谁的医术更好呢？"

扁鹊回答说："大哥医术最高，二哥次之，我最差。"

文王奇怪说："那为什么你的名气最大呢？"

扁鹊答道："我大哥是在病情发作之前治病。由于一般人在自己发病之前觉察不到，所以也不知道我大哥事先能铲除病因，所以他的名气无法传出去，只有我们家的人才知道。我二哥是在病情初起之时给人治病，所以，一般人以为他只能治轻微的小病，因此他的名气只及于本乡里。而我治病，是治病于病情严重之时。人们看到我在经脉上穿针放血、做一些在皮肤上敷药的大手术，就会以为我的医术高明，名气因此响遍全国。"

这个故事告诉我们，事后控制不如事中控制，事中控制不如事前控制。但是，一家国际咨询机构的调查表明，没有进行过危机管理培训的企业经理占80%，更不用说在企业内部建立危机管理程序了。于是一些企业出现危机时，管理者常常会束手无策，错失了处理危机的最佳时机。

很多危机在发生之前会有一定的征兆，企业创业者只要稍为留神，便能预见。可预见的危机有两种情况：一为企业内部原因，可以自行控制，消除了危机隐患，实际上就走出了危机状态。但如果未能预见并加以防范，则迟早会出现危机结果。二是宏观环境的变化，企业不能控制，因而也难以避免，但可设法减弱或转移危机的破坏。

**预警信号1：销售额与利润**

一般而言，销售额包括两个方面，即销售单价和销售量。

当销售额下降时，必须从销售单价和销售量两方面加以考虑，查明到底是销售单价下降的原因，还是销售量减少的原因，抑或是二者兼而有之。

以下罗列了销售额下降时的危险现象，如果企业出现下列现象中的多项，可以说企业已经很危险了：

（1）所处行业正在萎缩；（2）竞争对手日益强大；（3）客户不增加或更迭频繁；（4）主要部门的销售额连年下降；（5）主打产品不受市场欢迎；（6）人均销售额降低；（7）销售人员素质差；（8）库存产品日益增多；（9）客户索赔增多。

员工人均销售额的降低意味着企业生产效率的降低，同时也预示着企业发展速度放慢，这对于一个企业来说是致命的。

不过，仅看当年的数据就作出悲观的判断为时尚早，考察人均销售额还应进行纵向比较，对连续几年的数据进行追踪分析。例如，与3年前对比是增加了还是降低了。如果是增加了，即使是目前员工人均销售额低于同行业的平均值，也不必过于焦虑，因为企业毕竟是在向前发展。反过来说，尽管人均销售额高于同行业的平均值，但3年来企业的销售业绩却正在走下坡路，这时就有必要检讨其中的原因了。

光看销售额还不足以对企业危机进行预警，应当将销售额与利润结合起来考虑。特别是有的时候销售额提高而利润未见增多，这往往也是企业危机的一个明显征兆。如果销售成本的增长大于销售额的增长，那么企业危机也就在所难免。

**预警信号2：财务指标**

（1）连续亏空5年以上。如果企业连续亏空5年以上，而且营业业绩丝毫未见好转，那么该企业就存在严重的危机，很有可能会倒闭。企业倒闭有盈余倒闭和亏空倒闭两种。盈余倒闭常见于经济景气时。此时，企业效益尚好，但资金筹集发生困难，特别是由于企业大规模进行设备投资，造成贷款负担过重。如能将贷款、赊购款以及其他债务暂时冻结，则企业可能会起死回生，东山再起。

而由亏空引发的倒闭则较为严重。由于销售能力下降和成本过高而导致的亏空很难清除。当然，如果亏空是在经营者更迭时为支付员工退休金所致，则即使亏空也是暂时的，因为企业能与员工达成一致，共渡难关，这样基本上就可以避免倒闭了。而慢性亏空则有可能蚕食企业。长期亏本经营会使企业财力消耗殆尽，最终倒闭。由于这种原因而倒闭的企业几乎无法重建。

那么为何以连续亏空5年以上来作为预警信号呢？原因就在于长期亏空必将造成资金周转困难，并最终导致贷款增多，使企业经营举步维艰。

（2）设备投资过多。几乎所有危机中的企业都面临偿还贷款的问题，其中多数企业发生危机的原因都是由于无节制地投资，以致负债累累，资金亏空过大，而无节制地投资则主要体现在设备投资过多。企业如果发生流动比率和固定长期适合率极度恶化的情形，则表明已经开始接近危机警戒线，此时企业必须立即与银行协商，将短期贷款改为长期贷款，以求得生存状况的改善，避免使自己陷入危机之中。

（3）自有资本不足。企业的自有资本也可以作为企业危机的预警信号。如果自有资本不足30%，说明企业已濒临危机警戒线。

如前所述，连续亏空5年以上的企业将面临危机。而一个企业到底能够承受多大程度的亏空则视其自有资本而定。如果自有资本充足，即使不景气持续一段时期，也能够渡过难关；相反，如果自有资本不足，则可能会立即陷入危机之中。

自有资本是反映在资产负债表中的资本部分的总额，主要包括缴纳的投资基金与留存收益。自有资本比率是指自有资本与总资本（资产负债表中贷方合计金额）的比值。在各项财务指标中，这一比率至关重要。

**预警信号3：人力资源费负担过重**

统计结果表明，规模越小的企业，其员工的平均年龄越高。中青年员工过多的企业由于退休者较少，人力资源费年年递增，成为企业的巨大包袱。如果此时企业的销售额和利润也能随之增长的话，企业也许不会陷入危机，而如果人力资源费的增长率高出销售额和利润的增长率，则危机在所难免。

企业所负担的成本费用大致可分为可变成本和固定成本两种。人力资源费是比重最大的可变成本，会随着员工数目的增加而不断增大。

**预警信号4：危险客户**

经济不景气时最常见的现象是企业连锁倒闭，而经营状况良好的企业会因客户倒闭而受到株连。为了避免连锁倒闭，必须学会危险客户的辨别方法。危险客户主要表现为以下几个方面：

（1）负责人经常不在，任何人不知其去向；（2）负责人热心表面事物而疏于本职；（3）员工流动频繁；（4）员工无工作热情，委靡不振；（5）员工平均年龄偏大；（6）卫生状况差，无人清扫；（7）原来由现金或支票支付货款，现改为开收据；（8）要求延长货款结算期限；（9）客户纷纷离去；（10）危机事件不断（次品、退货等）；（11）客户停止供货；（12）行业内口碑不佳；（13）有将倒闭的传闻。

此外，要想预知客户的危险征兆，还必须重视那些并未体现在数字中的蛛丝马迹。

**预警信号5：更迭期的企业**

一般来说，创业在30年以上的企业容易发生危机。这似乎在证明企业寿命最多为30年之说，但实际上这与经营者的更迭有很大关系。创业30年以上的企业最容易产生的危机就是后继乏人。处于更迭期的企业，即使继任者有能力，如果体制老化，同样也具有危险性。许多老字号企业由于过度沉醉于过去的光荣历史，不注重开发新产品，加之后继乏人，终使代代相传的家业毁于一旦。

网络时代，有80%的危机都与网络密切相关。因此，企业在监察平面报道的同时不要放过对网络上的危机来源进行定期监察。比如，对百度、谷歌、搜狐等各大门户网站的信息和搜索引擎等进行检测。检测搜索引擎时，使用搜索软件的关键字报告、在搜索引擎上进行搜索都是可行的方法。另外，还要成立专门部门，对博客进行系统的信息监察。一旦发现危机的蛛丝马迹，企业就应立即采取行动，以防星星之火呈现燎原之势。

如果企业设有危机信息的监测系统，根据日常收集到的各方面信息，及时采取有效的防范措施，完全可以避免危机的发生或使危机造成的损害和影响尽可能降低到最小。

此外，企业还应该对全体成员进行危机管理教育与培训。危机管理教育是为了让全体员工对出现危机的可能性及应付办法有足够的了解。

危机管理教育可采取多种方式进行。比如，将危机预测、危机情况和相应的措施以通俗易懂的语言编印成小册子，可以配上一些示意图，然后将这些小册子发给全体员工；也可向他们提供各种处理危机的案例，让他们从各类事故中吸取经验和教训；还可以通过多种形式，如录像、卡通片、幻灯片等向员工全面介绍应付危机的方法，帮助他们在心理上做好处理各种危机的准备。

提升职工安全技能是保证安全生产的本质保障。在生产过程中，企业要建立安全生产责任制并层层监管、步步落实。每隔一段时间，企业还应对具体执行情况做一次评判，奖罚结合，有岗必有责，完善每位员工应该遵守的操作制度，加深从员工到领导的安全意识。

危机管理培训的目的与危机管理教育不同，它不仅在于进一步强化员工的危机意识，更重要的是让员工掌握危机管理知识，提高危机处理技能和面对危机时的心理素质，从而提高整个企业的危机管理水平和能力。

由于危机并非经常发生，所以大多数员工对处理危机尚缺乏经验。因此，可组织短训班专门对员工进行培训，以便使他们面对危机能迅速做出反应。

## 铁律75

### 贪一时之利是企业的最大陷阱

> 贪一时之利有两个含义：一是贪规模，也就是说，尽管是在起步阶段，也尽可能地将摊子铺大；二是贪大利。在很多管理者眼里，小利润从来都看不上眼，认为只有捕捉到鲸鱼才是真正的出海。殊不知，以新创企业那么瘦小的身板，即使是捕捉到鲸鱼，也有可能被噎死。

阿里巴巴和淘宝网是中国最成功的电子商务网站。探究它们成功的秘诀，就在于创始人着眼于小利来设计企业的发展战略，抓住小利，而不是将企业的未来押在大利上。

在一次名人访谈节目中，博鳌亚洲论坛秘书长龙永图问了马云一个问题："你（阿里巴巴）现在供应商当中有多少是中小企业？"

马云的回答令龙永图有些吃惊："我们现在整个阿里巴巴的企业电子商务有1800万家企业支持会员，几乎全是中小企业，当然沃尔玛也好，家乐福也好，海尔也好，甚至GE都在我们这儿采购，但是我对这些企业一点兴趣都没有。"龙永图笑着说："难怪人家说你是狂人，口出狂言。"在场的人们显然都不太相信马云的大话。怎么可能会有对大客户不感兴趣的企业呢？

马云不慌不忙地解释道："我只对我关心的人感兴趣。我只对中小型企业感兴趣，我就盯上中小型企业，顺便淘进来几个大企业，它不是我要的。我相信是虾米驱动鲨鱼，大企业一定会被中小型企业所驱动。所以我那时候就想，企业在工业时代是凭规模、资本来取胜，而信息时代一定是靠灵活快速的反应。我唯一希望的就是用IT、用互联网、用电子商务去武装中小型企业，使它们迅速强大起来。"

马云要做的事就是提供这样一个平台，将全球的中小企业的进出口信息汇集起来。"小小企业好比沙滩上一颗颗石子，但通过互联网可以把一颗颗石子全粘起来，用混凝土黏起来的石子们威力无穷。可以与大石头抗衡。而互联网经济的特色正是以小搏大、以快打慢。""我要做数不清的中小企业的解救者。"另外，马云还考虑到，因为亚洲是最大的出口基地，阿里巴巴以出口为目标。帮助全国中小企业出口是阿里巴巴的方向，他相信中小企业的电子商务更有希望、更好做。

小利照样能够赢得巨额利润。积跬步，可以至千里；不拒小流，可以成江海。在创办新事业的过程中，"一夜暴富""一口吃成胖子"的梦想往往难以实现。利润的薄厚不是关键，关键在于企业能否长久赢利。因此，新事业要轻装上阵，从小利开始做起，莫要让追求厚利压垮了自己。

不想当将军的士兵不是好士兵，创业者都希望能够成就一番大事业，这种激情可以说是促进创业者不断奋斗的动力。然而很多创业者却被这种激情冲昏了头脑，一味地追求规模和速度，成为机会主义者。看到某个"一夜暴富"的机会就认为自己掌握了规律，以赌徒心态去搏一搏，最终导致一败涂地。

一口吃不成个胖子，赌性代替实干精神的唯一结果就是失败。很多人在创业时赌博似的把大笔的资金投入在高风险的项目上，想通过放手一搏直接达到成功的目的地。赌场中没有永远的赢家，生活中的赌徒会倾家荡产，创业时的赌性会酿成不可挽回的局面。成功没有捷径，脚踏实地才能提高创业成功的概率。在创业初期，不根据自身的实际情况，盲目地追逐规模和速度，必然不能考虑得全面。创业者们必须对自己的发展方向有一个明确的定位，不打无准备之仗，脚踏实地地进行自己的计划，而不能把希望寄托在遇到绝境之时的放手一搏。创业者想要取得成功，不能一味贪大，必须要培养自己的实干精神。

第一，创业要从小处入手，不铺大摊子。创业初期，资金经验都十分有限，因此不要太早做发达梦，避免盲目铺开大摊子。

张萌想要自己创业，因为之前做过内衣店店员，她选择了内衣代理销售。不想要"小打小闹"的张萌通过银行贷款筹集了一大笔资金，开了一家很大的内衣专卖店。然而，由于没有经营的经验，张萌对于具体怎样运作更不了解，很快就遭遇到了很大的麻烦。代理了大批货物，但是除了自己的店铺找不到分销渠道，每天店内的销售量也有限，因此，产品出现了滞销的情况。店铺昂贵的租金加上垫付的货款，而市场一直没有出现好转，张萌的资金已经开始见底了。

不顾自己的实际情况，一味地贪图大规模，但是自己又驾驭不了大摊子，陷入意想不到的困境，最终导致了失败。须知小生意并不意味没有发展潜力。不要小看小生意，很多知名的大集团都是从各种小生意做起来的。小生意的门槛较低，对想要创业的人来说，从小生意入手是十分明智的选择。如果经营得好，从中能够积累经营和管理的经验，就有了成就大生意的基础。从小生意中得到大收益的例子数不胜数。浙江省义乌市的小商品市场经营的都是跟人们日常生活息息相关的小物件，价格低廉，然而因鲜明的特色成为中国小商品重要的集散地，客流量数以万计。美国一家著名的自选连锁超市，最初是从小镇上的一个"低价"自选商店开始的。无独有偶，美国的刷子大王艾富赖德·弗勒也是从经营8美分一把的小刷子而成巨富的。因此，不要因为生意小就觉得没有发展前景，只要经营得当，小生意也能赚大钱。

第二，实干不等于苦干。如果把实干理解为毫无目的地埋头苦干可就错了。创业不会是一帆风顺的，困难和磨砺都是必经的阶段，想要成就一番大事业就要先做好吃苦的准备。但是有吃苦的意识不代表就要对所有困难"逆来顺受",在不确定目的和方法之前的苦干不值得提倡,既然有的苦是可以避免的,就没有非要去吃的必要。创业者要自发主动地寻找行业内的诀窍,事前做好准备,规避可能的风险。不要以为蛮干苦干就能成功,成功也是有方法可寻的。创业者不应该有"没有功劳也有苦劳"的观念,市场是残酷的,没有功劳就没有人承认苦劳的价值。成功的创业者懂得踏实肯干的重要性,更懂得高效和借力,有效地利用资源,所以他们的成长速度才能比别人快,比别人稳。

第三,把握机遇不等于赌博。创业者如果能把握住机遇,成功的可能性就会增加。但是要知道,把握机遇绝不等于赌博。

诱惑都是带刺的玫瑰,远观娇艳可人,放在手上就会把手刺伤。一个企业不可能在多个领域都能保持领先地位,盲目进入不熟悉的领域,最终的结果只能是失败。聪明的管理者只会通过在一个领域里深耕细作,牢牢把握住这个领域的领先地位。

沃尔沃把轿车部分出售给福特,专做大型货车;IBM把多年亏损的PC部门出售给联想,这些事例都证明了这个道理。

在管理上、创业决策上不是依靠理智的决定而是依靠赌性,就无法对眼前的实际情况有清醒的判断,就算机遇降临也没办法把握住。赌博往往是毫无根据、凭借感觉决策,而把握机遇是清醒认识经过深思熟虑后的迅速决策。创业者需要的是科学决策,凭借自身实力和经验的积累去获取机会;而不是没有任何实力支撑,靠一次运气去赌来成功。

第四,合理控制自己的欲望。欲望是推动企业家成功的发动机。一个缺乏成功渴望的企业家注定是碌碌无为或是凡夫俗子。欲望成就了企业家,同时也摧毁了一些意志不坚定、过度自我膨胀的企业家。很多企业家分不清正常的欲望和不正常的欲望,分不清雄心与野心,从而导致企业在一瞬间灰飞烟灭。

1992年，也就是史玉柱创业的第三年，巨人集团成为中国计算机行业的领头羊，史玉柱也成为中国新一轮改革开放的典范人物和现代商界最有前途的知识分子代表。史玉柱先后被评为"中国十大改革风云人物""广东省十大优秀科技企业家"，并获得了珠海市第二届科技进步特殊贡献奖。

史玉柱的事业至此达到了巅峰，此时他刚刚30岁。这时的史玉柱自信心开始迅速膨胀，他认为自己没有做不成的事情。这一年，在事业之巅傲然临风的史玉柱决定建造巨人大厦。史玉柱犯了一些很低级的商业错误，思想极度膨胀，尤其在后来根本就没有战略上的角度的考虑，没有一个很好的规划，现金流断裂，大楼一再加高，巨人大厦在设计之初只有18层，在不断被加到72层后，史玉柱并没有因此满足，他要求地基要按照88层来打。按照这种做法，仅预算就需要12亿元。而当时，史玉柱手头能动用的资金只有2亿元。

过度膨胀的自信心使他在做企业战略时，完全凭自己的感觉和运气，因而导致失败。

从失败中走出后的史玉柱坦言："直到（巨人大厦）'死'的那天，我好像都没觉得大厦盖不起来，那时候还是没有头脑，缺乏清醒（的判断）。"

市场经济充满了凶险和陷阱，具有许多的不确定性和不可预测性，到处都是机会的同时也到处都充满了暗礁，如果企业家不能有效地控制自己的欲望，极有可能撞上冰山，触礁而沉默。中国的先哲老子在《道德经》中讲道：夫唯不争，故天下莫能与之争。著名的经济学家亚当·斯密在《道德情操论中》就谈到了一个企业家要学会控制和约束自己的欲望。

欲望总是无止境的，它是个无底洞，总是填不满。对欲望不加控制而变得贪婪的人往往利令智昏，缺乏理智，最终什么也得不到。

总之，一味贪大只能是失败。不要盲目追求扩大规模，想要做"大"必须先做"强"，在有了夯实的基础之后，才能有稳固的大楼。

◇给你一个公司，你能赚钱吗

# 铁律76

## 与人打交道要符合经商的逻辑，而不是个人好恶

> 以个人好恶来与人打交道，古往今来并不鲜见。在许多创业者眼里，凡与我为善者，即为善人；与我恶者，即为恶人。实际上，这是不对的。对于创业者而言，服从于利益是商业本质内在的要求。

俗话说："酒逢知己千杯少，话不投机半句多。"不少生意人都有这样的感受，和自己喜欢的人说话、谈生意，感到亲切、欢喜；而和自己不喜欢的人在一起，心里反感、嫌弃，或嗤之以鼻，或敬而远之，甚至形同陌路，横眉冷对。而这种做法，对自己的人际关系和事业的发展都将非常不利。

实际上，擅长与自己不喜欢甚至是讨厌的人打交道，是合格创业者所应具备的一项基本素质。情感和好恶屈从于理性。真正干大事业的人都能屈能伸，"屈"是为了更好地发展，是为了在更高层面实现"伸"。

柯克和小沃森是老对手，IBM的上上下下都是知道的，柯克刚刚去世，所有人都认为柯克生前的好友伯肯斯托克在劫难逃。伯肯斯托克本人也这么认为，因此他破罐破摔，心想与其被小沃森赶跑，不如自己先辞职，这样还能够走得体面些。

有一天，IBM的总裁小沃森正在办公室里，伯肯斯托克闯了进来，并大声嚷道："我什么盼头都没有了！干着一份闲差，有什么意思？我不干了！"

现在的小沃森与当年的老沃森一样，脾气都非常暴躁，如果一个部门经理这样无礼闯入，按照平时的习惯，他一定会毫无顾忌地让伯肯斯托克出去。但令人意外的是，小沃森不但没有发火，反而笑脸相迎。

从这一点来看，小沃森不愧是用人的专家。他知道，伯肯斯托克是一个难得的人才，比刚刚去世的柯克还要胜过一筹，留下来对公司有百利而无一害，虽然他是柯克的下属，是柯克的好友，并且性格桀骜不驯。

小沃森对伯肯斯托克说："如果你真的有能力，不仅在柯克手下能够很出色，在我和我父亲手下也照样能够成功。如果你认为我对你不公平，你可以走人，如果不是这样，那你就应该留下来，因为IBM需要你，这里有你发展的空间。"

伯肯斯托克扪心自问，觉得小沃森没有对他不公平的地方，并没有像别人想象的那样——柯克一死就收拾他。于是，伯肯斯托克留了下来。

事实上，小沃森留下伯肯斯托克是极其正确的。小沃森在促使IBM从事计算机业务方面，曾遭到公司高层的极力反对，只有伯肯斯托克全力支持他，正是有了伯肯斯托克与小沃森的共同努力，IBM才能渡过重重难关，才有了今天的辉煌。小沃森后来在回忆录中说："挽留伯肯斯托克，是我最有成就的行动之一。"

小沃森不仅留下伯肯斯托克，而且还重用他，在他执掌IBM帅印期间，他还提拔了一大批他不喜欢但是具有真才实学的人。他后来回忆说："我总是毫不犹豫地提拔我不喜欢的人，那些讨人喜欢的人，可以成为我一道外出垂钓的好友，但在管理中却帮不了我的忙，甚至给我设下陷阱；相反，那些爱挑毛病、语言尖刻、几乎令人讨厌的人，却精明能干，在工作上对我推心置腹，能够实实在在地帮助我，如果我把这样的人安排在自己身边，经常听取他们的意见，对自己是十分有利的。"

一切领导活动的根本目的，就在于实现预定的管理目标，把事情办好。为此要讲究用人方法，这种时候不应该把个人好恶带到工作中，否则只会导致人浮于事，影响管理目标的实现。

从本质上讲，商业要求精细化计算，一切都要绝对服从于经济理性，甚至要求像计算机程序一样，从这头输入相同的变量，从那头就出来同样的结果，丝毫不受感情和个人好恶等因素影响。而人毕竟是人，难免会有七情六欲、喜怒哀乐、爱憎好恶，并会以不同形式表现出来，这本来无可厚非。在我们民族的传统中，一直要求立场坚定，明辨是非、爱憎分明。如果您只是一个普通人，完全有权利根据个人情感去处理事情，可以活得表里如一且非常真实。一旦选择了创业，所有这一切都要改变，情感必须服从于理性，也必须成为情绪管理、好恶管理的高手，否则从商之路就会曲折得多。

我们在创业过程中，处处会遇到不太喜欢的人。这个人可能是员工、客户、供应商，也可能是中介。无论是哪种类型，我们内心虽然非常讨厌这个人，但毕竟存在大大小小的利害关系，不得不耐着性子跟他们打交道，很多时候必须把关系处理得恰到好处。倘若由着自己的性子来，就难免会使自己的利益受损，甚至付出沉重的代价。偶尔一次由着自己的性子，或许无伤大雅，假如经常这样，轻则难以做大做强，重则导致项目死亡。

张经理是一个脾气执拗、注重实践的人，对那些文质彬彬、不善言谈的人他很难产生信任感。当李经理踌躇满志地向张经理提出合作生意时，张经理说："我有不喜欢你的理由，因此我不打算和你合作。"李经理意外地碰了壁，感到很失望。

幸好，有一家不起眼的小公司向李经理投出了"橄榄枝"。两年之后，那家小企业发展得非常快，超出了人们的意料，李经理成为一名知名人士，常常出现在媒体报道上。

在一次成功人士座谈会上，李经理与当初拒绝自己的张经理遇见了。张经理难为情地说："我真后悔，当初自己有眼不识泰山。如果当初我能和你合作的话，该多好啊。"

正所谓"一墙难挡八面风，一人难顺百人意"，芸芸众生，性格各异，你不可能喜欢每一个人，也无法要求所有的人喜欢你。但是，生意场合中没有那么多的随心所欲、自由选择，如果你不懂得与不喜欢的人交往，可能会失去一笔好买卖。

俗话说，"三人行，必有我师"，世界上没有一无是处的人，你不喜欢的人身上的某些特点，也许正是你所不具有的东西。与更多的人交往，才更有助于完善自己，才能路路畅通，广纳四海之财。而对于想要赚大钱的生意人来说，则更应如此。

你一旦选择了创业，就注定难以过上普通人的生活，再也不能按照普通人的方式来做事。普通人的七情六欲，普通人的喜怒哀乐，在这里都必须统统屈从于经济理性。很多人羡慕商人的富足，但他们哪里知道，老板尤其是中小老板，是世界上风险最大的职业。他们承受着数十倍于别人的压力，他们在夹缝里生存，他们在为家庭、员工、供应商、客户打工，他们还经常遭受来自各方面的误解，他们不得不压抑着自己的情绪，他们付出了别人难以承受的代价，他们即使月入百万也没有安全感。

经商成功者是一个自然选择的结果，老天只会留下那些符合商业逻辑的人，而根本不会听你的种种理由和借口。如果我们有心留意一下社会上大大小小比较成功的老板，就会发现也许他们在其他场合仍然意气用事，但在商场中都会表现得非常理性，基本上都能做到情绪服从于利益。有人偶尔也会表现出好恶倾向，但最终还是会选择向理性投降。

情绪管理是创业者的必修课，应当成为一项基本素质。如果你对一些人和事内心深处有一些想法，可以找适当的机会向适当的人倾诉，以减轻心中的压力，但绝不要将此带到商务和经营活动中。人在商海沉浮，和什么样的人以何种方式打交道，是由利害关系决定的，而不是由情感和好恶决定的。初涉商海的创业者，尤其要牢牢记住这一点。那么，怎样和不喜欢的人相处呢？这时，一定要采取合适的方法。以下几个方法你可以作为参考：

**1. 放平心态，坦然接受**

生意场上，谁都会遇到自己不喜欢的人，此时心态放平和一点，不要总提醒自己他是你不喜欢的人，也不要表现出厌恶感。如果对方也有同样的回应，就会很容易造成互相敌对的局面。

心理学家认为，一个人对某类人喜欢或不喜欢，其实都是他主观意识在作祟，导致他排斥、不愿接触对方。可能起因于自己在过去生活、工作的经历中，在某一时刻心头停驻过不好的记忆，也可能是过去所养成的好恶，总之是一种自然的心理反射作用。告诉自己看开一点，把心里的感受放到一边，不要理会，坦然自若地相处。如果处理好了，一定能使你的生意人脉更为宽方和成功。

**2. 多了解别人，包容忍让是必备**

"人非圣贤，孰能无过"，每个人身上都有不足之处。因此，在生意交际中，不要强求别人处处完美或者揪住对方的缺点不放，也不要选择躲避这些人，多接触也许更能改善关系。同时，要以一颗包容、忍让的心，来对待出现在你面前的生意朋友。

在生意场上，如果你遇到的是一位沉默、呆板、孤僻的人，让你很不喜欢。但是，应该多和他交谈，或者侧面调查一下，你可能会了解到他个人生活经受了许多坎坷和磨难，甚至曾经受过严重的精神打击，或许你就会更多地理解他、体谅他、同情他，从而乐意和他接近。而他可能会十分感激你，愿意与你交往，成为生意和生活上的朋友。

在生意上，小的地方让步，可以保证大的方面取胜。但是当你善待对方，对方却对你态度不好的时候，你仍旧要继续保持对对方友好和善的态度，毕竟连草木、动物都有感情，更何况是人呢？只要心存善念、不断地付出，对方一定会转变。

**3. 学会承认差别，求同存异**

"人心不同，各如其面"，人与人之间，不仅有体貌上的生理差别，而且有兴趣、能力、气质、性格等心理上的差异，这是不以人的意志为转移的客观现实。

　　不同类型的人，为人处世的方式方法往往不同，因此，在生意交际中要承认差别，具体情况具体对待，对症下药，量体裁衣，善于在不同之中发现共同之处。

　　如在生意场上，有些人沉默寡言、做事死板，不会对你的招呼、寒暄等有什么反应，与这种人打交道时，最好的应对方式是直截了当，明确自己的观点。同时，你要多花时间，从他的言行中寻找出他真正关心的事，再就他所关心的事展开话题，让他充分表达自己的意见。这时，你要办的事情就有解决的机会了。

　　如果你是个性平和、处事慎重的人，你和人谈生意时，可能语气委婉，丝毫没有强烈、尖刻味儿。而你的生意伙伴是一个性格刚直暴躁、草率决断的人，他可能语气尖锐、单刀直入，同时还可能埋怨你转弯抹角，不坦率。这种人，在生意场上常给人一种做事干练的印象，但由于他们多半性子比较急，经常会曲解他人意图，断章取义、妄下结论。与这种人做生意时，最好把谈话分成若干段，或者把事情分层次地讲给他听，随之征求他的意见，让他有充分的时间考虑。如果他没有什么意见，就继续进行。

　　如果承认人与人的差异，就不会强求别人处处和自己一样，就可能消除"合不来"的感觉，缓解矛盾，减少一些反感和厌烦情绪，这样在生意上就容易形成良好的人际关系，在合作中达成共识。

◇给你一个公司，你能赚钱吗

# 铁律77

## 千万不要在税收上留下污点

> 依法纳税是企业应当履行的义务，每一个企业都应该如实申报收入、缴纳税款。这也是体现企业社会责任感的最基本的行为。任何一个想要稳步发展的企业，都一定要注意，千万别在税收上留下污点，惹上"税事缠身"的麻烦，陷入十分尴尬的境地。

有不少知名企业都因有过"税事缠身"的麻烦，而陷入品牌形象受影响、产品质量被质疑的尴尬境地。发达国家中有这样一句名言："在我们这里，除享受阳光和空气外都要纳税。"这句话既反映了这些国家的纳税范围之广，又反映了纳税人的积极纳税意识。在税收上留下污点的企业，会发现偷税漏税是非常得不偿失的。因此，依法足额纳税，正确处理与公司税务的相关法律问题，就成为企业管理者必须认真对待的问题。

偷税、漏税是采用法律法规所不允许的方法，少交或不交应纳税款的行为，一旦被发现，将受到法律的惩处。根据《税收征收管理法》第六十三条的规定，纳税人（包括公民和企业）伪造、变造、隐匿、擅自销毁账簿与记账凭证，或者在账簿上多列支出或不列、少列收入，或者经税务机关通知申报而拒不申报或者进行虚假的纳税申报，不缴或少缴应纳税款的是偷税。

2006年，胡某在安徽省霍邱县某街道独资经营某加油站，每月按售油收入到县国税局申报缴税。而2007年12月24日，县国税局对胡某加油站2007年

1月至11月的销售情况进行税务检查时发现：加油站销售93号汽油、0号柴油不含税收总收入为51万元人民币，而胡某仅申报了13万元人民币，偷漏税款6万元人民币。

县国税局要求胡某补缴税款6万元人民币和3万元人民币罚款，而胡某却拒绝执行。之后，县公安分局依法立案，对胡某刑事拘留。

2009年7月，安徽省霍邱县人民法院进行审理，一审判处被告人胡某犯偷税罪，判处有期徒刑一年，缓刑一年零六个月，罚人民币3万元。

企业税务的法律问题，核心在于偷逃税上。在我国的法律体系中，关于欠缴税款一般有以下几种情形：

漏税：是指纳税人并非故意未缴或者少缴税款的行为。

欠税：是指纳税人因故超过税务机关核定的纳税期限，未缴或者少缴税款的行为。

偷税：是指纳税人使用欺骗、隐瞒等手段，逃避纳税的行为。

抗税：是指纳税人拒绝遵照税收法规履行纳税义务的行为。

对于以上行为，国家又有不同的行政处罚手段。

纳税是责任，诚信是美德。企业要想在税收上不留下污点，避免法律风险，唯一的途径就是根据法律的要求进行诚信纳税，并在此基础上进行合理避税，来为企业争取更多的发展资金。

诚信纳税本身就能产生效益。对纳税信誉好的企业，税务部门会充分满足其服务需求，信任其申报资料，这样企业可以享受最少的税收检查和稽核频次，在无形中为自己减轻了负担。企业依法如实纳税，可以增强自己的纳税信誉等级评定的内在"效益"，增强了企业的效益。

此外，通过诚信纳税，企业还能够提升企业的可信赖度，铸就自己的金字招牌，有望成为"百年老店"。纳税指标是商业信誉中的一项重要指标，在商业实践中越来越被重视。纳税企业是否如实提供涉税信息，是否足额缴纳应缴税款，就成为合作伙伴和公众检验企业诚信状况的重要参考标准。企业只有诚实纳税，才能更容易获得商业伙伴的信赖和公众的支持，为自己赢得更为广阔的发展空间。

相反，有的企业在纳税问题上却并不这么老实，不管是在收入申报还是税款缴纳上，都绞尽脑汁、想尽各种办法来进行偷税漏税。

2010年全国所爆发的几起"虚开增值税发票偷税"大案，仅仅是企业偷税漏税的冰山一角。企业偷税漏税的方法也可谓花样繁多，一些企业常用的偷税漏税主要招数如下：

（1）利用税目进行偷税。

（2）利用税率进行偷税。

（3）利用税收优惠进行偷税。

（4）多列支出进行偷税。主要方式有专用基金支出计入成本、多提固定资产折旧、虚列预提费用、偷逃所得税、违规摊销、扩大产品材料成本、扩大产品工资成本。

（5）少报收入进行偷税。主要方式有以各种方式隐瞒或者少记销售收入、清理固定资产净收益、转移罚没收入、减少营业外收入、隐瞒各种投资收入、隐瞒其他各种业务收入。

（6）利用虚假发票进行偷税。

（7）通过其他手段进行偷税。比如，多立账户隐瞒资金、不将出售股票收益作为投资收益处理。

那些妄图偷税漏税的企业，无论使出什么样的花招儿，都不可能永远逃过监管机关的眼睛。而一旦偷税漏税行为被发现，那么这些企业不仅会得到法律的制裁，还不可避免地使自身蒙上了难以洗掉的污点，给企业的名誉、形象和未来发展造成难以预计的不良影响。如此说来，企业这种只顾蝇头微利而"捡了芝麻丢了西瓜"的做法，实在是不可取。

为了更好地对企业的税收进行管理，在避免"税事缠身"、在税收上留下污点的同时，为自身减少不必要的成本，管理者在进行企业税收管理时，应该注意以下几点：

（1）纳税企业必须依照法律和行政法规的规定，或者税务机关依照法律、行政法规的规定确定的申报期限、申报内容，如实办理企业纳税申报，报送纳税申报表、财务会计报表以及税务机关根据实际需要要求纳税人报送的其他纳税资料。

（2）扣缴义务人必须依照法律、行政法规规定或者税务机关依照法律、行政法规的规定确定的申报期限和申报内容，如实报送代扣代缴、代收代缴税款报告表以及税务机关根据实际需要要求扣缴义务人报送的其他有关资料。

（3）纳税企业、扣缴义务人按照法律、行政法规规定，或者税务机关依照法律、行政法规的规定确定的期限，缴纳或者解缴税款。

（4）纳税企业可以依照法律、行政法规的规定，书面申请减税、免税。

（5）减税、免税的申请须经法律、行政法规规定的减税、免税审查批准机关审批。

（6）税务机关征收税款时，必须给纳税人开具完税凭证；扣缴义务人代扣、代收税款时，纳税人要求扣缴义务人开具代扣、代收税款凭证的，扣缴义务人应当开具。

# 铁律78

## 创业计划要随着实际运营情况而灵活变化

> 不少创业者在真正进入创业实践之前，就把创业计划制订得非常详细，连每个小的步骤和可能出现的情况都预想到了。但是，创业实践并不会如创业计划的规划那样去发展，因而创业计划不必制订得事无巨细、非常完备，只要拟定纲要性的东西，其他的完全可以随着实际运营情况而灵活变化。

创业计划是企业为了达到招商融资和其他发展目标，在经过前期科学的调研、分析、搜集与整理有关资料的基础上，根据一定的格式和内容的具体要求而编辑整理的全面展示公司和项目目前状况、未来发展潜力的书面材料。它是创业者在全面展开创业实践之前，对随后的创业活动所作的规划和预见，以便指导自己的创业实践，还可以来吸引投资。创业计划本身就是一个方向性和原则性的规划，并且是预想性的，因而为了应对实际经营情况的不断发展变化，创业计划要随着公司的实际运营情况而灵活变化。

创业计划的拟订，关键是建立一些指南和原则性的东西，以对公司的经营实践提供方向性和原则性的指导，而对创业与运营过程中可能出现的状况、困难和阻碍做必要的预见，以便在这些问题真正出现的时候不仅有充分的心理准备，还可以有相对成熟的对策来应对。但是，创业计划并不需要事无巨细全部涵盖在内，因为事情总是不断发展变化的，总会有一些难以预料到的情况出现，即使花费很长时间来对经营过程中可能遇到的问题进行呕心沥血的预见，也不可能将所有问题都考虑到。因此，创业者在经营过程中应该以创业计划为参考，而不是以创业计划为窠臼，创业计划应该随着经营的实际情况而相应地有所改变和调整，如此才能不断适应新的形势和情况。

创业者应该谨慎小心地计划自己的生意，以使计划科学合理、具有可行性，并且在创业实践中尽量按计划行事，只在必要时才根据实际情况的需要对短期计划做相应的调整，而从任务陈述和长期目标来看，创业计划的主旨应该保持不变。创业者可以在公司的实际运营过程中利用好的机会或给企业注入新的资金，但这并不代表创业计划的长期目标和任务要有所改变，对于小企业来说尤其如此。毕竟，创业者根据公司的实际运营情况来调整自己短期的创业计划，也是为了服务于长期的目标，使得公司的长远任务得以较好地完成。

需要特别注意的是，在对创业计划的具体内容进行调整和更新时，如对企业的业务做重大改动，必须要严谨慎重，可以先自己仔细认真地思考，再同合伙人或有头脑和经验的人商量，还可以请顾问来评估计划改动前后的利弊，来进行综合考量。否则，看到一些业务有利可图就闻风而动，盲目改变创业计划，极有可能使处于创业期的公司失去正确的方向、偏离正常的业务轨道，令公司经营陷入危险的境地。失去方向和重点，是刚开始创业的小企业的最大危险。

但是，如果创业者真的基于运营情况和行业形势等客观事实，对计划变化后的未来有着合理的预见，并对此所能给公司带来的益处深信不疑，那么也可以放手一试。因为创业计划的灵活变化，非但不会对长期目标的实现有严重的负面影响，还极有可能成为促使长期目标得以达成的加速器。

联想现在已经成为国内PC市场的龙头，占据了超过30%的国内市场，年销售额200多亿元人民币，在全球技术型企业排名中位列第八。这使得联想成为中关村不折不扣、难以企及的传奇。而在20年前，它还仅仅只是一家依靠做计算机代理和维修服务起家的小公司。

联想公司的发展史是一个不断根据自身实际运营情况和行业形势而灵活变化创业计划的历史。在竞争激烈的计算机市场，联想公司根据自身运营的实际情况和需要，通过不断调整自己的计划来紧跟行业发展趋势，甚至引导潮流，如开发汉卡、确立贸工技路线，建立ODM平台，在国内率先导入了集打印、复印、扫描、传真于一身的多功能机等。

联想正是因为坚持"随需应变"的原则，能够根据公司的实际运营情况和行业趋势灵活改变计划，才能把一个个竞争对手甩到了后面；也正是这样不断调整计划与重新定义自己的做法，使得联想最终成为国内计算机行业的龙头老大，并走向国际，力求不断跨越，成为全球领先的计算机公司。

联想之所以能够改变中国民营企业"做不长，长不大"的宿命，成就自己的传奇，就是因为它一如既往地坚持"随需应变"的原则，随时根据企业实际运营情况、市场与行业形势和企业自身的需要，来综合决策，随时灵活改变已有的计划。

而那些对自身运营情况和市场变化反应迟钝、固守既定计划的企业，即使一时会获得小的成功，也终将会为自己的"墨守成规"付出代价。一家公司按照自己既有的计划来经营，当然能维持高效率和经营重心，然而只有根据即时需要来随时调整与完善已有计划，才能不断使公司在激烈的竞争环境中稳步迈进，并逐步走向成功。

创业计划的灵活改变对企业的意义，与必要时候的战略转型是相类似的。随着产业结构的调整与升级、行业竞争激烈程度的日益加剧，越来越多的企业不得不面对一个艰难的抉择：要么甘冒风险实施战略转型，要么坐以待毙、最终被市场淘汰。虽然一个企业可能曾因某一点而获得优势和成功，但倘若它长期墨守成规、故步自封，一旦竞争环境出现变动，原有的长处则可能变成弱点，既有资产也有可能变成负债。

在当今这种市场瞬息万变、技术变革不断加速、市场与客户需求捉摸不定的市场竞争激烈的条件下，企业必须不断审视自己，保持高度敏感，善于捕获新的机会，适时进行计划调整与完善，从而适应市场和环境骤变的需要，在激烈的竞争中立于不败之地。

计划本质上是企业对自身经营情况和能力的综合总结和展望，是企业全方位战略定位和战术执行能力的体现，可以更好地帮助企业对自身各方面做分析与定位，从而循着指南开展业务以达成目标、获得成功。总之，创业计划保证了企业方方面面事务的考虑与开展能够协调一致，而要保证计划与结果的协调一致则必须做到对计划的灵活改变。在执行计划的时候，想到什么新主意、遇到什么新情况，都需要及时补充到计划中。

创业计划与创业本身一样是一个复杂的系统工程，是企业对自身的现状及未来发展战略全面思索和重新定位的过程。它能反映创业者对项目的认识及取得成功的把握，可以突出创业者的核心竞争力；最低限度地反映创业者创造自己的竞争优势，在市场中脱颖而出，争取较大的市场份额来发展和扩张的方式和手法。若只有远景目标和期望，而忽略了具体如何去做，那么创业计划便成为空泛的"宣传口号"而已。

若想一个创业计划不致变成空无一用的口号，赋予创业计划相对的机动性，可以根据实际经营情况和外在形势来灵活变换，是十分必要的，对企业的成功运营也是很关键的。

一份优秀的创业计划书，不仅是通向成功的必要保障，也是敲开投资者大门非常关键的一步。曾有一位经济学教授在被学生问及创业计划书的价值时说道："商业计划书的价值并不能单纯用金钱来定价，它最重要的价值在于对企业决策的影响，就这点来说，商业计划书的价值是无法衡量的。"创业计划的制订是为了预测企业的成长率并做好未来的行动规划。一份成功的创业计划书，需要涵盖项目的绝大部分信息，但一般包括创业的理念、市场、客户、比较优势、管理团队、财务预测、风险因素，等等。如果一个企业在决策之前不做相对周密的计划，那么决策必然缺乏根据。

创业计划书的作用已经毋庸置疑。好的创业计划书是企业家和希望成为创业者的人的好帮手，可以帮助创业者真正了解自己的企业，把主要精力集中到有关企业发展的关键环节；还可以为客户创造价值、为投资商提供回报、为企业运行的发展策略提供指导。因此，创业计划书是创业者达到成功的必备条件和"必修课程"。

创业者在开始创业实践之前做一份有指导和参考价值的创业计划书，是非常有必要的，对创业的成功也是很有帮助的。因为创业并不是只凭热情的冲动，而是一种理性的行为。创业计划是创业者的创业指南和行动纲领，良好的创业计划是成功的第一步。

在拟定创业计划书的过程中，创业者必然会对创业的各个环节和方面都做谨慎仔细的思考，对创业过程中可能遇到的困难做必要的设想，并思考相应的对策，如此才能得到一份科学的创业计划书。

然而，一份再详尽的创业计划书，都不可能把创业之后的经营实践中所能遇到的问题全部囊括。因此，创业计划要随着公司的实际运营情况而灵活变换，没有必要用过多的时间和精力来拟订一份过于详细的创业计划书。

## 铁律79

### 竞争是商业市场的常态，在竞争中超越对手

> 人只有有了竞争的对手，才会时刻激励自己保持旺盛的斗志，不断挖掘自身的潜力。做企业也一样，竞争并不意味着你死我活。正确看待竞争对手，因为它的存在就像是一针强心剂，促使企业在不断壮大的过程中更具动力。感谢竞争对手，正是他们使自己成为一只威风凛凛的美洲豹。

人们常说商场如战场，但是商场与战场也有所不同，在商场上，重要的是超越对手，而不是消灭对手，在消灭对手的时候，实际上你在毁灭行业，那也使自己的生态环境遭到了极大的破坏。或许有很多人不同意这个观点，实际上，竞争对手正是促使一个企业成长发展起来的动力。由于对手的存在，企业能够在一次次的竞争中学会反思，变得成熟，逐渐走向强大。对手的存在不仅是压力，更多的是一种动力。任何一个希望变得更强的组织都应该正视对手，正视竞争。在竞争中成长，比对手更优秀，就能超越对手。竞争对手同时也扮演着标杆、老师的身份。

早在20世纪初的二三十年代，可口可乐几乎称霸了整个可乐市场，可口可乐是可乐的最早发明者，可乐的历史也由它而起。作为跟随者的百事可乐，在最初成立的几十年间，一直将可口可乐视为自己的榜样。20世纪30年代以前，百事可乐根本不敢想象应该如何与可口可乐进行竞争。百事可乐同当时美国其他数以百计的可乐公司一样，将公司的经营理念重点放在学习可口可乐的运营模式上。作为可乐领域的小字辈，百事可乐一直仰人鼻息。百事可乐曾三次请求可口可乐收购自己，都遭到了拒绝。

在强大对手的压制之下，百事可乐不甘心沉寂，最终燃起了斗志，想要超越可口可乐。1939年，百事可乐改变了过去的经营理念，开始寻找突破口。百事可乐发现，所有可乐公司都按照可口可乐6.5盎司的标准进行装瓶。百事可乐找到了提升知名度的方法，推出了与6.5盎司同样价钱，却有12盎司分量的"双倍装"。百事可乐还提出了一个非常吸引人的口号：一份钱，两份货。百事可乐的新包装，迅速吸引到大量的消费群体。

百事可乐的这一创举，在行业内部可以说是一石激起千层浪，让包括可口可乐在内的所有可乐公司手足无措。当时6.5盎司的标准被消费者普遍接受，而美国各地的自动贩卖机上的瓶装可乐都是按照这一标准包装的。可口可乐作为当时最大的可乐供应商，一时间根本不可能进行包装改换。这一次，百事可乐取得了巨大成功。到"二战"结束，百事可乐已经成为全美第二大可乐。

与此同时，可口可乐开始将百事可乐作为自己的头号竞争对手。面对百事可乐的竞争，它也采取了应对措施，在1955年推出了大瓶装可乐。百事可乐面对可口可乐的出击，再一次对自身的发展战略进行了重大调整。可口可乐公司一贯塑造的产品形象是传统的、正宗的，百事可乐将自己的产品形象定位在新潮的、年轻的。

这次定位的调整对百事可乐的发展至关重要，不仅使百事可乐有了自身的品牌效应，而且与可口可乐的产品进行区隔，目标群体更为明确，自此以后，百事可乐的战略部署始终围绕在"年轻"与"新潮"上，它有了自己新的广告宣传语："新一代的选择"。在1985年，百事可乐有了历史性的突破，首次在销量上超过可口可乐，成为市场的王者。

著名的帕金森定律之十三即鲇鱼效应说的也是这个道理。一种动物如果没有竞争对手，就会变得死气沉沉。同样，一个人如果没有竞争对手，那他就会甘于平庸，养成惰性，最终导致庸碌无为。

竞争是双向的，离不开对手的参与。有竞争对手并不可怕，反倒更有助于组织的成长。没有谁比竞争对手更了解我们，正如罗素所说："如果需要让人复述我的哲学思想，我宁愿选一个懂哲学的死敌，也不会选择一个不懂哲学的好友。"竞争对手就像是一个助推器，他迫使我们不断改进。对手每天都会思考如何战胜我们，如果不想落败，就必须不断进步。

以eBay和淘宝网的竞争为例。作为全球数一数二的电子商务网站，eBay就像一头深海巨鲨。2003年，这头巨鲨游到中国，出资1.5亿美元买下了中国最早的C2C网站易趣，希望以此称霸中国的网上交易市场。在这一年伴随eBay一起现身的是中国本土网站淘宝网。

自2003年的7月开始，eBay启动了全面的市场推广计划，依仗着雄厚的资本实力，他们在制定推广战略中导入了竞争元素，在付出了比正常广告费高出一倍的价格后，eBay易趣与新浪等门户网站签订了对淘宝的"封杀协议"。这种排他性推广策略对于刚刚出世的淘宝来说，无疑是当头一棒，时任eBay CEO的惠特曼曾经乐观地认为：这轮推广将为中国电子商务市场的竞争画上句话，eBay将成为唯一的胜利者。

但惠特曼显然是低估了马云和淘宝网。eBay使出的狠招给淘宝网提了醒，使淘宝网的每一个战略制定都异常小心。马云说："eBay是大海里的鲨鱼，淘宝是长江里的鳄鱼，鳄鱼在大海里与鲨鱼搏斗，结果可想而知。我们需要做得是，把鲨鱼引到长江里来。"在这种思想指导下，淘宝积极制订出针对eBay的一系列的作战计划。

这些作战计划很快就取得了辉煌战绩：到2004年10月，在交易额、成交率、日新增商品数、注册用户数和网页浏览量这5项指标中，淘宝有4项超过了易趣。淘宝网的王者之气开始显现。正如马云所说的那样："跨国公司进入中国，往往会经历4个阶段：第一是看不到；第二是看不起；第三是看不懂；第四是跟不上。"从看不到对手的存在到看不起对手，淘宝网所采取的竞争战术越来越让eBay看不懂，直至跟不上。

◇给你一个公司，你能赚钱吗

不甘心失败的eBay拿出1亿美元准备在2005年重燃战火，但几乎就在同一时刻，淘宝网宣布其网上支付工具"支付宝"实现了与招商银行的无缝对接。而在之前，"支付宝"已经和中国工商银行、中国农业银行以及国际信用卡组织VISA签署了多种战略合作协议。这对eBay来说是个不小的打击。受淘宝和招商银行签约的影响，eBay股价当日下挫3.5%。这时的eBay在市场影响力上已经彻底落后于淘宝网，开始有点跟不上淘宝网的发展步伐。在2006年年底只好将易趣转卖给TOM，正式宣告败走中国。

淘宝击败eBay作为经典案例必然会被写进中国商业发展史之中。这场战争的硝烟随着时间的变幻而即将消失殆尽，这个案例带给企业管理者的启迪是：竞争是商业市场的常态，企业只有在竞争中才能得到生存和发展的空间；市场是残酷的，弱肉强食，如果不想被对手所吞噬，就要千方百计将对手彻底打败；在竞争中超越对手是任何企业在走向卓越的必经阶段，不能超越对手，你永远不能成为领先者，只有超越了所有对手，你才能成就伟大，铸就辉煌。一个榜样胜过书上的一百条教诲，一个竞争对手胜过一百个追随者。竞争对手越多、越强，打败他的野心就越强，奋斗的积极性就越高。

## 铁律80

### 不诚实守信，是小规模企业最大的杀手

> 小规模企业在市场竞争中往往处于劣势，与有实力的大公司相比，能够争取到的机会很少，因而为了生存和发展就必须维护好企业的名誉，做具有商德的诚实守信的企业。本来就在行业中属于弱势群体的小规模企业，倘若再不能信守承诺，就只能使自己陷入更为不利的境地。

现实的商业环境，对小规模企业存在着很多先入为主的歧视，很多资质要求条件就足以将很多有特色的中小企业拒之门外，比如注册资本、经营规模、成功案例、经销网络、知名度等。相对于大公司而言，小规模的企业能够抓住的机会要少很多。

项目的规模越小、越没有名气，在经营过程中就越要诚实守信。在市场竞争中，小规模企业要想生存下来、虎口夺食，是靠抓住大企业的不足之处做文章，更是靠良好的服务和诚实守信来获得目标客户群的认可，以形成"口碑效应"。这不仅有利于客户资源的积累，还会促使企业规模临界点的早日到来。

我国有句老话："刻薄不赚钱，忠厚不折本。"做生意看起来是卖，实质上是"买"，通过诚信经营，取得客户的信任，"买"下了客户的心和一批不会流失的客户，从而在市场上建立信誉，拥有一块立足之地。

有的企业经营者和创业者可能认为，一次不讲信用没关系，下次注意就是了。但是"君子爱财，取之有道"，商人不只要讲信誉，还要一直讲信誉，绝不能有半点马虎，否则就很可能因小失大。我国的一代"鞋王"余阿寿也曾说:"我们必须认真对待每一次生意,一次失信就可能出局。"

这是一个非常浅显的道理,但很多创业者和企业经营者却对此不以为然,认为生存是企业的第一要务,能多赚点、少承担一些责任,可以提高利润空间和赢利水平,不必考虑那么长远;何况现在自己企业的规模和名气都很小,无论是否诚实守信,都不会对商誉造成太大的影响。

也许有的朋友会说"自古就有无商不奸",一些做大做强的企业发家致富或多或少都是有些原罪的,老实之人只有吃亏的份儿。如果我们对那些企业进行深入的了解和剖析,会发现它们在一些方面还是坚守住了最起码的底线,比如诚实守信、产品的质量等。它们在从小到大、从弱到强的发展过程中,靠诚实守信积累了很多关键性资源,否则就难以激活相关资源,青云直上。

其实,只要我们对自己能够接触到的大大小小的商人,进行归类梳理、量化统计、深入分析,就很容易发现他们成功的秘诀就是在规模越小、越没名气的时候越要坚持底线,这样虽然经营压力很大,但容易积累各种资源,得到快速成长;而在具有一定规模和名气之后,就更要一如既往地诚实守信,如履薄冰地维护自己的声誉。相反,那些抬高价格,以宰客户为赢利手段的商家,貌似利润提高了,实则是自毁长城,早晚都会关门大吉。

诚信的成本也许很高,但是欺骗的成本更加巨大。企业如果缺乏诚信和商业道德,就无法取得发展和成功,无论规模大小都不例外。通过投机和欺骗可能在短时间内能够得到明显的好处,但绝不可能长久地存在下去,获得真正的成功。那些只计较一时的小利而不惜毁掉信用的小规模企业是非常愚蠢的,丢了信用,纵使投入再多也难以换回"信用"二字。

对于企业来说,诚信是立足之本,也是成功之道的通行证。只有讲诚信才能为自己赢得赞誉和认同,以诚经营终究会得到长久的利益。诚信尽管看不见摸不着,但像影子一样时时刻刻存在着并发挥作用。可以说,良好的信誉对创业者来说是一种无形的资产,是一块金字招牌。

李嘉诚最初做塑料行业时，经常遇到一个从不伸手要钱的乞丐，但李嘉诚每次都会主动拿钱给她。有一次，李嘉诚和她约定第二天见面，出资帮她做小生意。但不巧的是，当天一位客户来工厂参观，客户至上，他只得接待。但与这位客户交谈时，他突然说了声"Excuse me"便匆匆跑开。李嘉诚飞车赶到约定的地点，好在没有失约。事毕后，他又飞车回到工厂，去接待客户。

　　即使是冒着怠慢大客户的风险，也绝不失信于人，这可以说是李嘉诚成功的重要因素之一。对企业来说，诚信比材料、设备、工艺等硬实力更加重要，它是一种不可超越的软实力，是持久的竞争优势，对没有名气的小规模企业来说更是如此。企业若想在市场中持久经营，拥有忠实的客户群，就必须以信誉作为市场通行证，而不能为了追求短期利益使用欺骗手段，这样虽然能获得一些短期利益，但其效果与杀鸡取卵、饮鸩止渴无异。企业不讲诚信，等于自动放弃软实力，必将在今后的经济活动中遭到惩罚，甚至被淘汰出市场。

　　在现代商业活动中，由于信息公开和传播速度加快，企业的信誉状况很快就会得到市场的反馈。如果企业信誉优良，就可以得到更多的信任，收获消费者的口碑，在市场竞争中赢得主动。

　　有的企业在赚钱的时候讲信誉，赔钱的时候可以不讲信誉。这种侥幸心理是不可取的，因为偶尔的错误也会坏了你的名声。企业要树立良好形象，需要严格做到"言必信，行必果"。

　　有个年轻人大学毕业后和几个同学开办了一家计算机耗材公司，经过两年多的打拼，成为一个拥有80余万元资产的小老板。可是天有不测风云，就在事业蒸蒸日上的时候，一个皮包公司利用假合同骗走公司很大一笔钱。由于资金周转困难，在坚持了不到半年之后，公司便被迫宣布破产了。当几个合伙人纷纷到外地发展时，他却选择留下来承担公司30万元的债务。

在这个艰难时刻，尽管那些债权人并没有找上门来逼债，但是几天后十几位债权人都惊讶地接到他打来的电话，他诚恳地表示：在半月之内会把所有的债务偿清。然后，他毅然决定将自己一处位于黄金地段且极具升值潜力的房产低价卖了出去，在不到半个月的时间里偿清了30万元的债务。

他讲究信用、一言九鼎的行动，深深打动了那些债权人，他们都把他视为真诚可交的朋友。在那一段布满阴霾的日子里，他几乎每天都能接到那些朋友给他打来的电话，有找他吃饭散心的，也有人给他介绍一些朋友，并为他以后的创业出谋划策。

第二年，国内一家有名的企业管理软件公司的一位主管听到他卖房还债的事情后，就要他代理自己的产品，但前提是需要60万元的启动资金。而在当时，他全部财产加起来还不到8万元。他那些朋友得知此消息之后，在不到两天的时间里，竟凑齐70万元，全力支援他。很快，他的事业开始有了转机，并一步步获得了成功，他始终坚持诚信的原则，为公司带来了更大的收益。

诚实是最好的广告，别人会因为真诚的言行、高尚的职业道德和良好的信誉愿意和你合作。翻阅商业历史，真正存活下来的老字号商家，没有哪一家是靠欺骗而长久不衰的，而且可以肯定的是他们都讲求诚信。

为什么诚信有这么大的魅力呢？因为诚信能使企业人格化，树立起良好形象，征服客户的心，故而"利润诚可贵，诚信价更高"。

创业者和企业经营者都必须明确这样一个观念：信誉是你成功之路上最重要的财富。因为在激烈的市场竞争中，讲信誉、守信用是赢得胜利的保证。从某种意义上来说，现代市场经济就是信誉经济。诚信是市场经济领域中一项基础性的行为规范，也是市场良性发展的内在动力。所以，锻造诚信这一软实力，是企业适应市场竞争的必要前提。创业者只有切实把"信誉高于一切"作为企业的宗旨，并时刻严格按其行事，才能使企业日益兴旺、不断发展。

# 铁律81

## 任何时候，安全警钟长鸣

> 保障安全生产需要警钟长鸣，但不是要我们单纯每天喊喊口号，也不是要求每个员工都变得很高尚。管理者可以换个角度想，如果不安全，企业会有怎样的后果；换位思考，听听那些为安全事故付出代价的人的感受、认识和想法。一旦有过与死神擦肩而过的经历，任何人都会觉得，只要平安，就是无上的幸福。

2012年3月27日，国家安全生产监督管理总局新闻发言人黄毅在和网友进行在线交流时指出，2011年我国由国务院事故调查组进行调查的特别重大事故13起，已经结案9起，有107人被移送司法机关追究刑事责任，217人受到党纪、政纪处分。依据有关法律法规，凡是死亡30人以上的特别重大事故，都要由国务院组成事故调查组进行调查处理。由此可见，13起特别重大事故造成了多少人员伤亡，又给多少个企业和家庭带来了惨痛的血泪教训！那些触目惊心的数字背后隐藏的辛酸和泪水，岂是追究、处分所能挽救和弥补的？

在企业里，人们用各种事物来比喻安全。有人说安全是"保护伞"，可是暴风雨来临时伞却顾不了全身；还有人叫它"安全阵地"，可是历史上没有攻不破的阵地，长城和马其诺防线也不例外。在我们看来，企业是鱼，企业是花，安全是企业离不开的水，是企业离不开的根。

企业在任何时候，都不能放松对安全生产的宣传和监管，必须做到"警钟长鸣"，尽力确保人员安全和生产安全。我们总用"人命关天"来强调安全生产，然而安全事故的报道却频繁见诸各种媒体，乃至于充斥着我们的耳目，这不能不令人感到揪心——一次次惨痛的事故，一个个鲜活的生命随风而逝。

近几年矿难频繁发生，社会各界都非常关注，我们也可以从人力资源角度看这个问题。员工素质对于安全的重要性，在煤炭行业最为突出。全国550万矿工中，农民工、协议工、外包工等各类临时工约占一半，多数人文化程度不高，安全意识和技术素质偏低，自我保护能力和防护意识比较差。员工素质低，使小煤矿简单粗放的管理方式造成了更严重的负面影响——违规指挥、违章作业、野蛮施工，90%以上的事故就这样发生了。

反过来，企业人力资源要适应安全管理的需要，就不能忽视了"害怕"，怕死才是好员工。企业在选聘员工、培训员工时，都要考虑到这一方面。企业应该培养员工怕死的意识，怕死警惕性就高，事故就一定会少，甚至能够避免事故。小孩怕被狗咬，都知道躲得远一点。员工在工作中怕被伤害、怕死，就会提高警觉，提前识别危害，更会主动避险。只有这样才能在企业管理者和全体员工内心深处建立起对危险的恐惧，激发出责任人巨大的主观能动性，主动想办法采取措施保证安全。安全生产做得比较好的企业，随处都能听到对事故惧怕的言论。

仅仅害怕是做不好安全生产工作的，还需要科学，需要管理。安全管理应该作为企业的常态，尽量在制度内予以解决。企业管理者应该知道害怕，战战兢兢，如履薄冰。奇怪的是，在很多管理者甚至安全管理者眼里，搞安全就要当"黑脸包公"，要不怕得罪人。对于没有先例的事故进行处理，要不怕得罪人，个别事故的处理也可能会得罪一些人，但如果长期的安全管理都是在得罪人中进行，至少证明这个企业的安全管理没有程序化，缺少制度化，还没有走上正规化。安全管理的目的不是惩罚，而是避免事故。制度是公平的，制度的目的也是为了每个职工的平安；执行也是公平的，执行的过程充满人情味儿，职工就不会有怨气，管理者也不需要拿出那么大的勇气。

很多事故都是可以避免的。思想观念上的轻视、疏忽，没有在心中树立起"责任重于泰山"的安全意识,是导致安全事故频繁发生的重要原因。有些人不仅没有重视生产安全,还总是在生产事故责任面前心存一丝"侥幸心理",认为只要没有造成十分严重的后果,自己就能够逃脱事故责任的追究。这种错误心理的滋生主要源于企业管理部门和领导者"以结果论责任",没有建立起正确的责任追究机制。

根据《中华人民共和国安全生产法》,每个企业都必须建立健全安全生产制度。企业的安全生产责任制是企业岗位责任制的一个重要组成部分,根据"管生产必须管安全"的原则,综合各种安全生产管理、安全操作制度,对企业的各级领导、各个职能部门、有关技术人员和生产工人在生产中应负的安全责任做出明确的规定。任何一个企业想要保证生产安全,最根本也最关键的措施就是通过制定与完善机制、制度和大力宣传,将生产安全责任落实到每一个具体的员工身上,做到"责任到人",这样才能从根本上避免疏忽和懈怠责任的现象。

安全重于泰山,责任重于泰山,这意味着责任既应当"各就各位",又要互相衔接,形成环环相扣的链条式的风险责任链。一旦发生生产事故,就应及时追究一线员工和管理者等有关责任人的责任,包括行政责任、民事责任和刑事责任,一个也不能放过。只有切实做到安全责任落实到人,事故责任追查到人,才能真正够避免安全生产责任在集体中被悄然"分解"的现象。

企业想要安全平稳地进行生产,责任必须化为无形的压力。安全源于责任,但不是整天哭丧着脸装深沉,是被动地执行安全制度"自讨没趣",还是主动去做好安全工作"自得其乐",完全在于自己心态的选择。做安全工作时,企业应该换一种在进行"风险辨识、保障安全"想法,不是在付出无谓的劳动,而是在享受安全保障工作。付出和享受,看上去行为一样,但内心的感受不一样,投入的程度也不可能一样。

制定与完善安全生产制度与机制固然重要,然而责任的落实归根结底还是人的行为问题。一项调查结果显示,60%~75%的安全生产事故都归因于企业管理者或者员工的行为失效。很多企业都有安全生产的规章制度，却仍然无法避免恶性生产事故的发生，关键原因就在于员工安全生产意识不到位，很难说企业对安全生产有足够的重视。所以，只有企业每一个员工都能自觉承担起自己所应负的安全责任，严格把关，使自己成为一道安全生产的坚固屏障，才能够从根本上保证安全生产。

企业对安全生产负有主要义务和重大责任，它对安全生产的重视程度，除了制度和体制的建立与完善之外，主要体现在资金投入上。虽然资金是企业生存发展所仰仗的重要基础，增加安全生产的投入，无疑会加大企业的资金压力。不过，从企业的长远发展来看，安全生产和经济效益是相互促进、相辅相成的。忽视安全生产，企业的生存和发展将难以得到保障，长期的经济效益更是无从谈起。因此，企业只有确保对安全生产的必要投入，购买必要的劳动安全防护品，才能实现安全生产与经济利益的良性循环。无数安全事故早已证明，一旦遭遇安全事故，企业的损失都将是巨大且难以弥补的。对于企业来说，安全生产不仅可以保证劳动者的安全，也能使其成为最终受益者。

与此同时，企业通过紧抓安全生产工作，可以在内部营造出安全、舒适的生产环境，建立起科学、人性化的企业安全文化，增强企业员工的凝聚力，提升企业的文化氛围，促使员工自觉行动起来，全面提高安全素质，使安全生产成为企业的核心竞争力，从而在市场竞争中获胜。